AF626907

★ Dieses Werk ist Fiktion. Ähnlichkeiten mit tatsächlichen Begebenheiten oder Personen sind rein zufällig.

Tatsuki Fujimoto Short Stories

17-21

Tatsuki Fujimoto

[Inhalt]

Im Garten gab es zwei Hühner

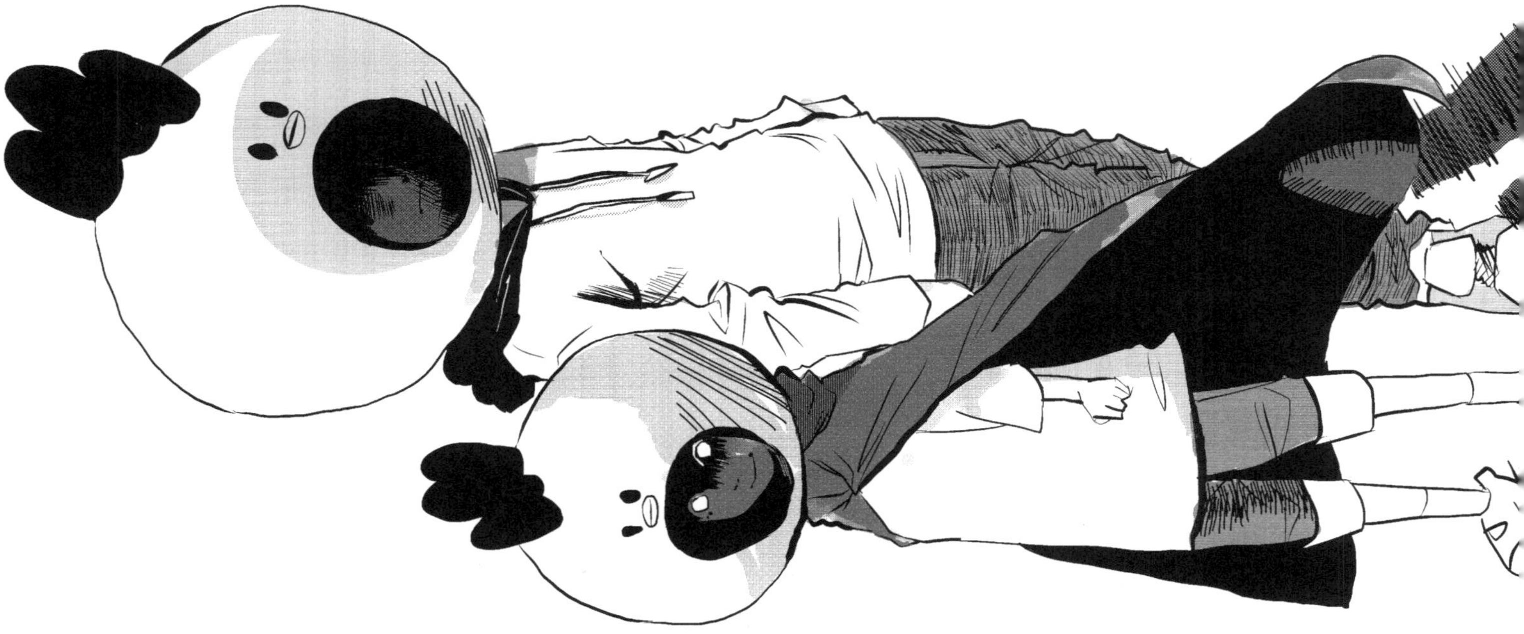

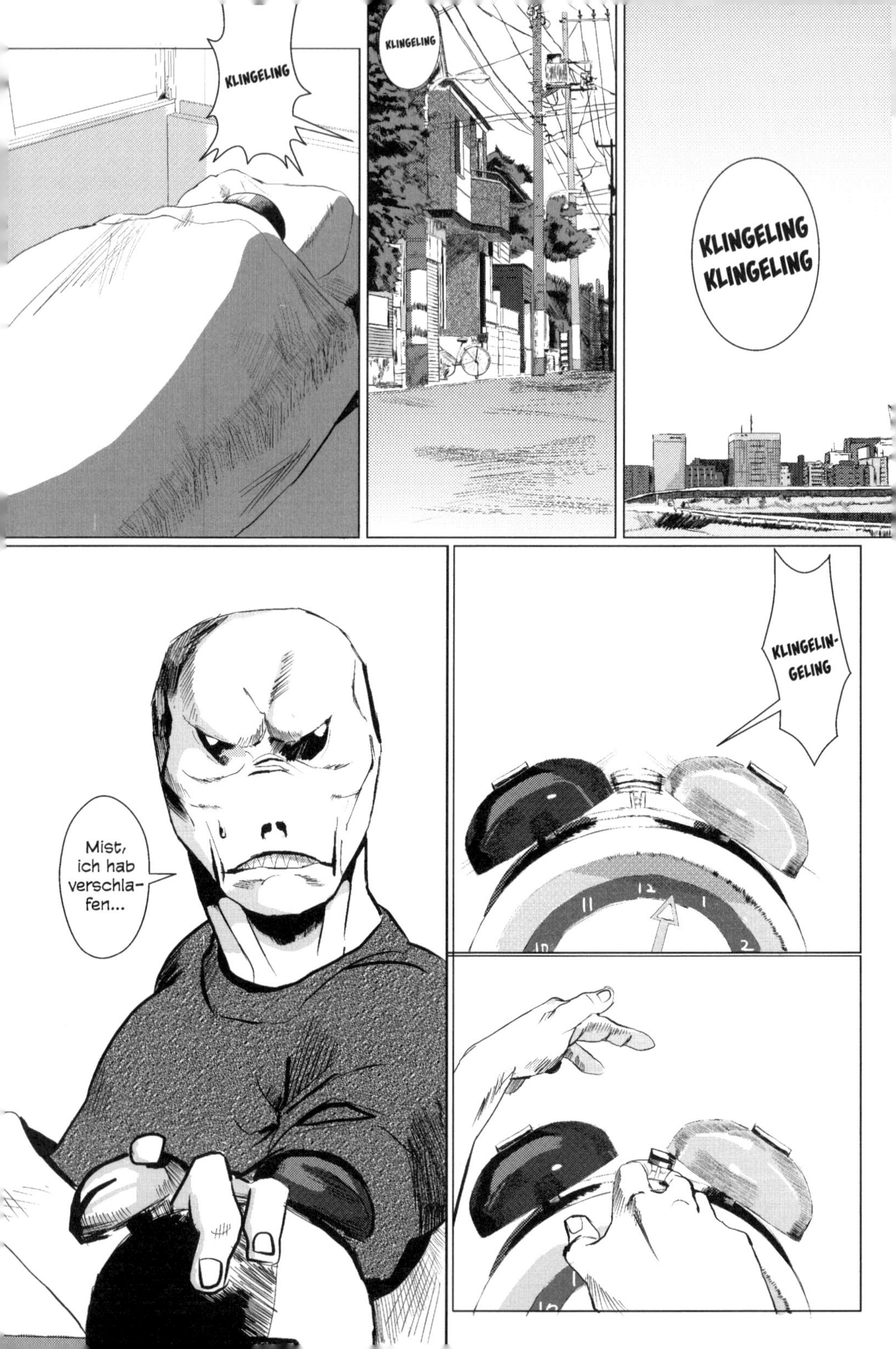
KLINGELING KLINGELING
KLINGELING
KLINGELING
KLINGELIN-GELING
Mist, ich hab verschla-fen...

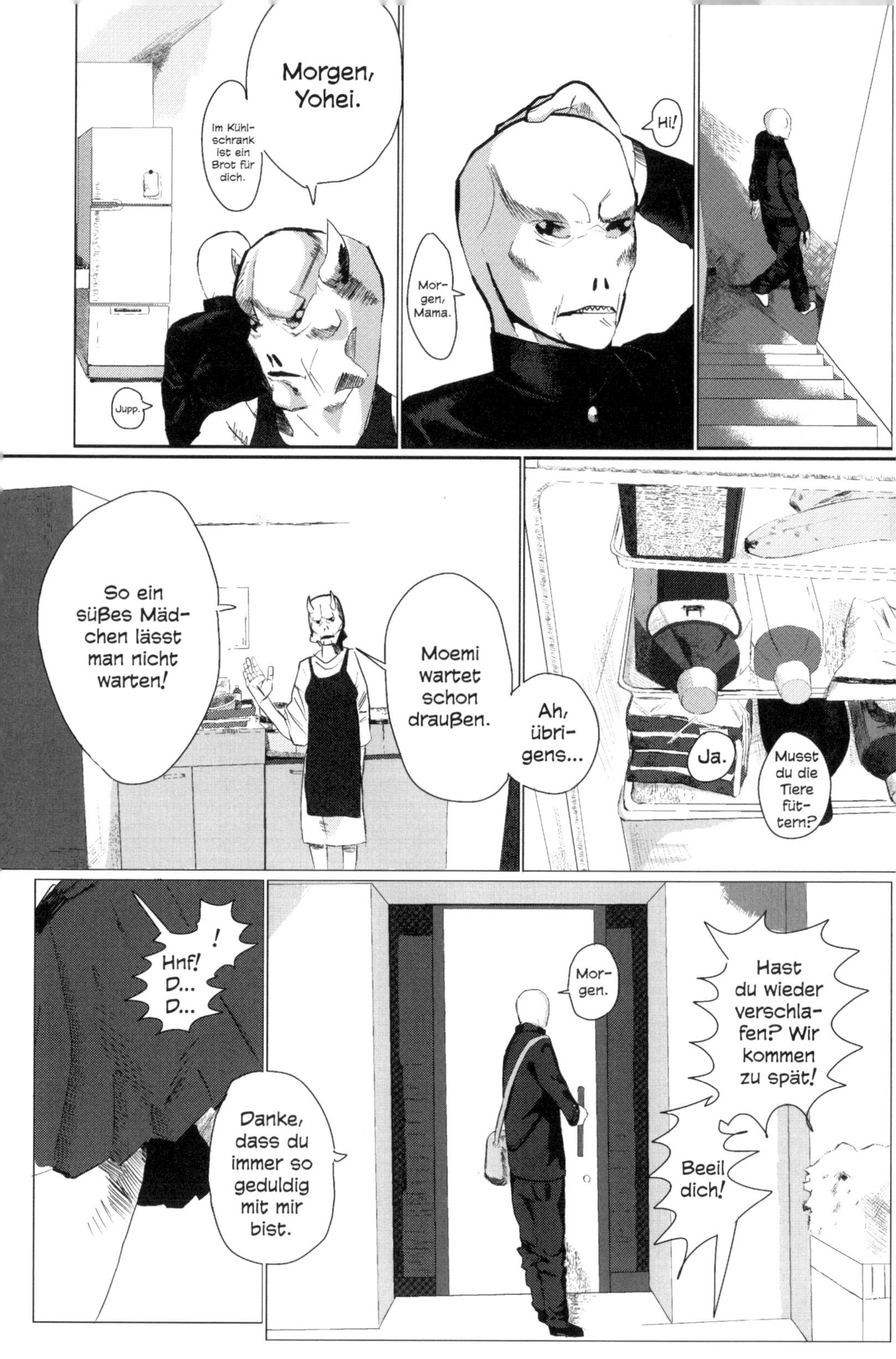
Hi!
Morgen, Mama.
Morgen, Yohei.
Im Kühlschrank ist ein Brot für dich.
Jupp.
Musst du die Tiere füttern?
Ja.
Ah, übrigens...
Moemi wartet schon draußen.
So ein süßes Mädchen lässt man nicht warten!
Hast du wieder verschlafen? Wir kommen zu spät!
Beeil dich!
Morgen.
! Hnf! D... D...
Danke, dass du immer so geduldig mit mir bist.

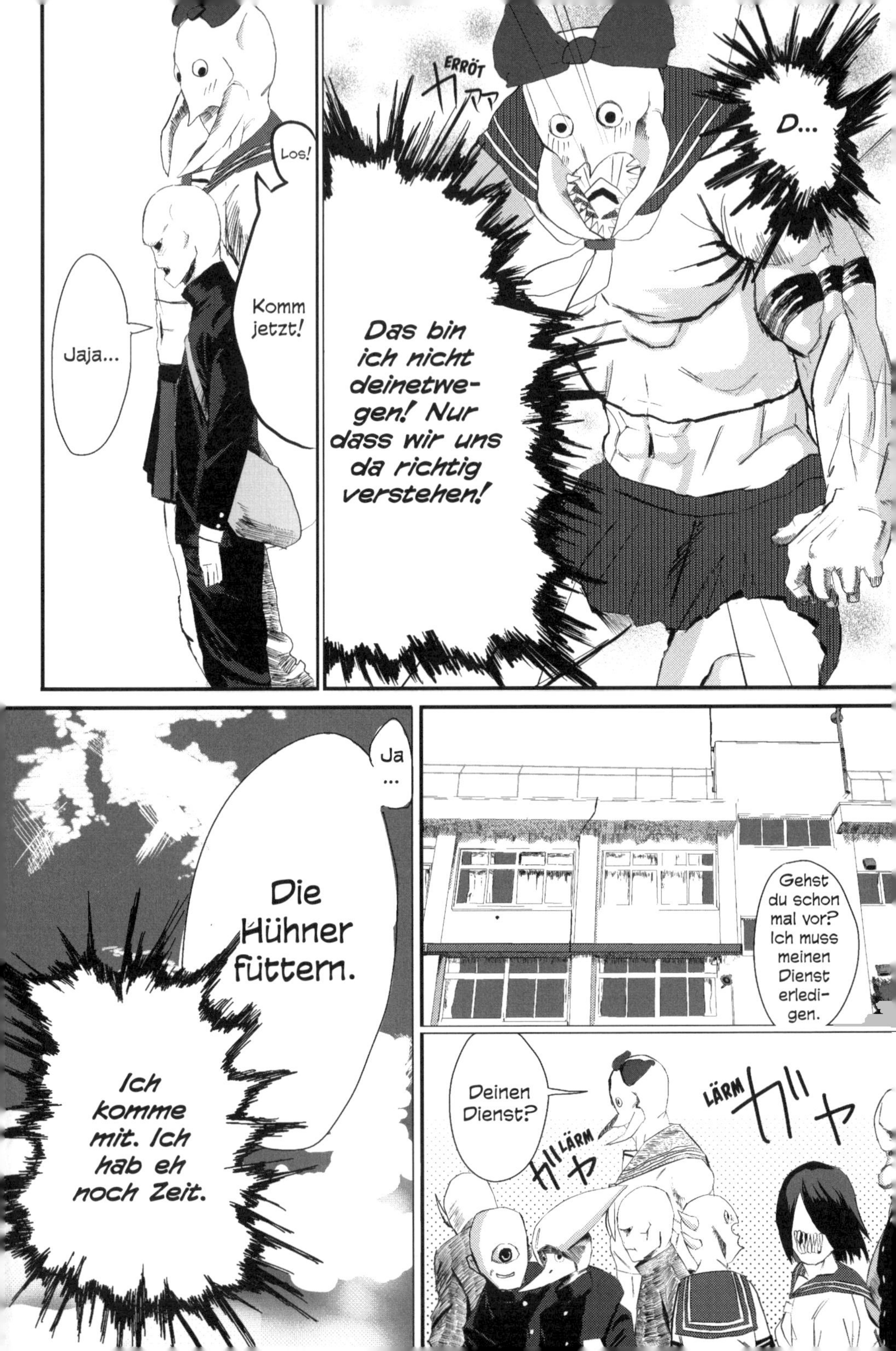
ERRÖT
D...
Das bin ich nicht deinetwegen! Nur dass wir uns da richtig verstehen!
Los!
Komm jetzt!
Jaja...
Gehst du schon mal vor? Ich muss meinen Dienst erledigen.
Deinen Dienst?
LÄRM
LÄRM
Ja ...
Die Hühner füttern.
Ich komme mit. Ich hab eh noch Zeit.

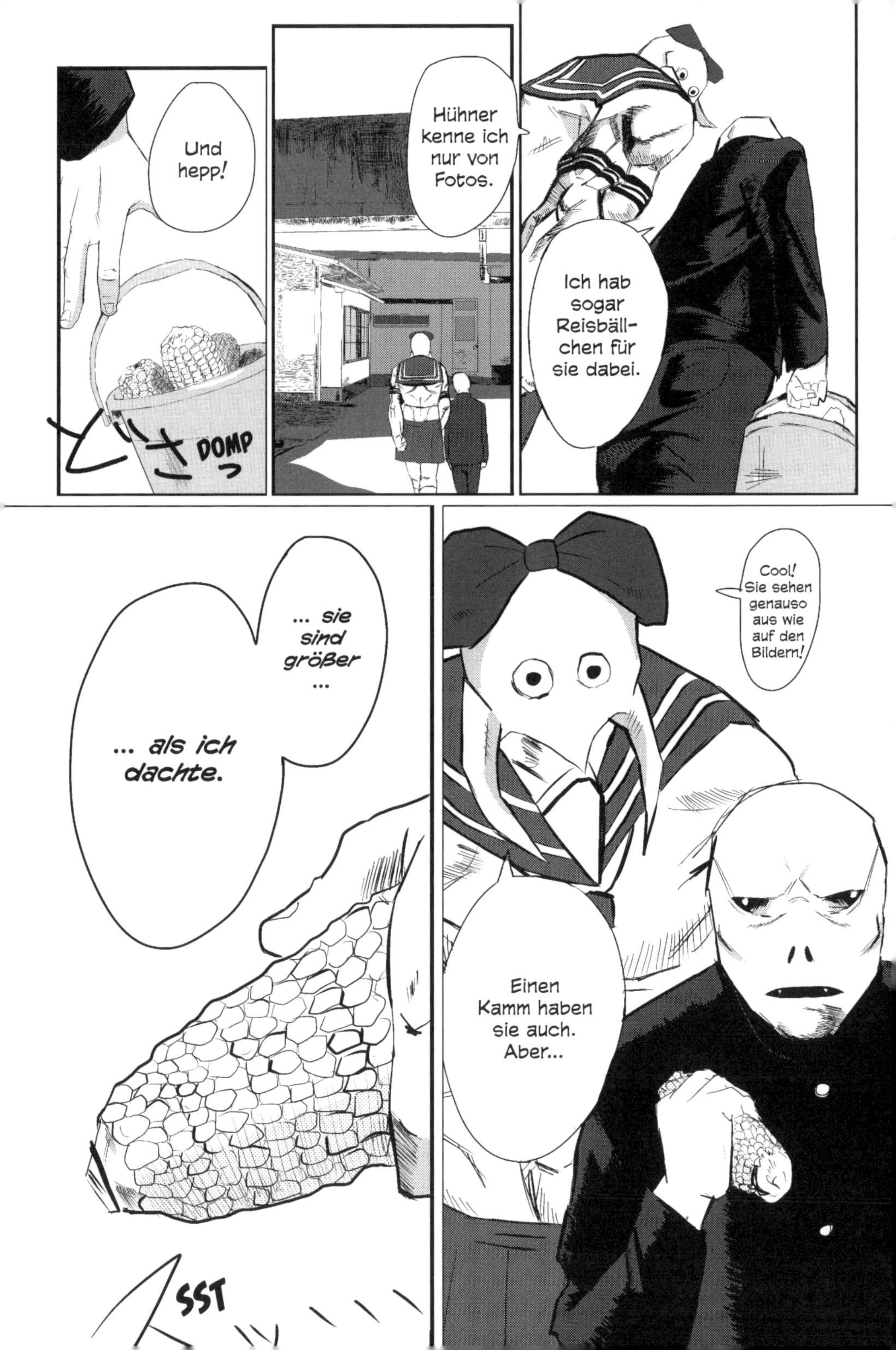
Ich hab sogar Reisbällchen für sie dabei.
Hühner kenne ich nur von Fotos.
Und hepp!
DOMP
Cool! Sie sehen genauso aus wie auf den Bildern!
Einen Kamm haben sie auch. Aber...
... sie sind größer ...
... als ich dachte.
SST

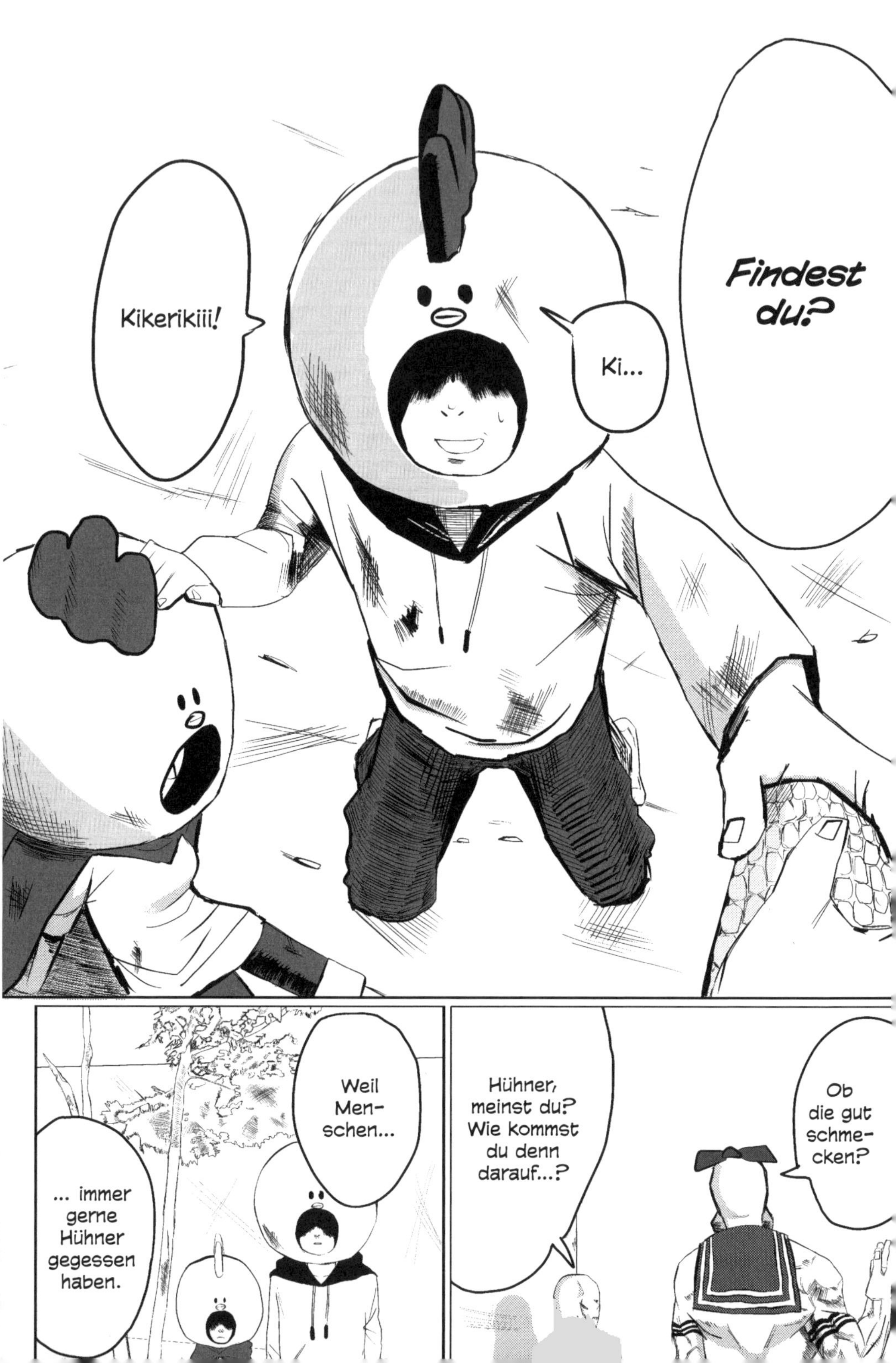
Findest du?
Ki...
Kikerikiii!
Ob die gut schme-cken?
Hühner, meinst du? Wie kommst du denn darauf...?
Weil Men-schen...
... immer gerne Hühner gegessen haben.

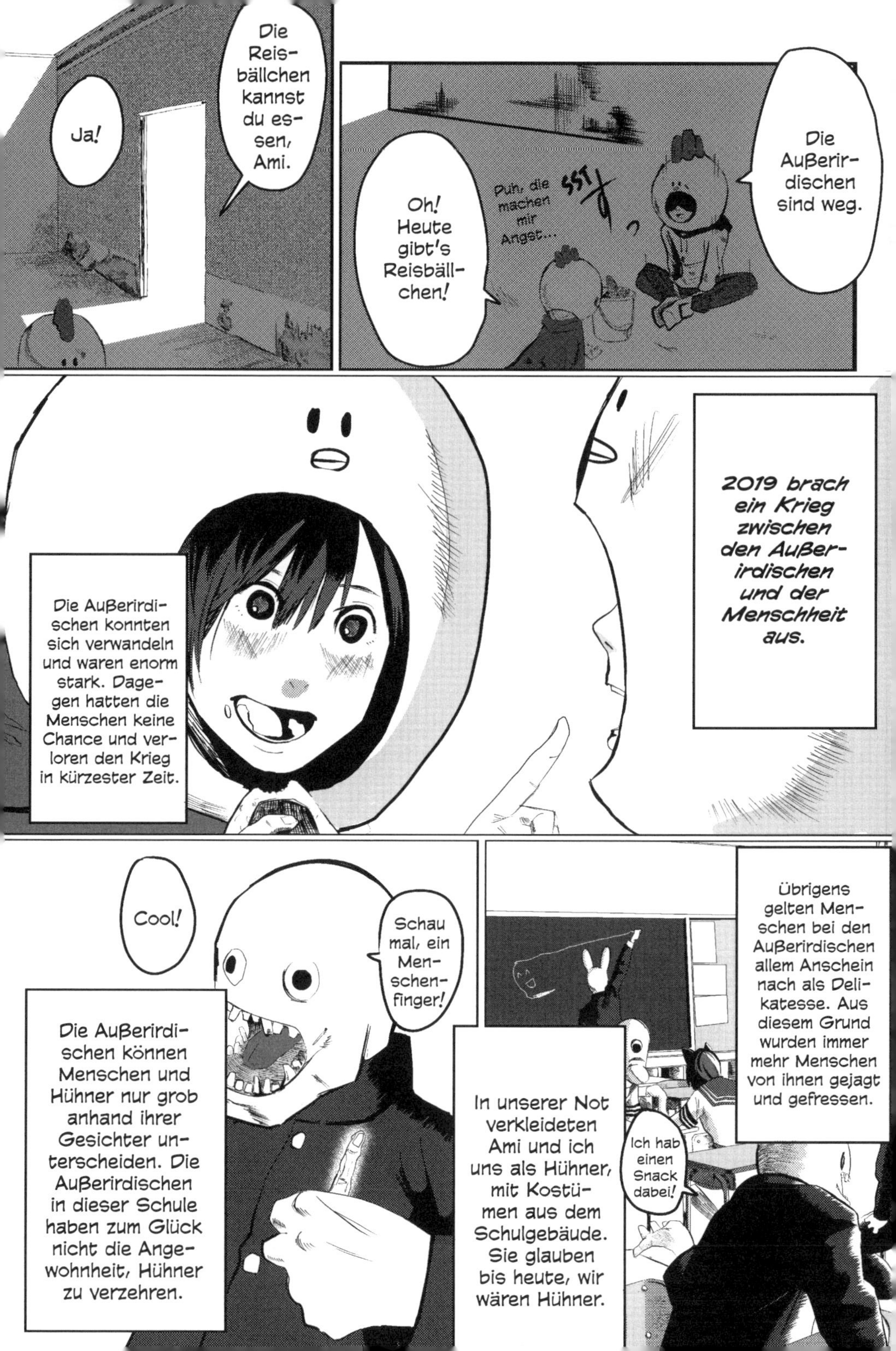
Die Außerirdischen sind weg.
Oh! Heute gibt's Reisbällchen!
Puh, die machen mir Angst…
SST
Die Reisbällchen kannst du essen, Ami.
Ja!
2019 brach ein Krieg zwischen den Außerirdischen und der Menschheit aus.
Die Außerirdischen konnten sich verwandeln und waren enorm stark. Dagegen hatten die Menschen keine Chance und verloren den Krieg in kürzester Zeit.
Übrigens gelten Menschen bei den Außerirdischen allem Anschein nach als Delikatesse. Aus diesem Grund wurden immer mehr Menschen von ihnen gejagt und gefressen.
Ich hab einen Snack dabei!
In unserer Not verkleideten Ami und ich uns als Hühner, mit Kostümen aus dem Schulgebäude. Sie glauben bis heute, wir wären Hühner.
Schau mal, ein Menschenfinger!
Cool!
Die Außerirdischen können Menschen und Hühner nur grob anhand ihrer Gesichter unterscheiden. Die Außerirdischen in dieser Schule haben zum Glück nicht die Angewohnheit, Hühner zu verzehren.

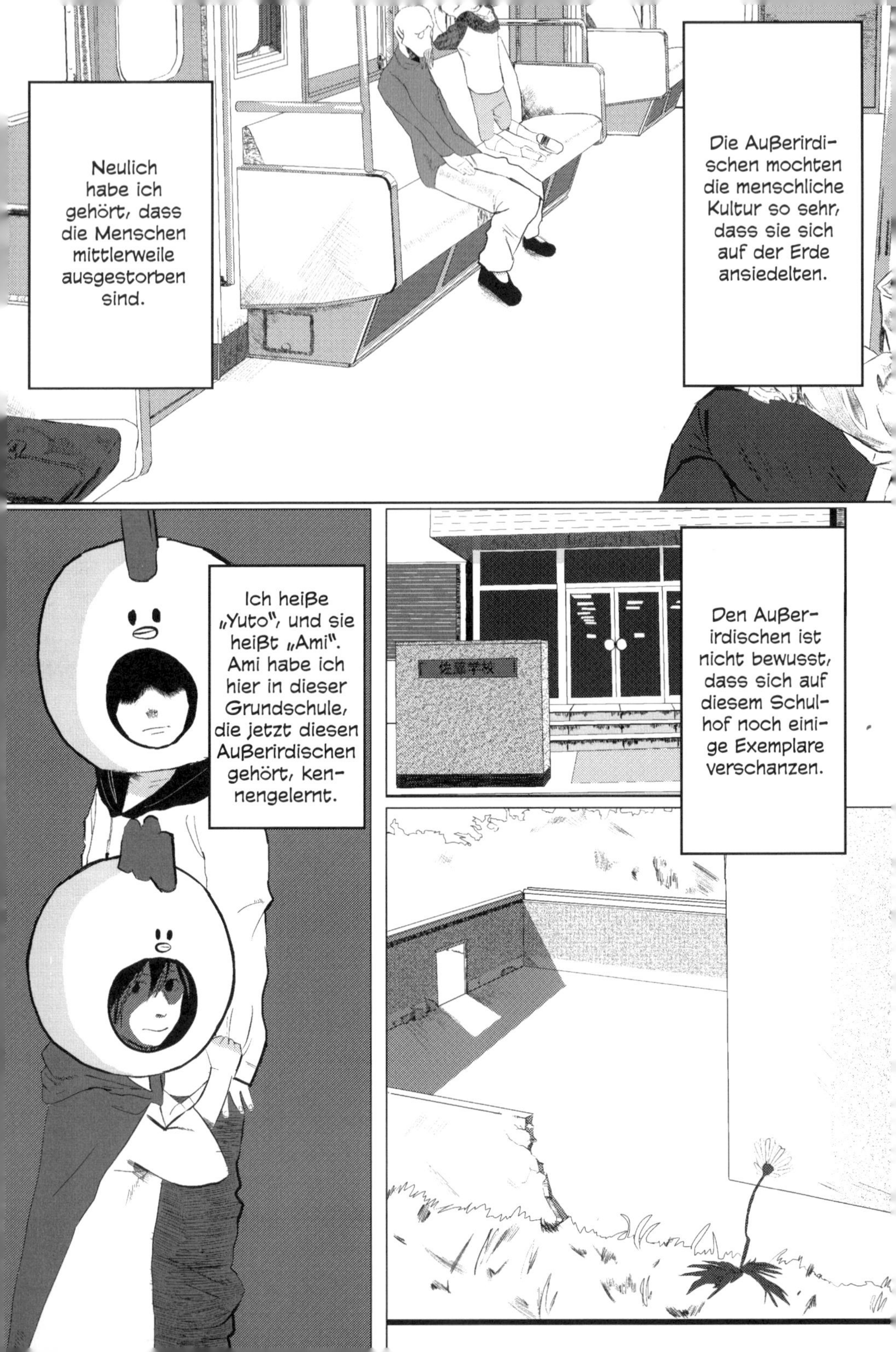
Die Außerirdischen mochten die menschliche Kultur so sehr, dass sie sich auf der Erde ansiedelten.
Neulich habe ich gehört, dass die Menschen mittlerweile ausgestorben sind.
Den Außerirdischen ist nicht bewusst, dass sich auf diesem Schulhof noch einige Exemplare verschanzen.
Ich heiße „Yuto", und sie heißt „Ami". Ami habe ich hier in dieser Grundschule, die jetzt diesen Außerirdischen gehört, kennengelernt.

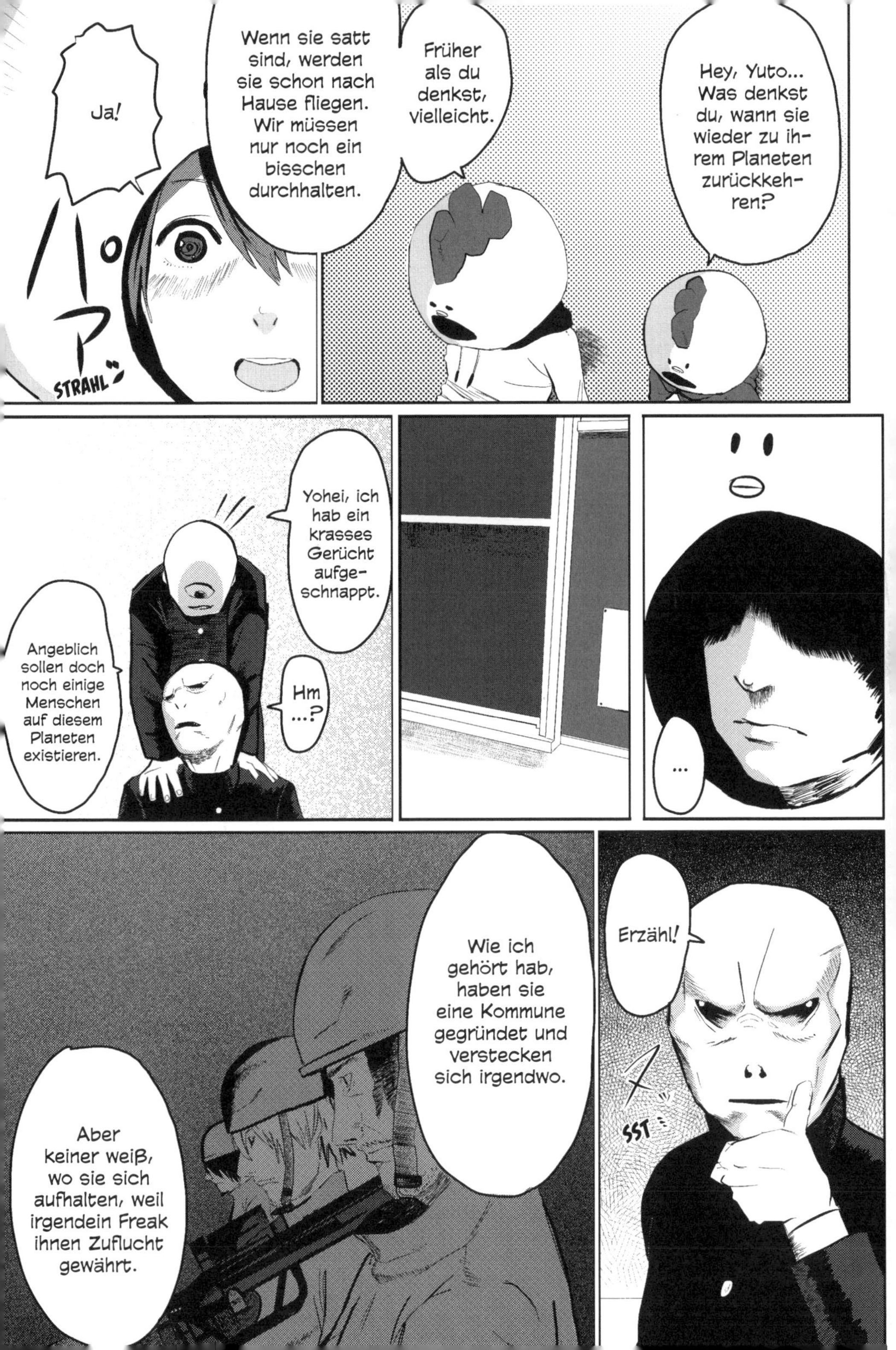
Hey, Yuto... Was denkst du, wann sie wieder zu ihrem Planeten zurückkehren?
Früher als du denkst, vielleicht.
Wenn sie satt sind, werden sie schon nach Hause fliegen. Wir müssen nur noch ein bisschen durchhalten.
Ja!
STRAHL
...
Yohei, ich hab ein krasses Gerücht aufgeschnappt.
Hm ...?
Angeblich sollen doch noch einige Menschen auf diesem Planeten existieren.
Erzähl!
SST
Wie ich gehört hab, haben sie eine Kommune gegründet und verstecken sich irgendwo.
Aber keiner weiß, wo sie sich aufhalten, weil irgendein Freak ihnen Zuflucht gewährt.

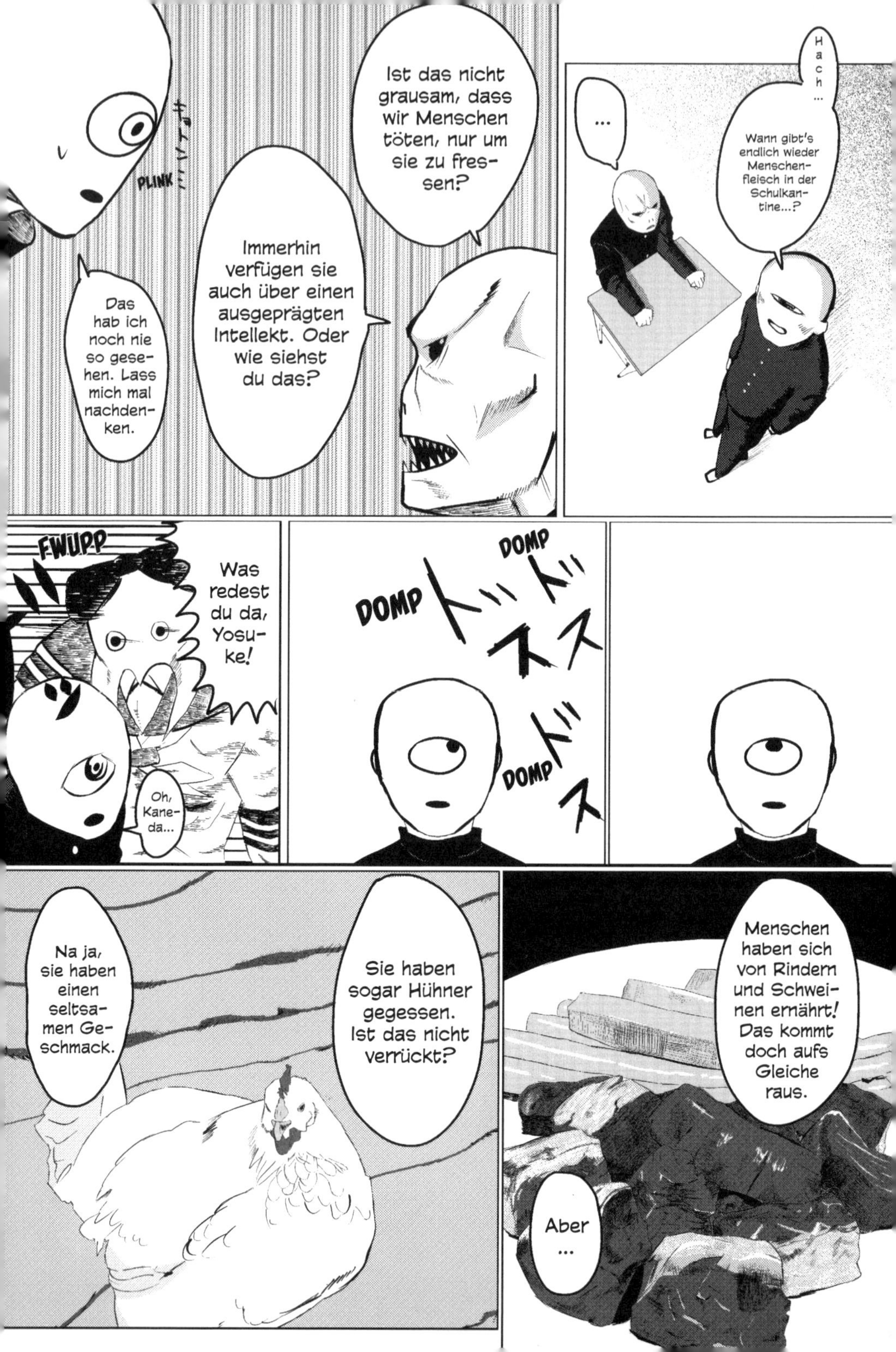

Hach…
Wann gibt's endlich wieder Menschenfleisch in der Schulkantine…?
…
Ist das nicht grausam, dass wir Menschen töten, nur um sie zu fressen?
Immerhin verfügen sie auch über einen ausgeprägten Intellekt. Oder wie siehst du das?
PLINK
Das hab ich noch nie so gesehen. Lass mich mal nachdenken.
DOMP
DOMP
DOMP
FWUPP
Was redest du da, Yosuke!
Oh, Kaneda…
Menschen haben sich von Rindern und Schweinen ernährt! Das kommt doch aufs Gleiche raus.
Aber…
Sie haben sogar Hühner gegessen. Ist das nicht verrückt?
Na ja, sie haben einen seltsamen Geschmack.

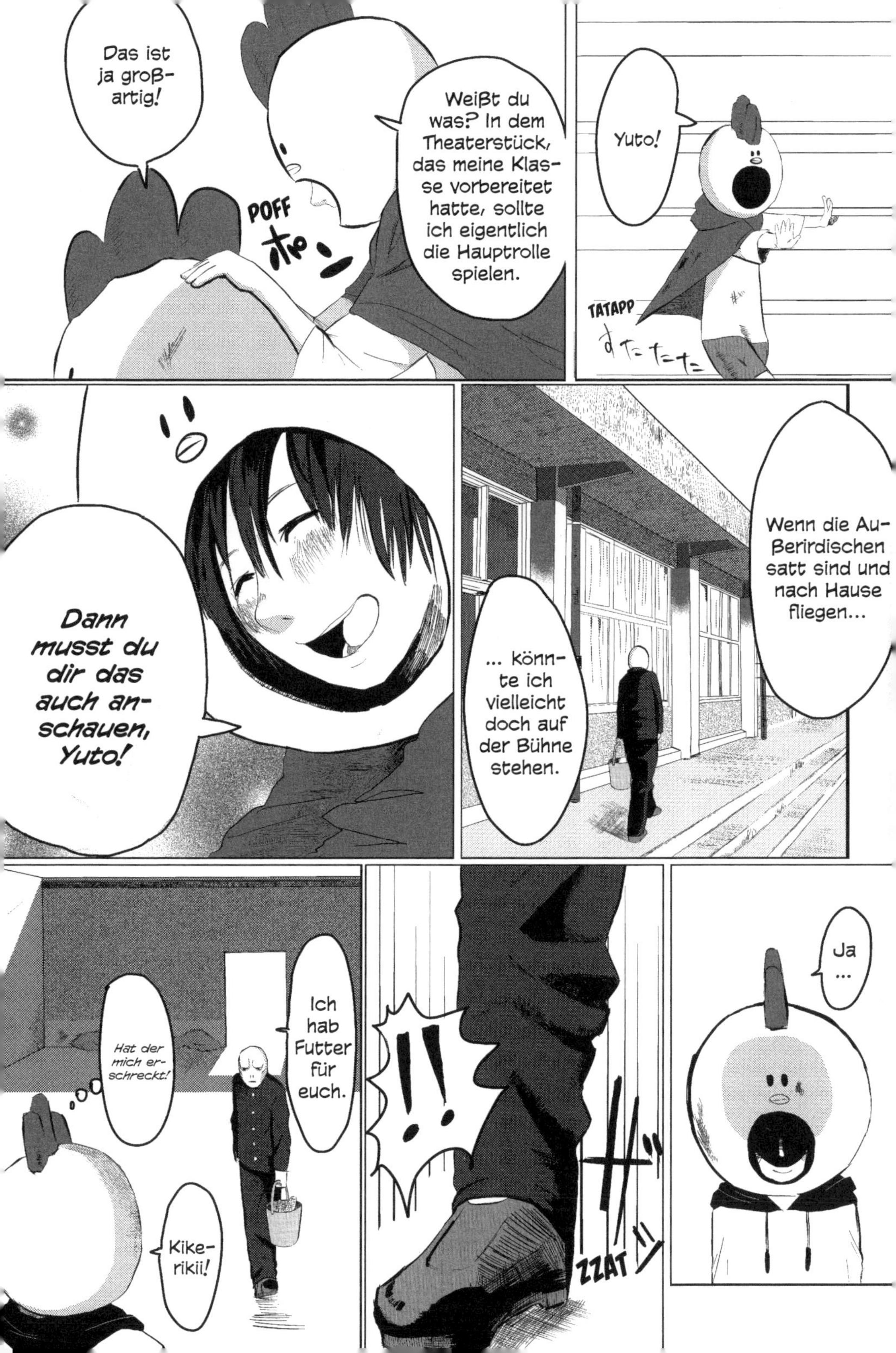
Yuto!
TATAPP
Weißt du was? In dem Theaterstück, das meine Klasse vorbereitet hatte, sollte ich eigentlich die Hauptrolle spielen.
POFF
Das ist ja großartig!
Wenn die Außerirdischen satt sind und nach Hause fliegen...
... könnte ich vielleicht doch auf der Bühne stehen.
Dann musst du dir das auch anschauen, Yuto!
Ja ...
!!
ZZAT
Ich hab Futter für euch.
Hat der mich erschreckt!
Kikerikii!

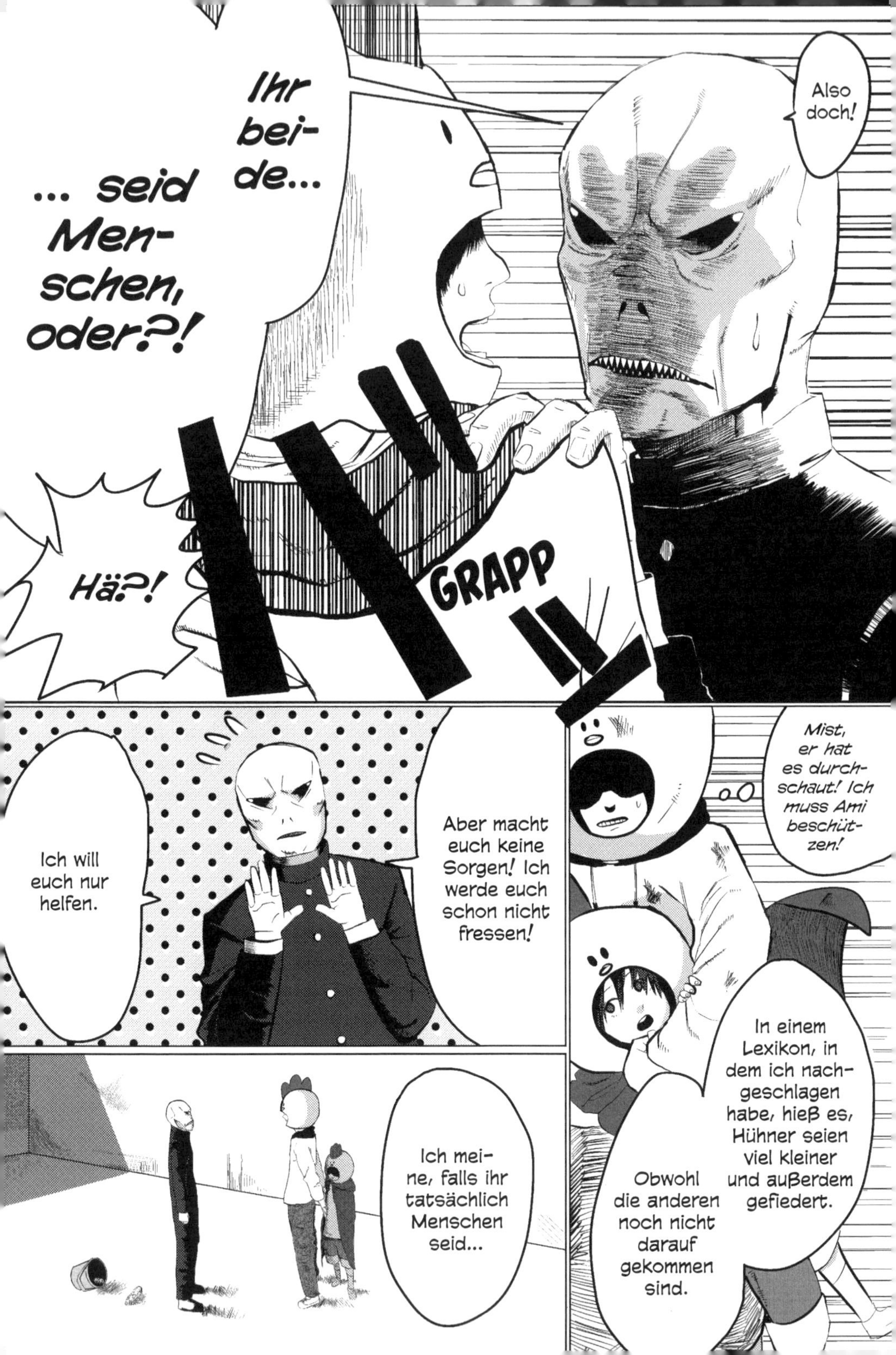
Also doch!
Ihr beide...
... seid Menschen, oder?!
GRAPP
Hä?!
Mist, er hat es durchschaut! Ich muss Ami beschützen!
Aber macht euch keine Sorgen! Ich werde euch schon nicht fressen!
Ich will euch nur helfen.
In einem Lexikon, in dem ich nachgeschlagen habe, hieß es, Hühner seien viel kleiner und außerdem gefiedert.
Obwohl die anderen noch nicht darauf gekommen sind.
Ich meine, falls ihr tatsächlich Menschen seid...

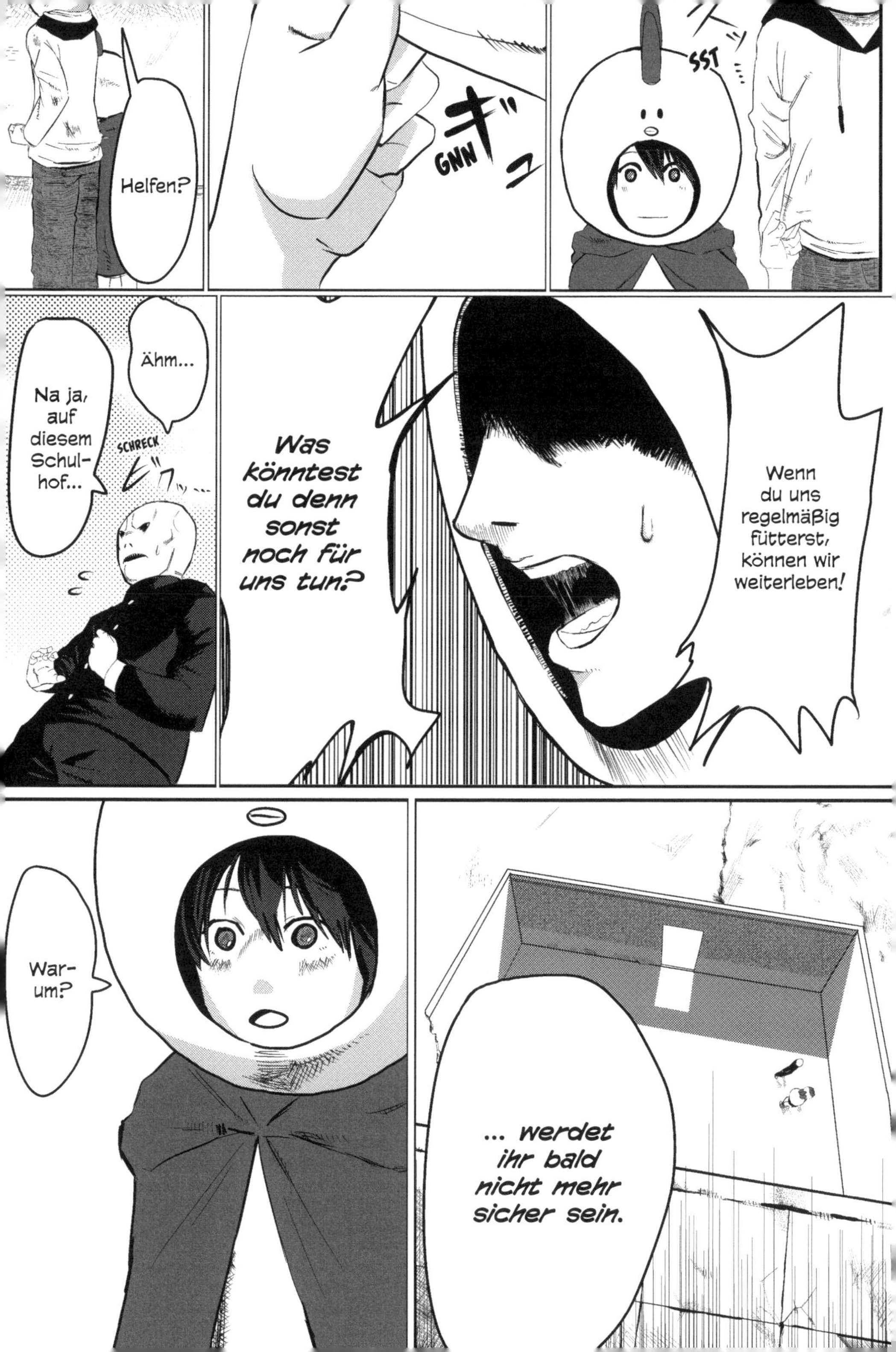
SST
GNN
Helfen?
Wenn du uns regelmäßig fütterst, können wir weiterleben!
Was könntest du denn sonst noch für uns tun?
Ähm...
Na ja, auf diesem Schulhof...
SCHRECK
... werdet ihr bald nicht mehr sicher sein.
War-um?

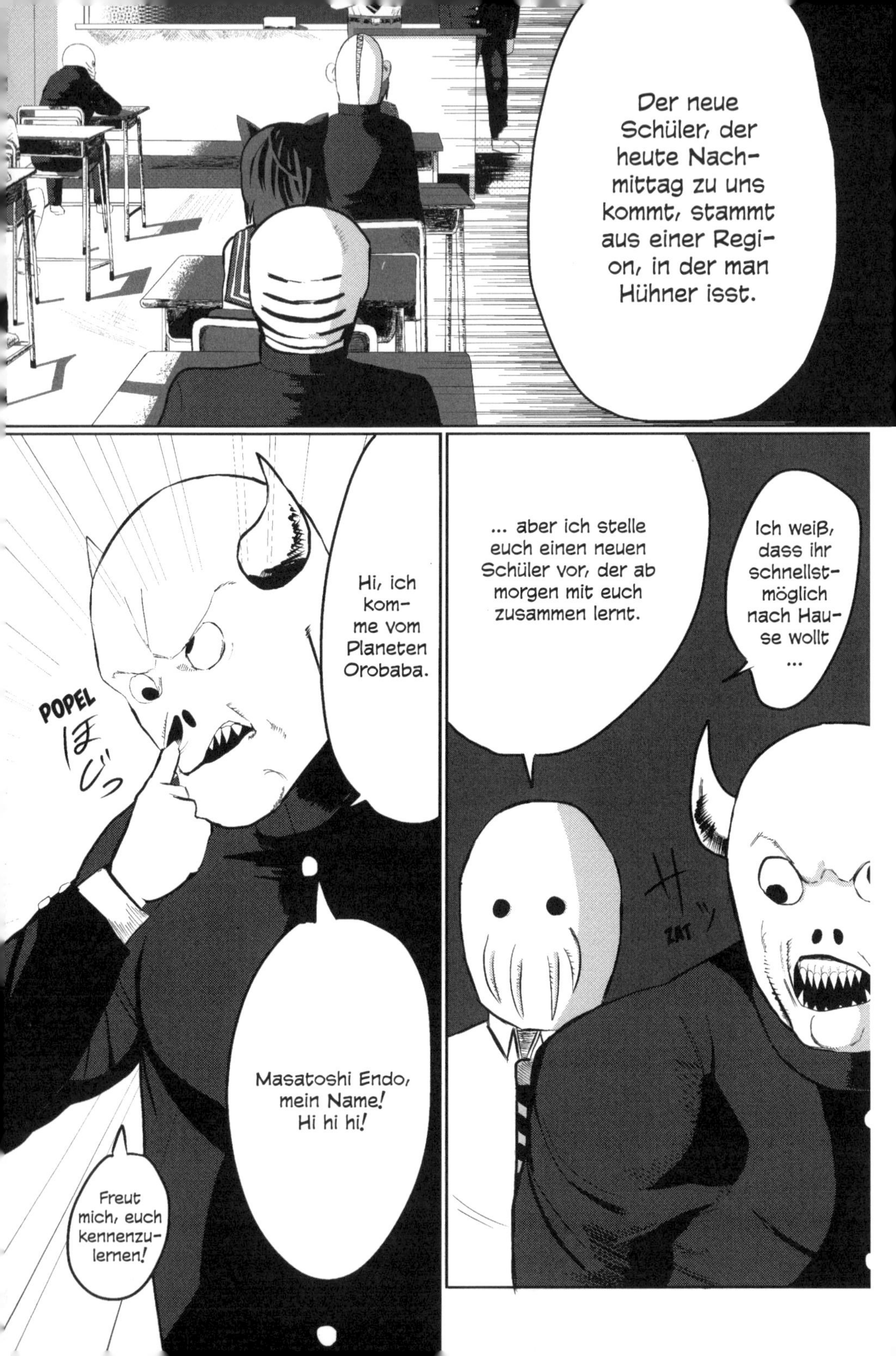
Der neue Schüler, der heute Nachmittag zu uns kommt, stammt aus einer Region, in der man Hühner isst.
Ich weiß, dass ihr schnellstmöglich nach Hause wollt ...
... aber ich stelle euch einen neuen Schüler vor, der ab morgen mit euch zusammen lernt.
ZAT
Hi, ich komme vom Planeten Orobaba.
POPEL
ほじっ
Masatoshi Endo, mein Name! Hi hi hi!
Freut mich, euch kennenzulernen!

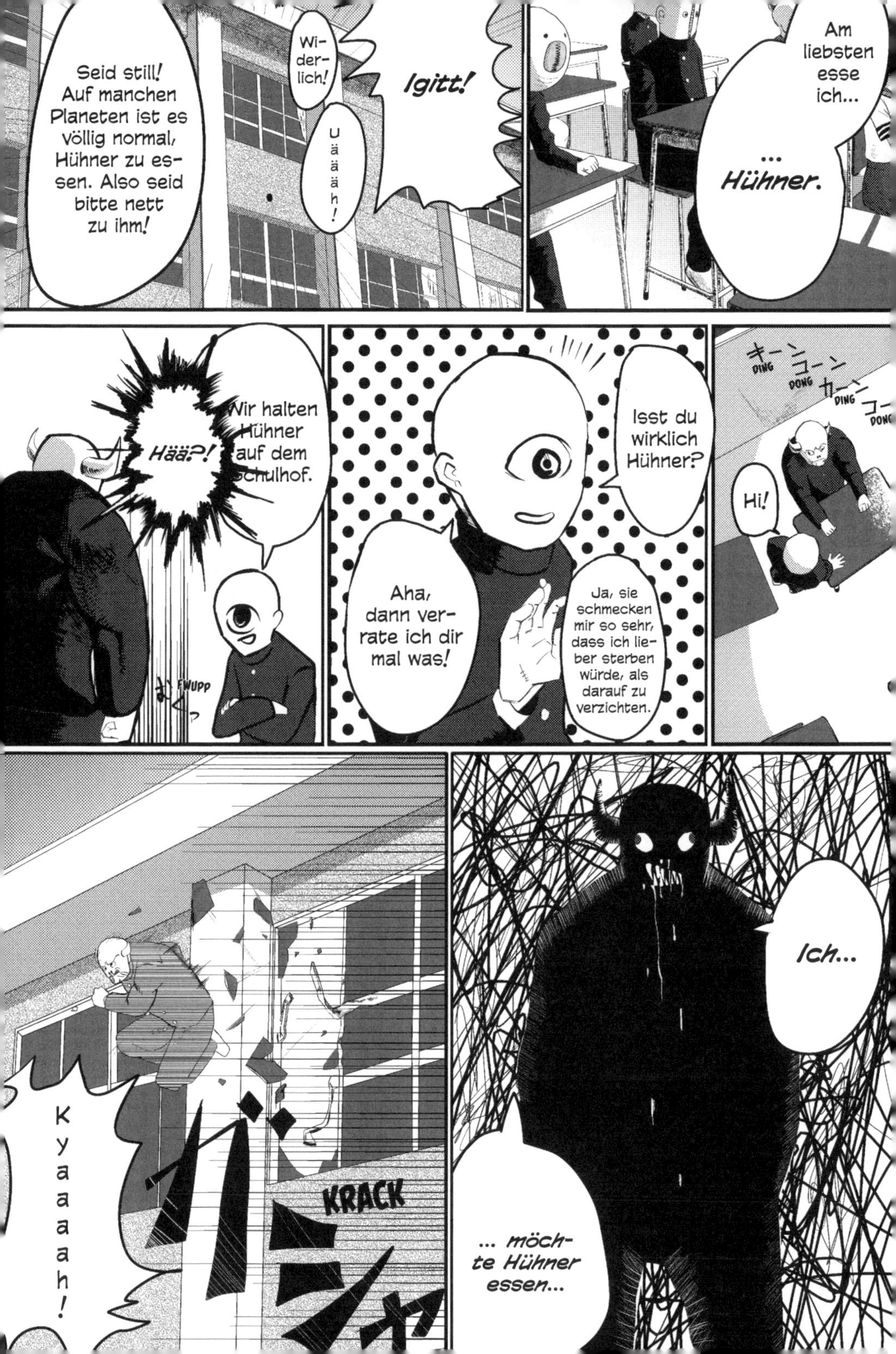
Am liebsten esse ich...
... Hühner.
Igitt!
Wi-der-lich!
Uääääh!
Seid still! Auf manchen Planeten ist es völlig normal, Hühner zu es-sen. Also seid bitte nett zu ihm!
キーンコーンカーンコーン
DING DONG DING DONG
Hi!
Isst du wirklich Hühner?
Ja, sie schmecken mir so sehr, dass ich lie-ber sterben würde, als darauf zu verzichten.
Aha, dann ver-rate ich dir mal was!
Wir halten Hühner auf dem Schulhof.
Hää?!
FWUPP
Ich...
... möch-te Hühner essen...
KRACK
Kyaaaah!

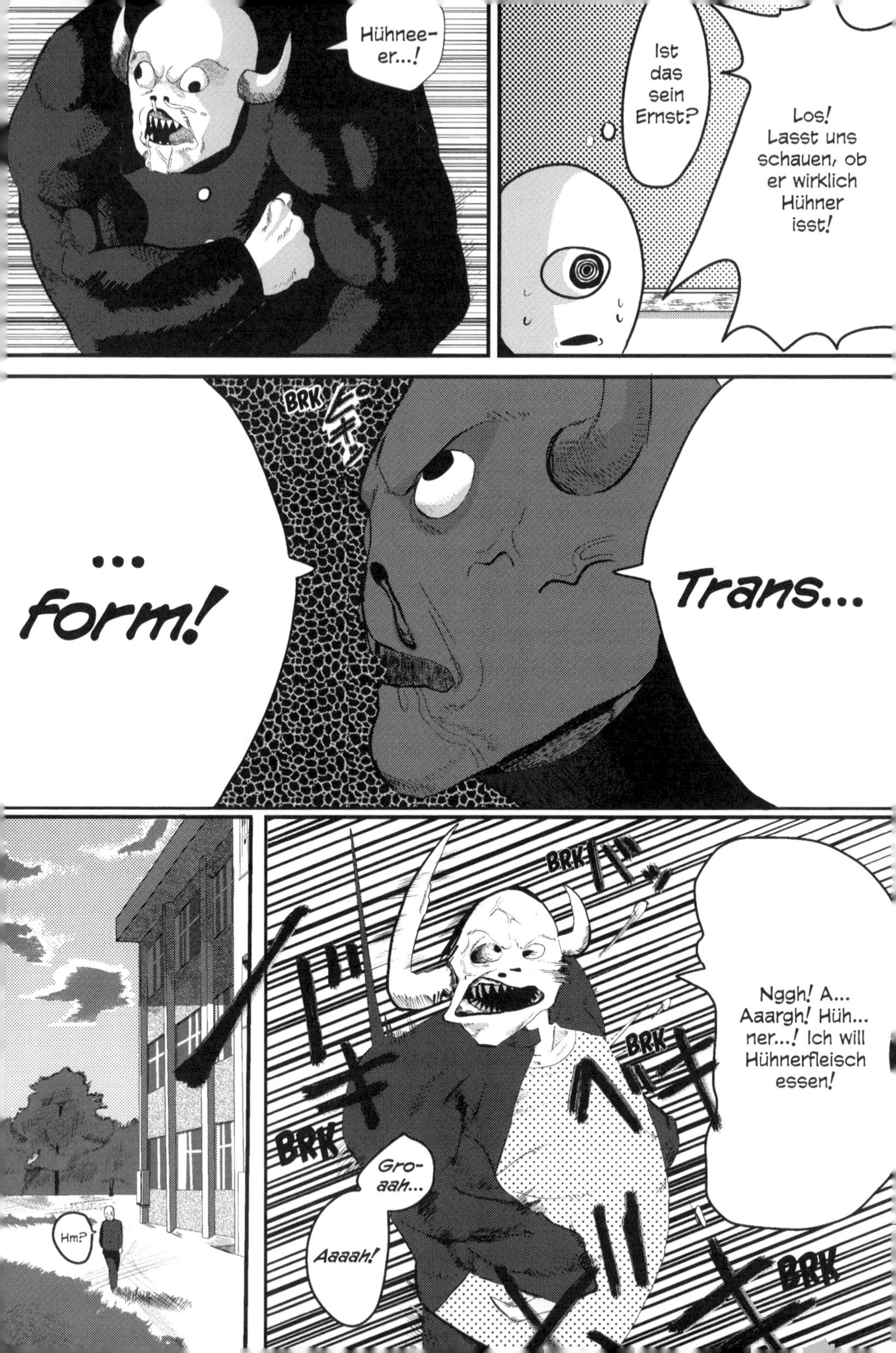
Los! Lasst uns schauen, ob er wirklich Hühner isst!
Ist das sein Ernst?
Hühneeer...!
Trans...
... form!
BRK
Nggh! A... Aaargh! Hüh... ner...! Ich will Hühnerfleisch essen!
BRK
BRK
BRK
BRK
Gro-aah...
Aaaah!
Hm?

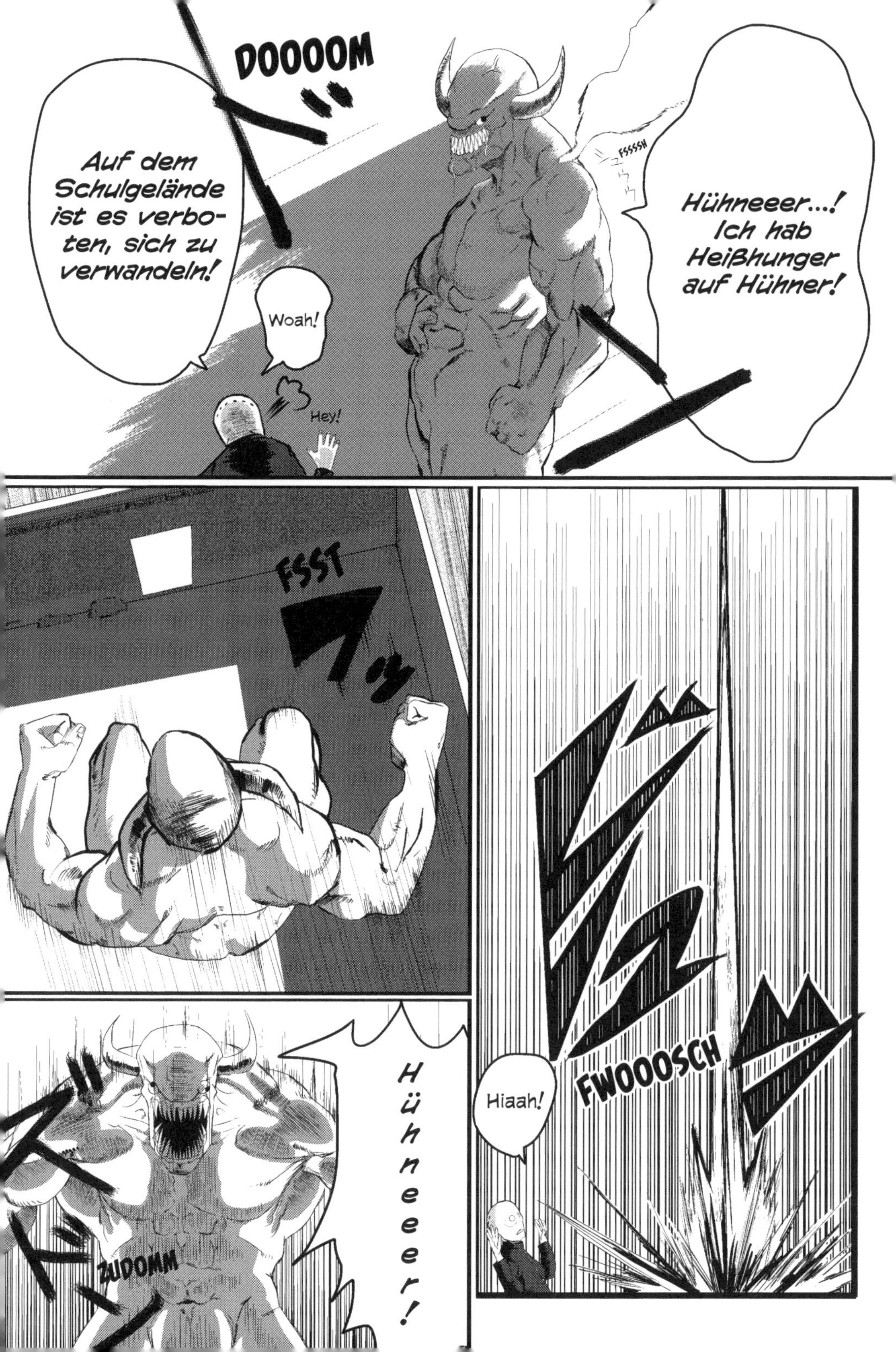
Hühneeer...! Ich hab Heißhunger auf Hühner!
FSSSSH
DOOOOM
Auf dem Schulgelände ist es verboten, sich zu verwandeln!
Woah!
Hey!
FSST
FWOOOSCH
Hiaah!
Hühneeeer!
ZUDOMM

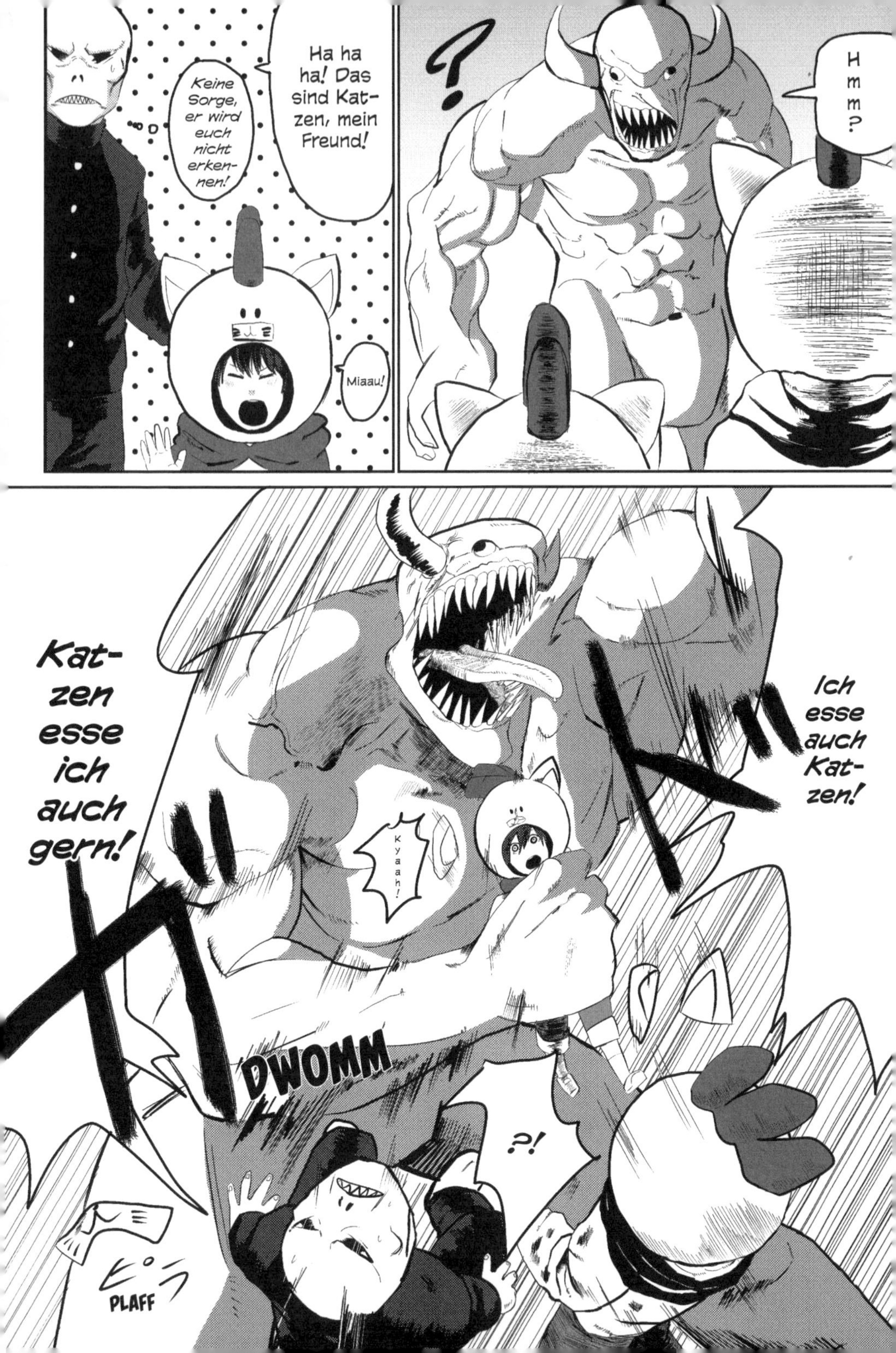
Hmm?
?
Ha ha ha! Das sind Katzen, mein Freund!
Keine Sorge, er wird euch nicht erkennen!
Miaau!
Ich esse auch Katzen!
Katzen esse ich auch gern!
Kyaah!
DWOMM
?!
PLAFF

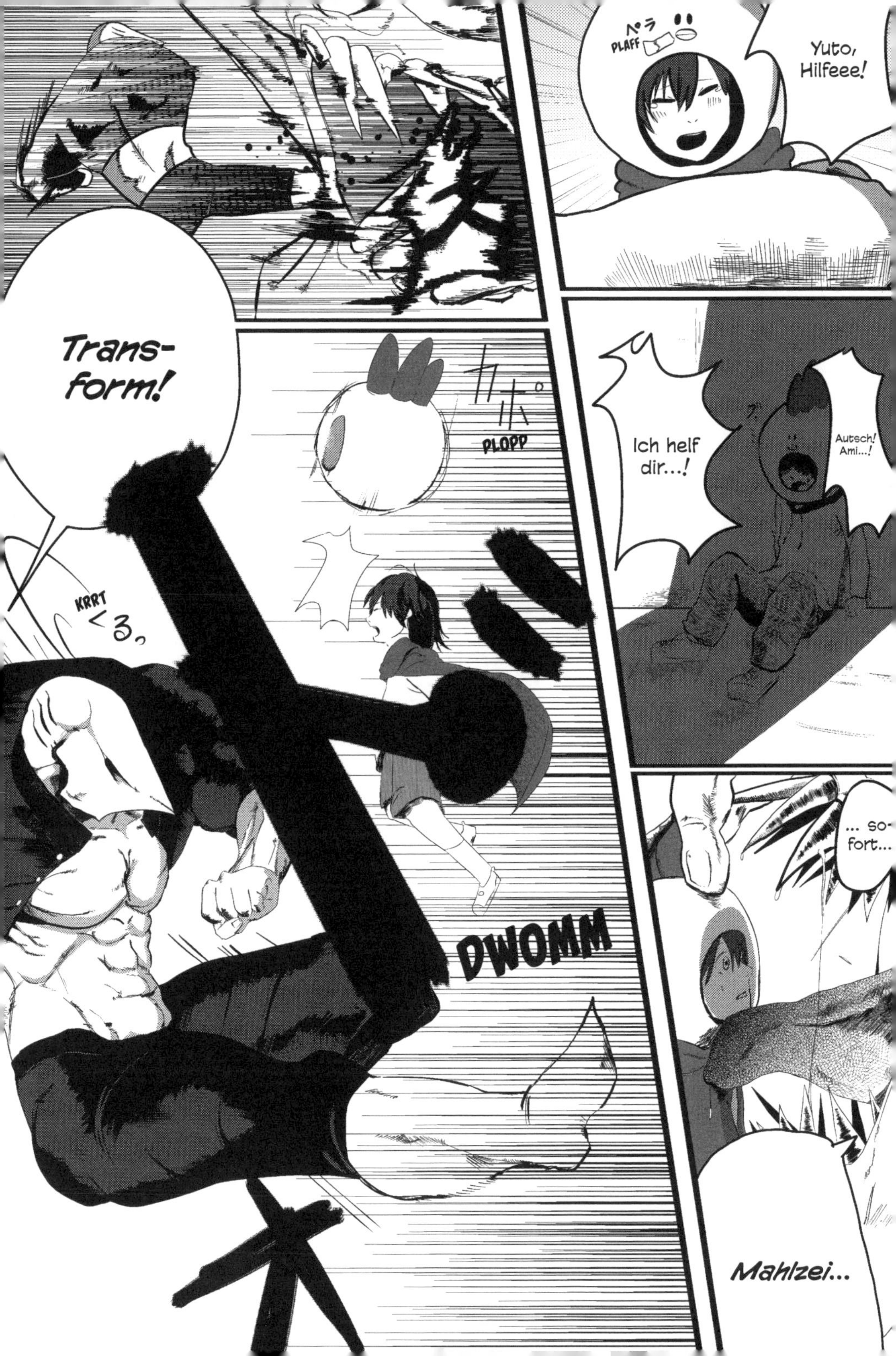
ペラ
PLAFF
Yuto, Hilfeee!
Trans-form!
Autsch! Ami...!
Ich helf dir...!
PLOPP
KRRT
くる
... so-fort...
Mahlzei...
DWOMM

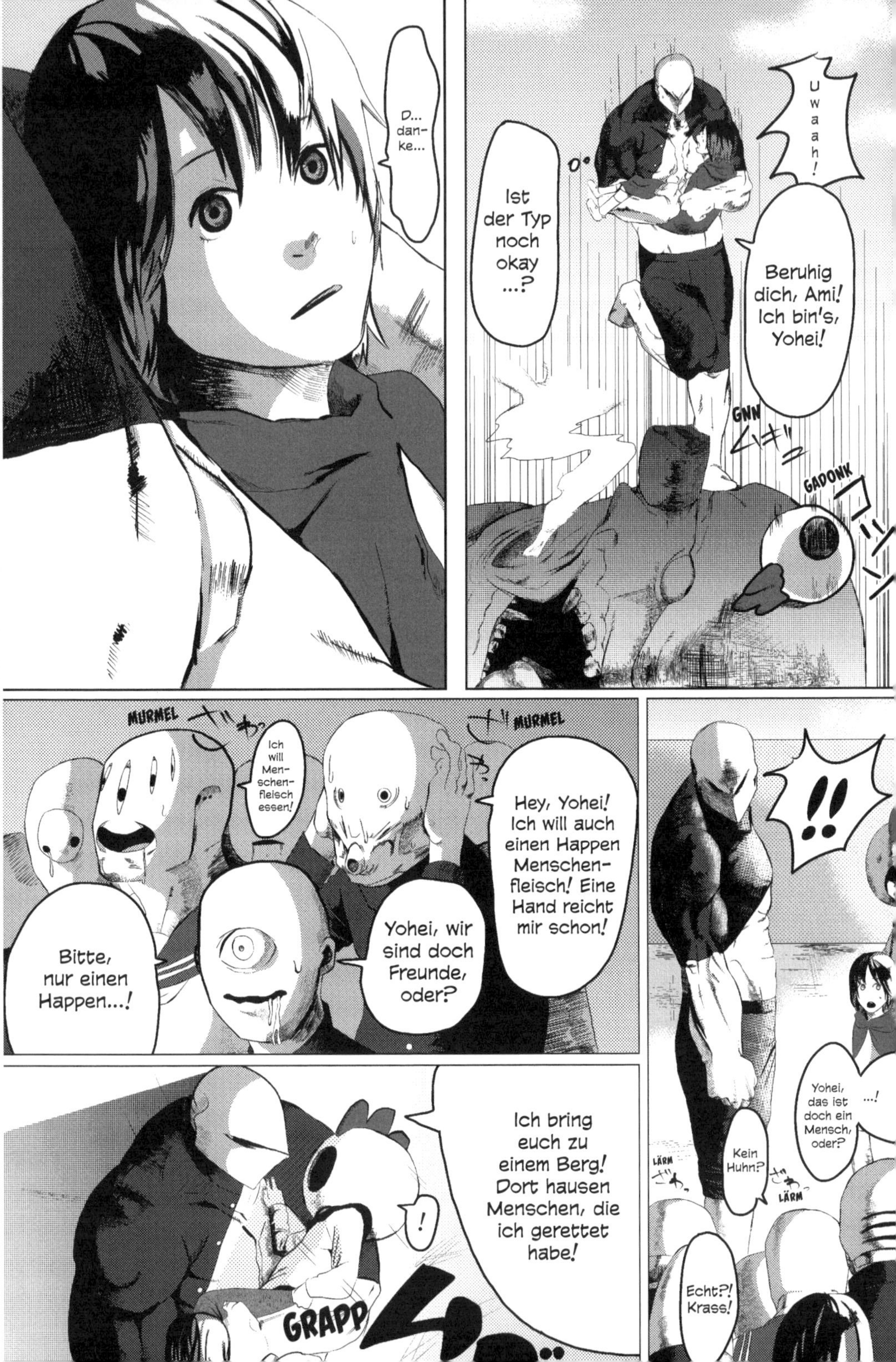
Uwaah!
Beruhig dich, Ami! Ich bin's, Yohei!
GNN
GADONK
Ist der Typ noch okay ...?
D... dan-ke...
Hey, Yohei! Ich will auch einen Happen Menschenfleisch! Eine Hand reicht mir schon!
MURMEL
Ich will Menschenfleisch essen!
MURMEL
Yohei, wir sind doch Freunde, oder?
Bitte, nur einen Happen...!
!!
Yohei, das ist doch ein Mensch, oder?
...!
Kein Huhn?
LÄRM
LÄRM
Echt?! Krass!
Ich bring euch zu einem Berg! Dort hausen Menschen, die ich gerettet habe!
!
GRAPP

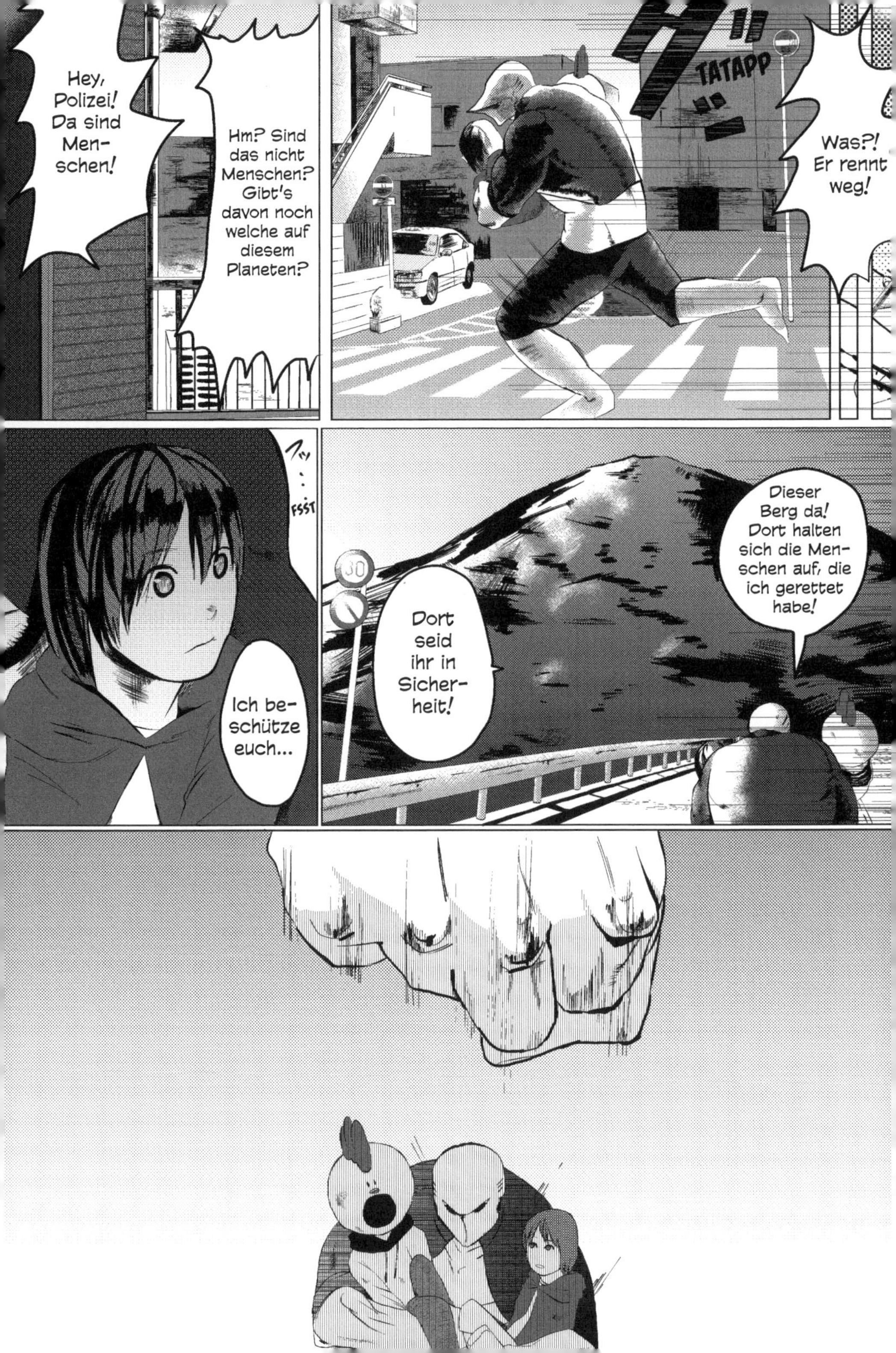
Was?! Er rennt weg!
TATAPP
Hey, Polizei! Da sind Men-schen!
Hm? Sind das nicht Menschen? Gibt's davon noch welche auf diesem Planeten?
Dieser Berg da! Dort halten sich die Men-schen auf, die ich gerettet habe!
Dort seid ihr in Sicher-heit!
FSSST
Ich be-schütze euch...

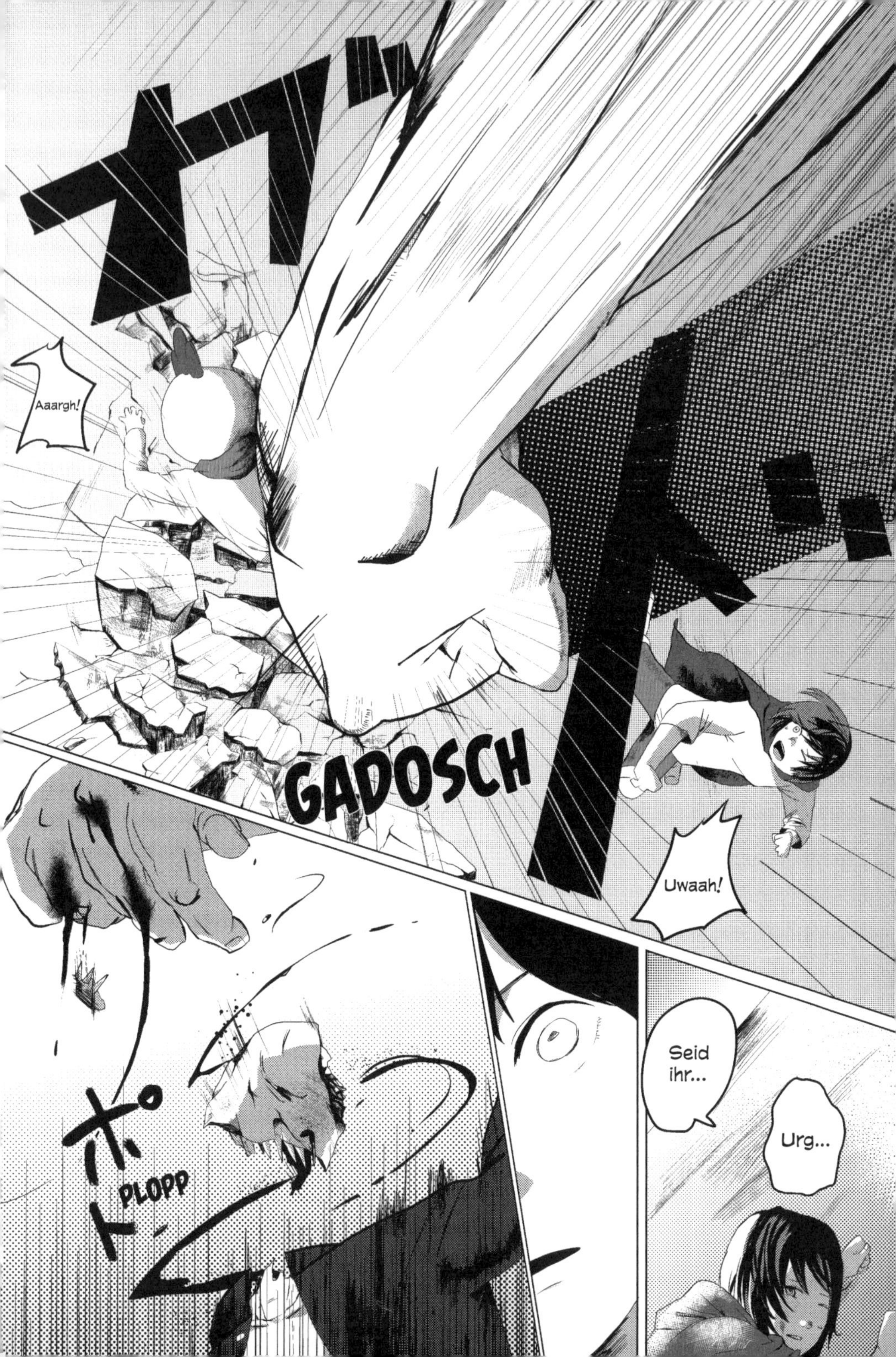
Aaargh!
GADOSCH
Uwaah!
Seid ihr...
Urg...
PLOPP

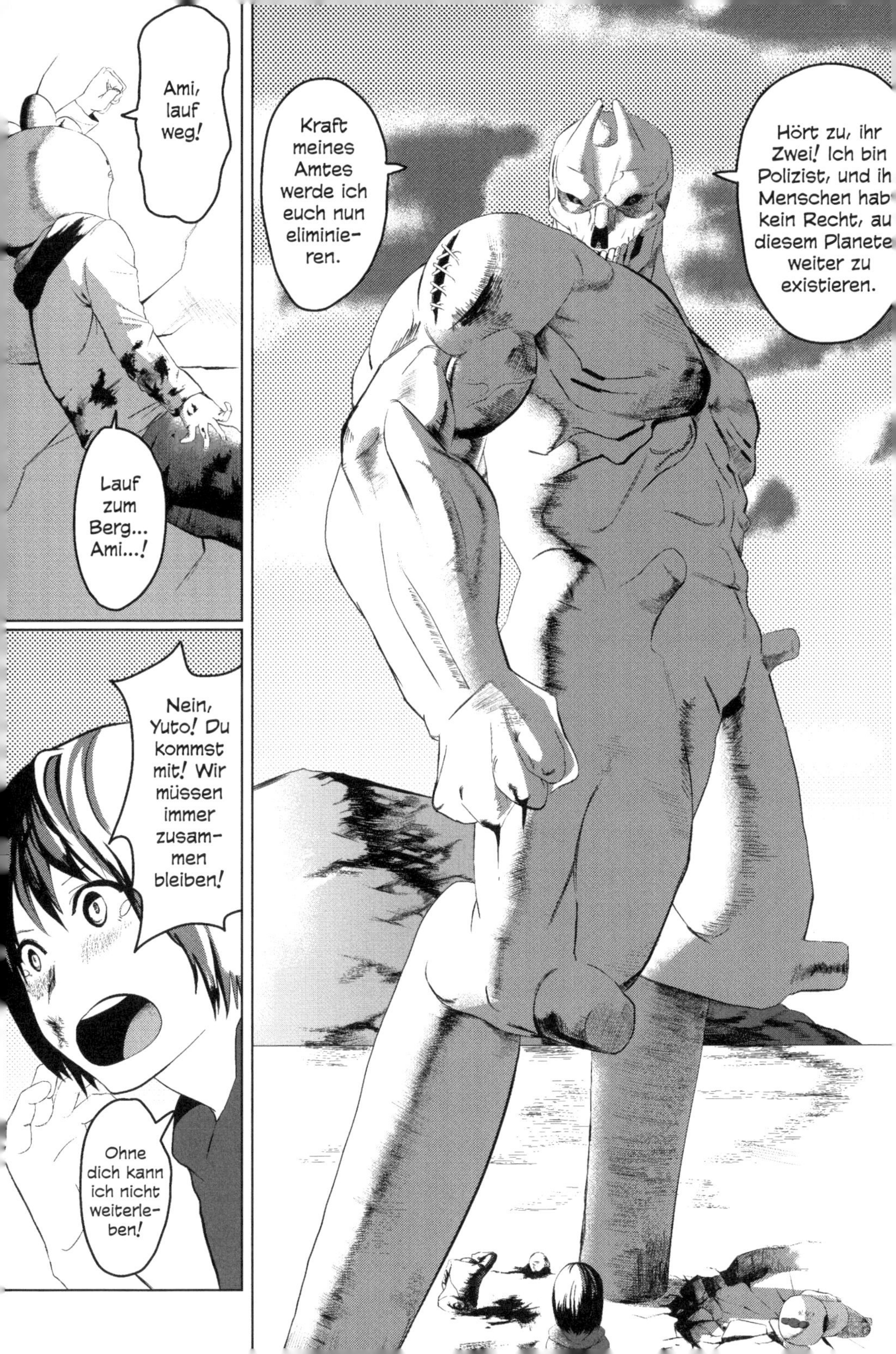
Hört zu, ihr Zwei! Ich bin Polizist, und ih Menschen hab kein Recht, au diesem Planete weiter zu existieren.
Kraft meines Amtes werde ich euch nun eliminieren.
Ami, lauf weg!
Lauf zum Berg... Ami...!
Nein, Yuto! Du kommst mit! Wir müssen immer zusammen bleiben!
Ohne dich kann ich nicht weiterleben!

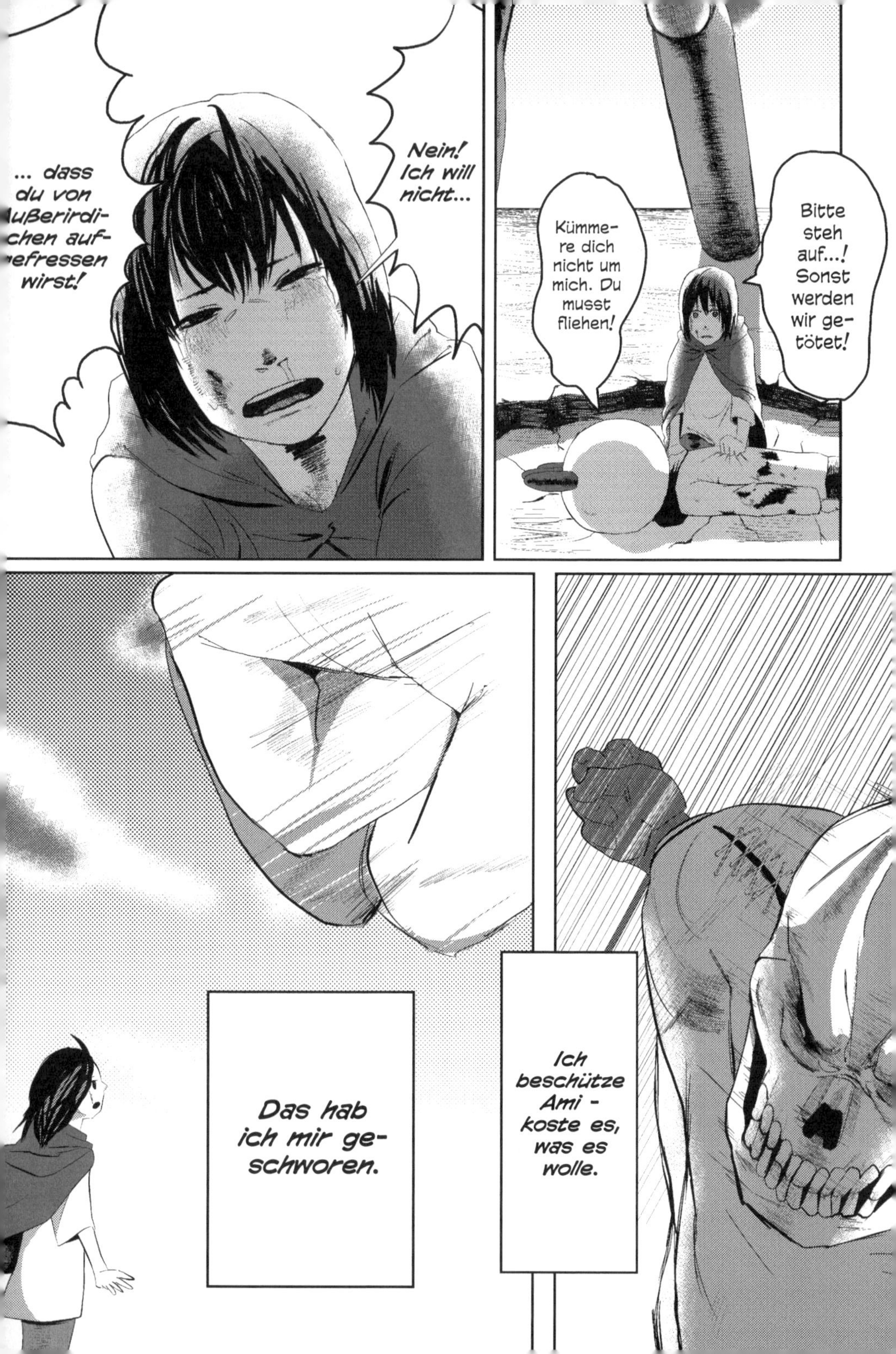
Bitte steh auf...! Sonst werden wir getötet!
Kümmere dich nicht um mich. Du musst fliehen!
Nein! Ich will nicht...
... dass du von ußerirdi-chen auf-efressen wirst!
Ich beschütze Ami - koste es, was es wolle.
Das hab ich mir geschworen.

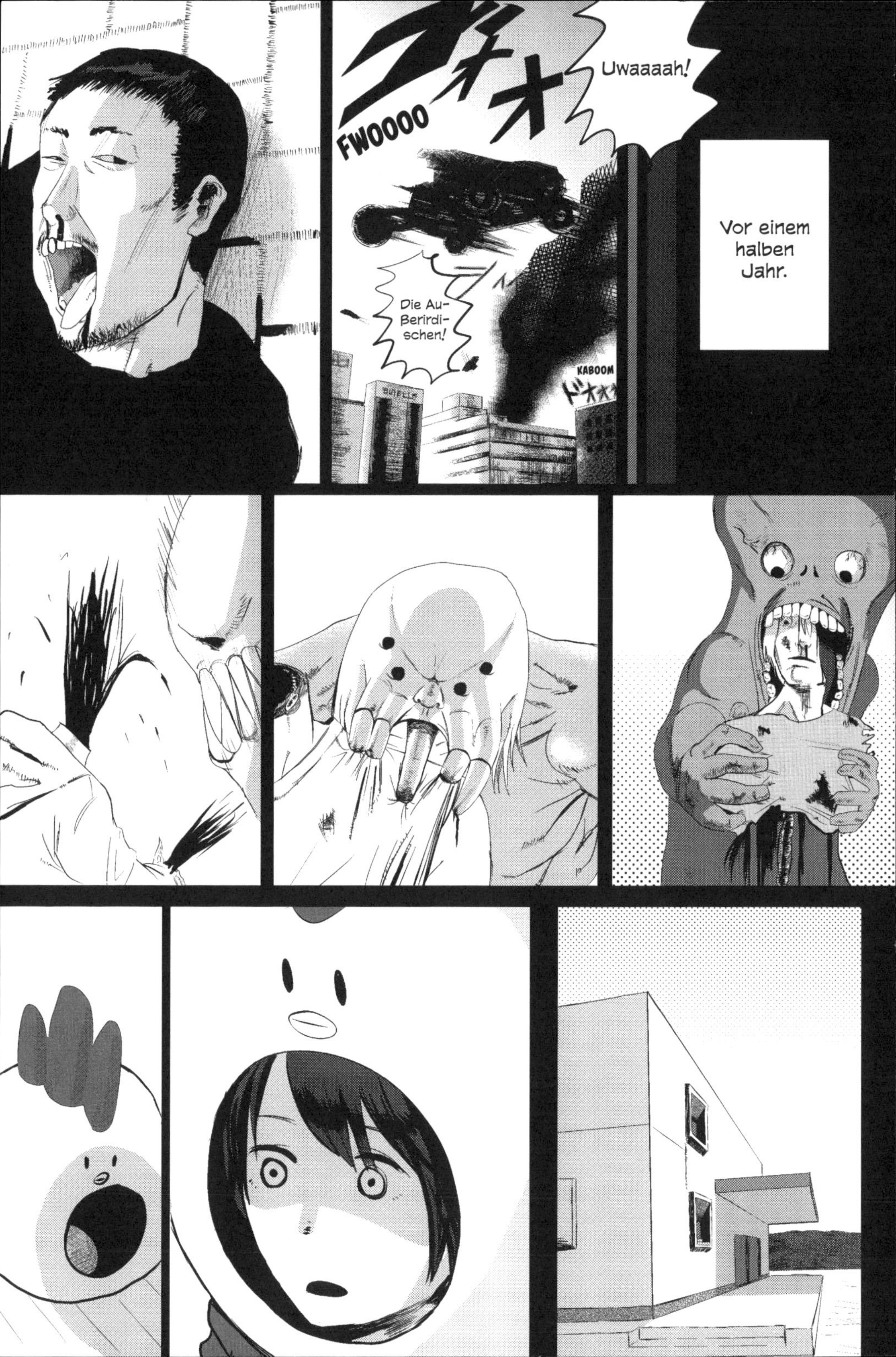
Vor einem halben Jahr.
Uwaaaah!
FWOOOO
Die Außerirdischen!
KABOOM

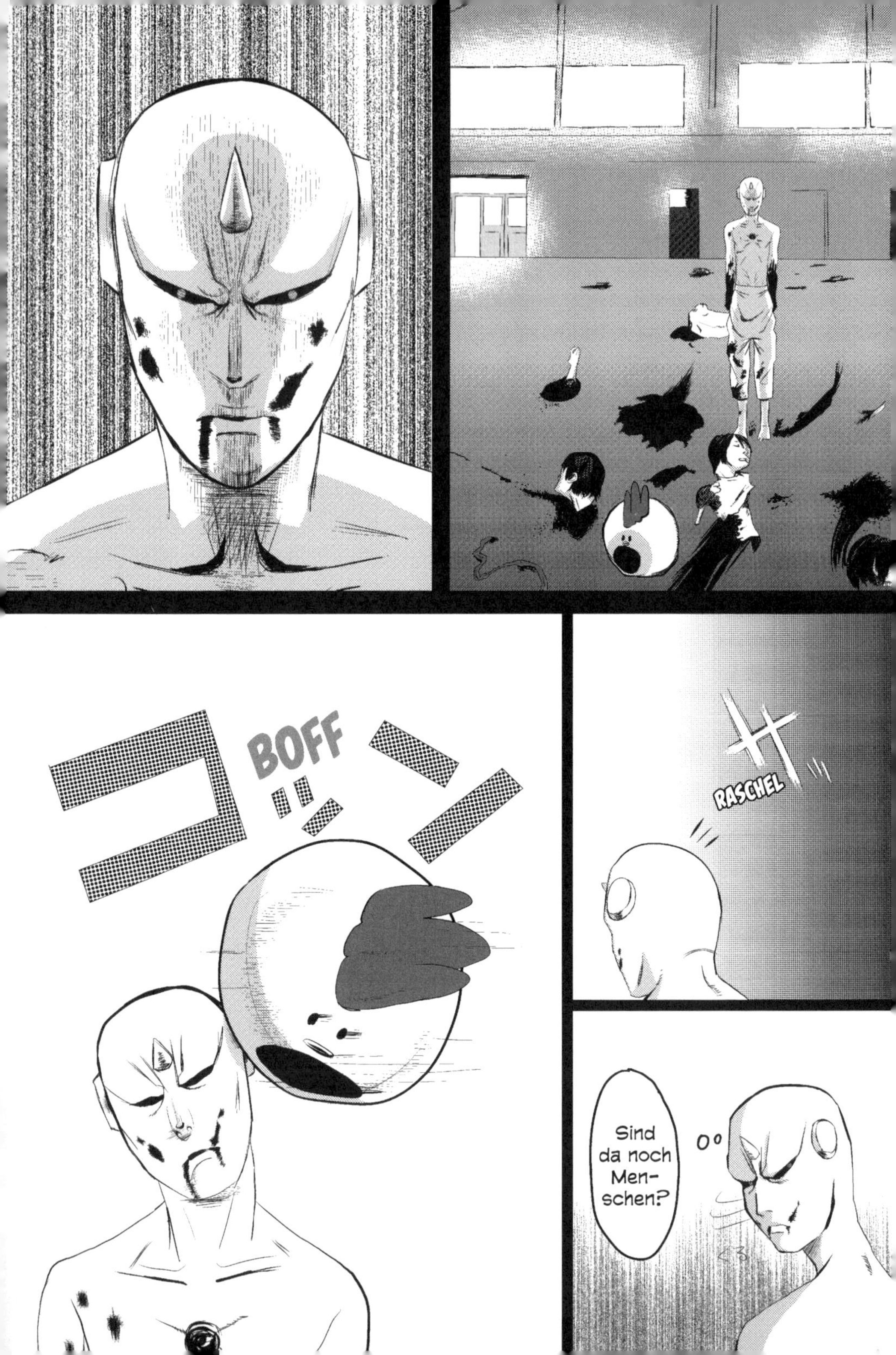
RASCHEL
BOFF
Sind da noch Men-schen?

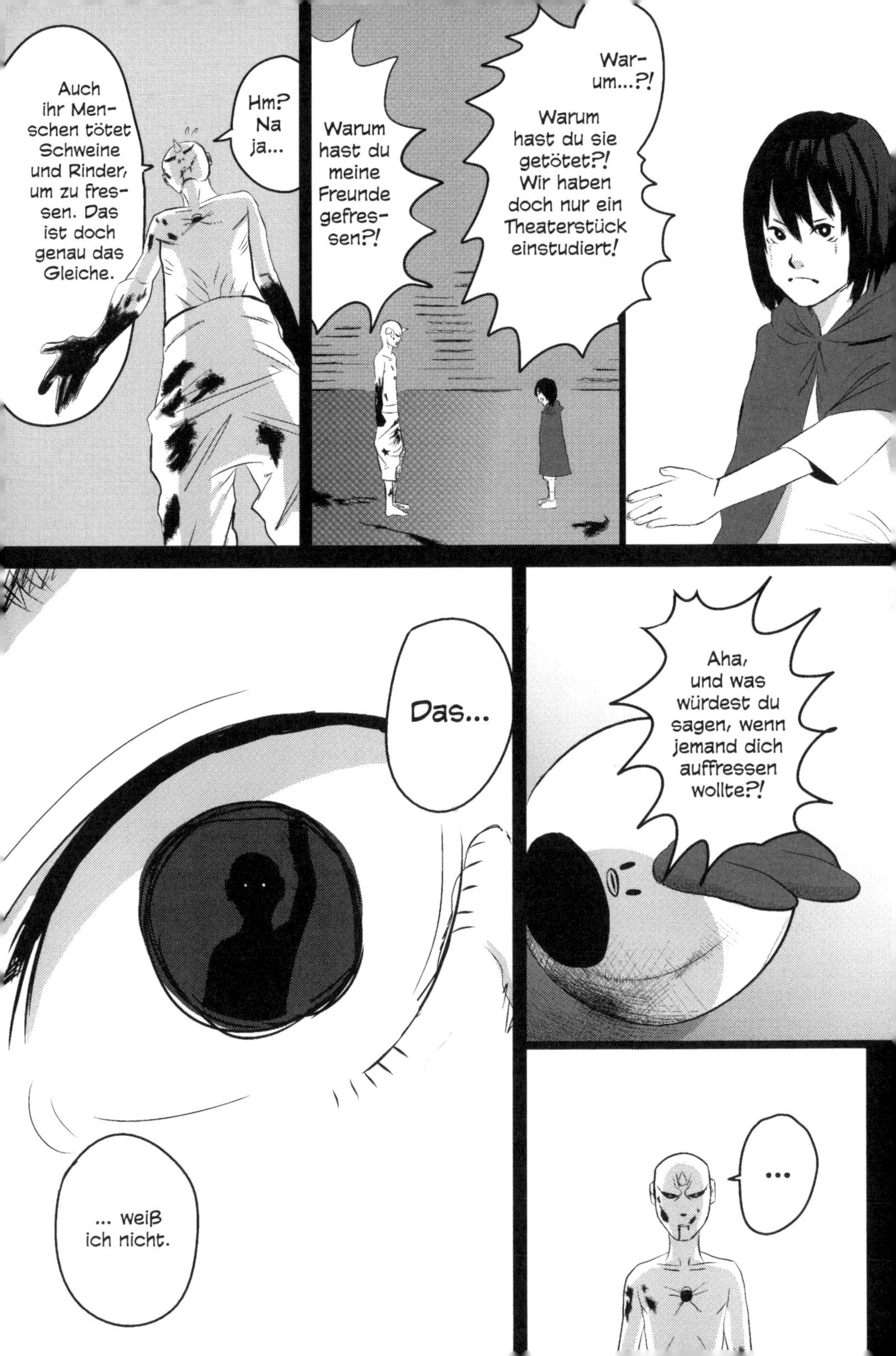
War-um...?!
Warum hast du sie getötet?! Wir haben doch nur ein Theaterstück einstudiert!
Warum hast du meine Freunde gefressen?!
Hm? Na ja...
Auch ihr Menschen tötet Schweine und Rinder, um zu fressen. Das ist doch genau das Gleiche.
Aha, und was würdest du sagen, wenn jemand dich auffressen wollte?!
Das...
...
... weiß ich nicht.

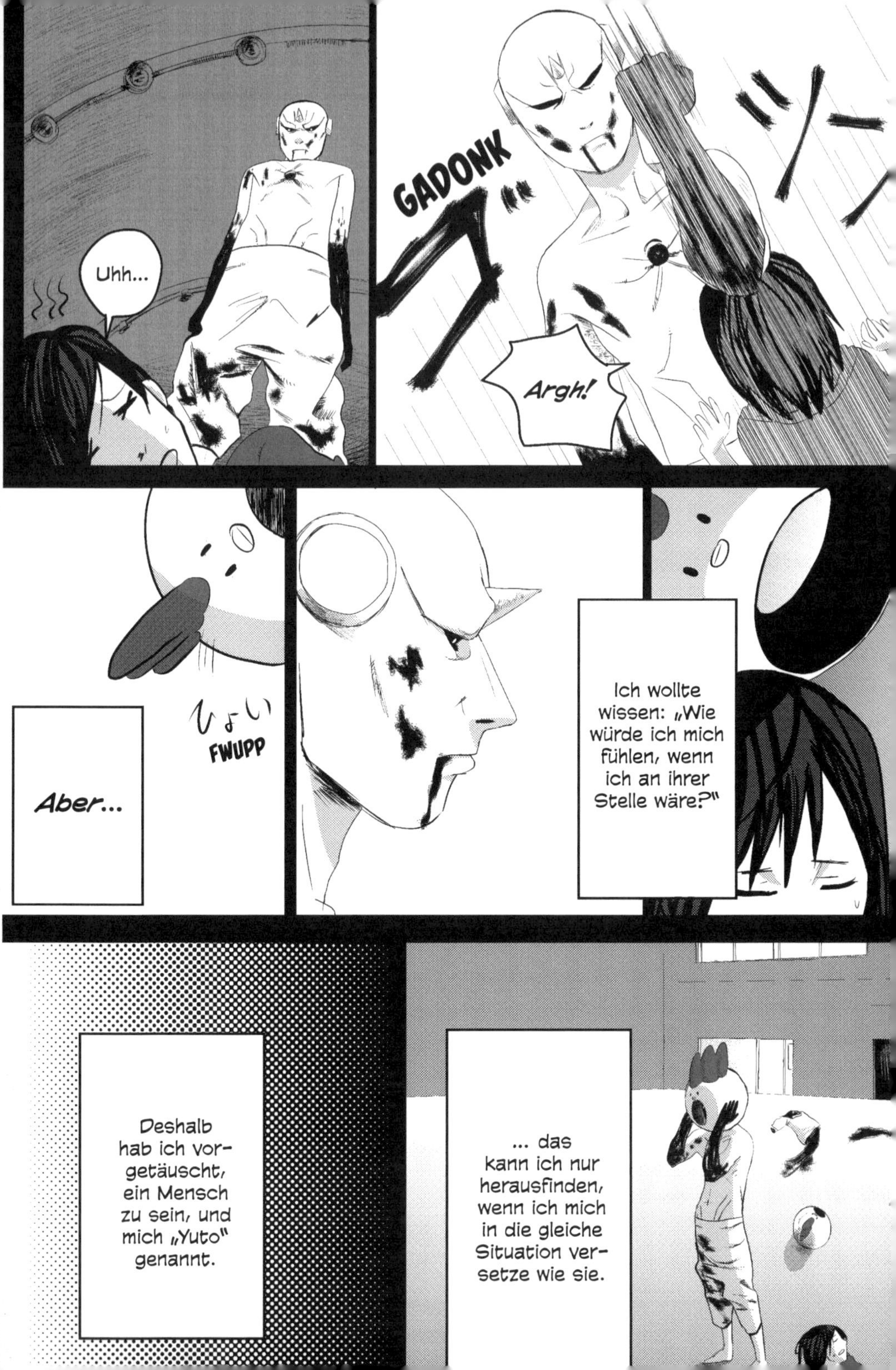
GADONK
Argh!
Uhh...
Ich wollte wissen: „Wie würde ich mich fühlen, wenn ich an ihrer Stelle wäre?“
ひょい
FWUPP
Aber...
... das kann ich nur herausfinden, wenn ich mich in die gleiche Situation ver-setze wie sie.
Deshalb hab ich vor-getäuscht, ein Mensch zu sein, und mich „Yuto“ genannt.

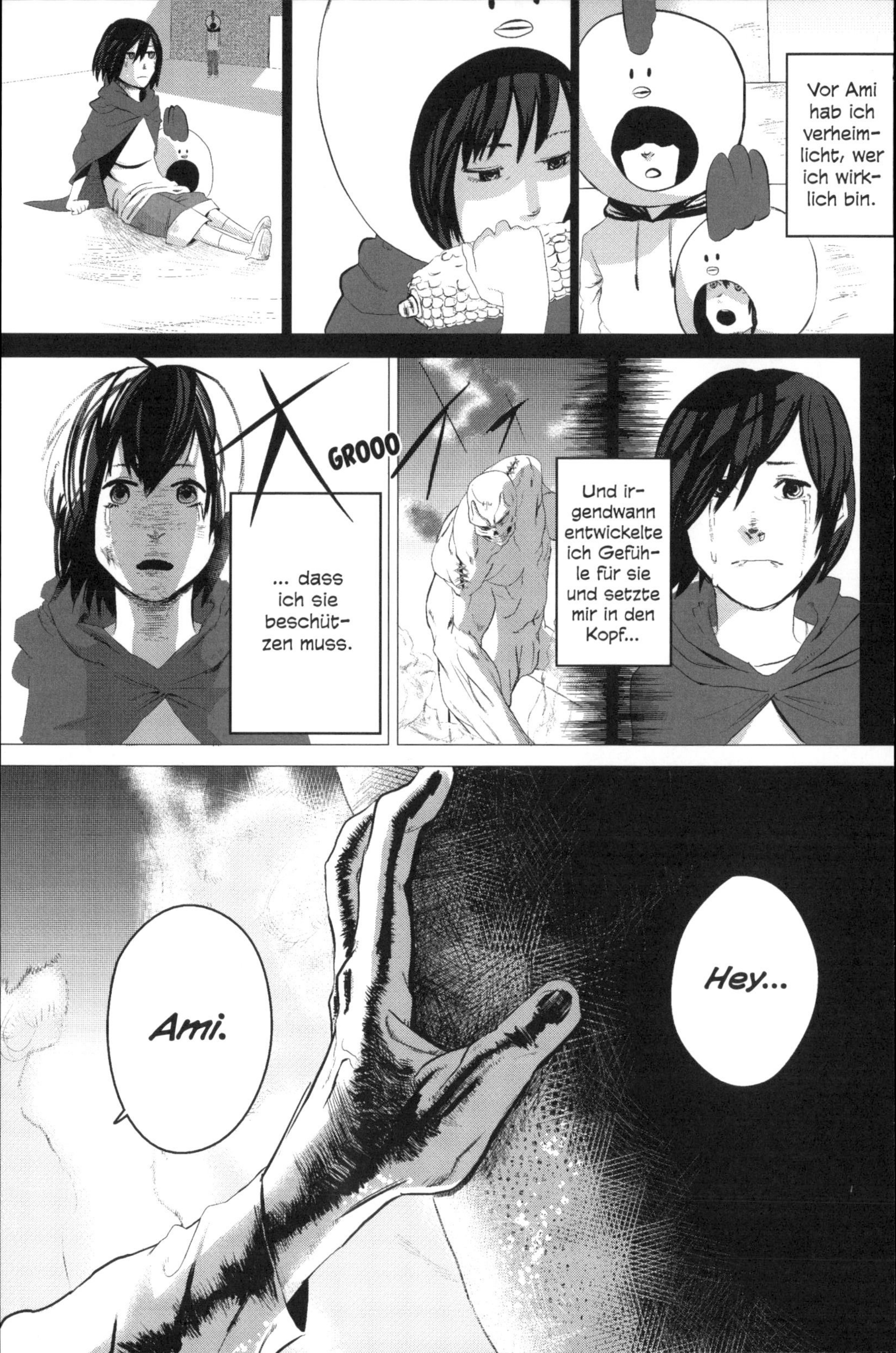

Vor Ami hab ich verheimlicht, wer ich wirklich bin.
Und irgendwann entwickelte ich Gefühle für sie und setzte mir in den Kopf...
GROOO
... dass ich sie beschützen muss.
Hey...
Ami.

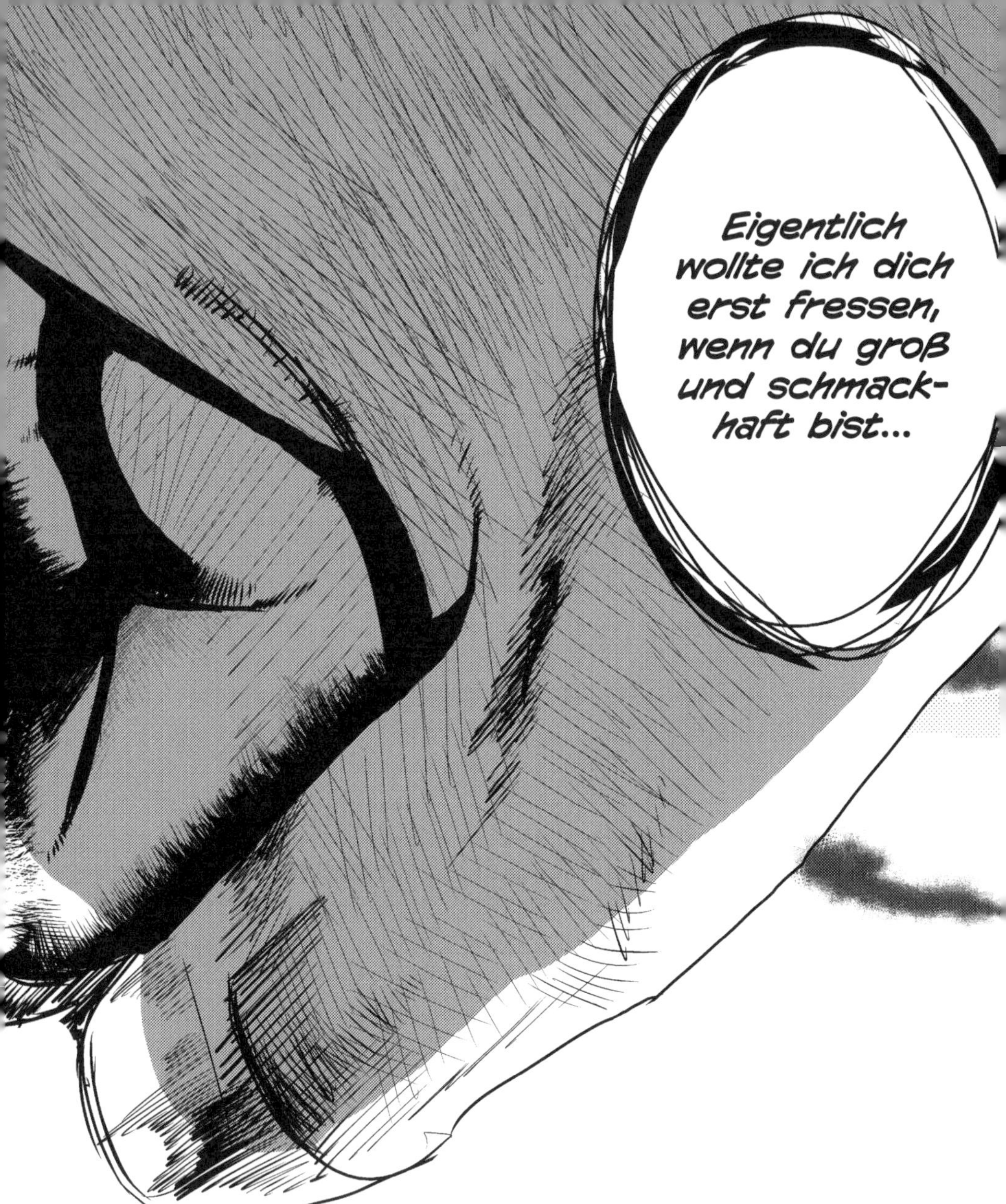
Eigentlich wollte ich dich erst fressen, wenn du groß und schmackhaft bist...

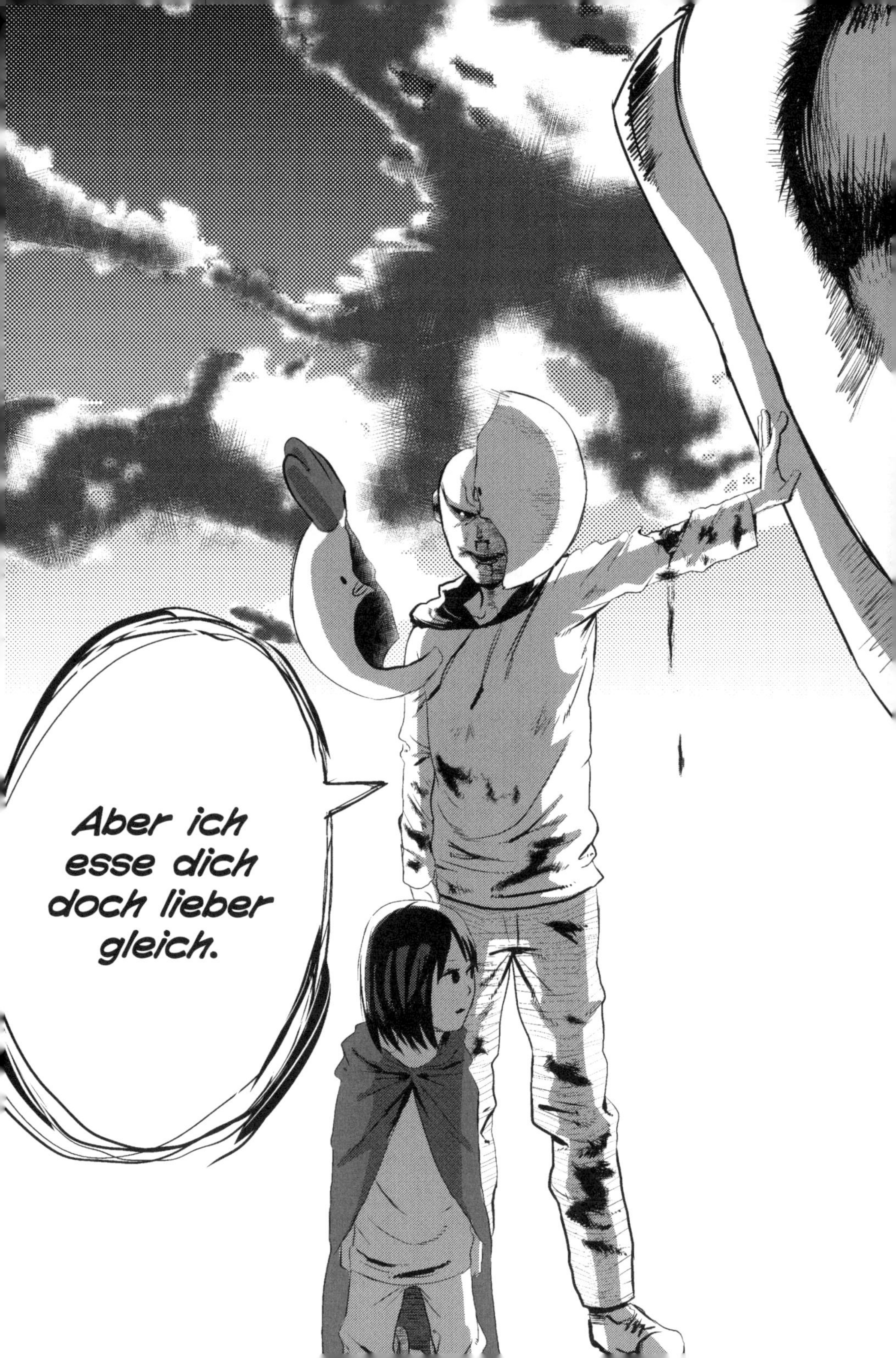
Aber ich esse dich doch lieber gleich.

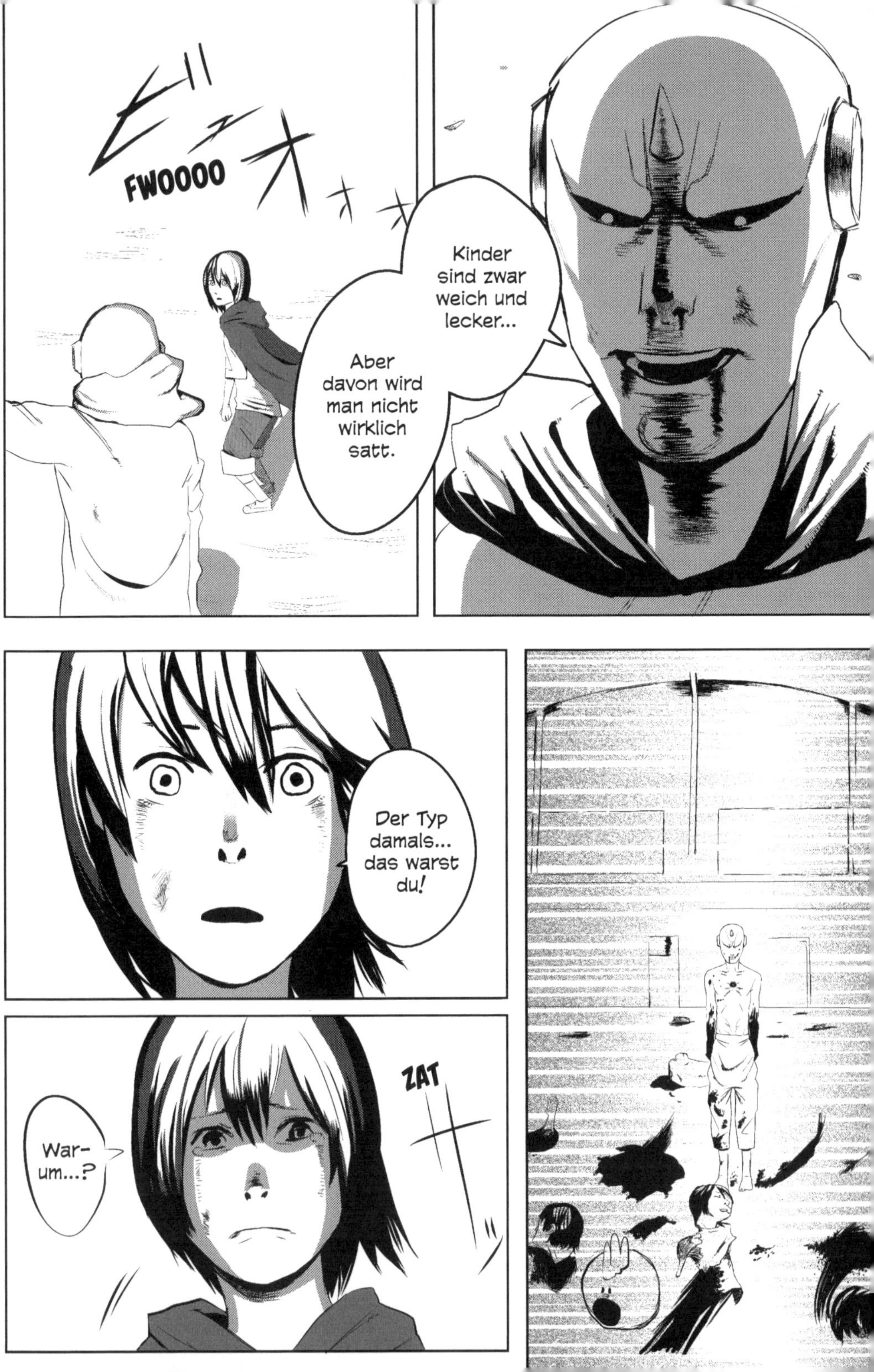
Kinder sind zwar weich und lecker...
Aber davon wird man nicht wirklich satt.
FWOOOO
Der Typ damals... das warst du!
ZAT
War-um...?

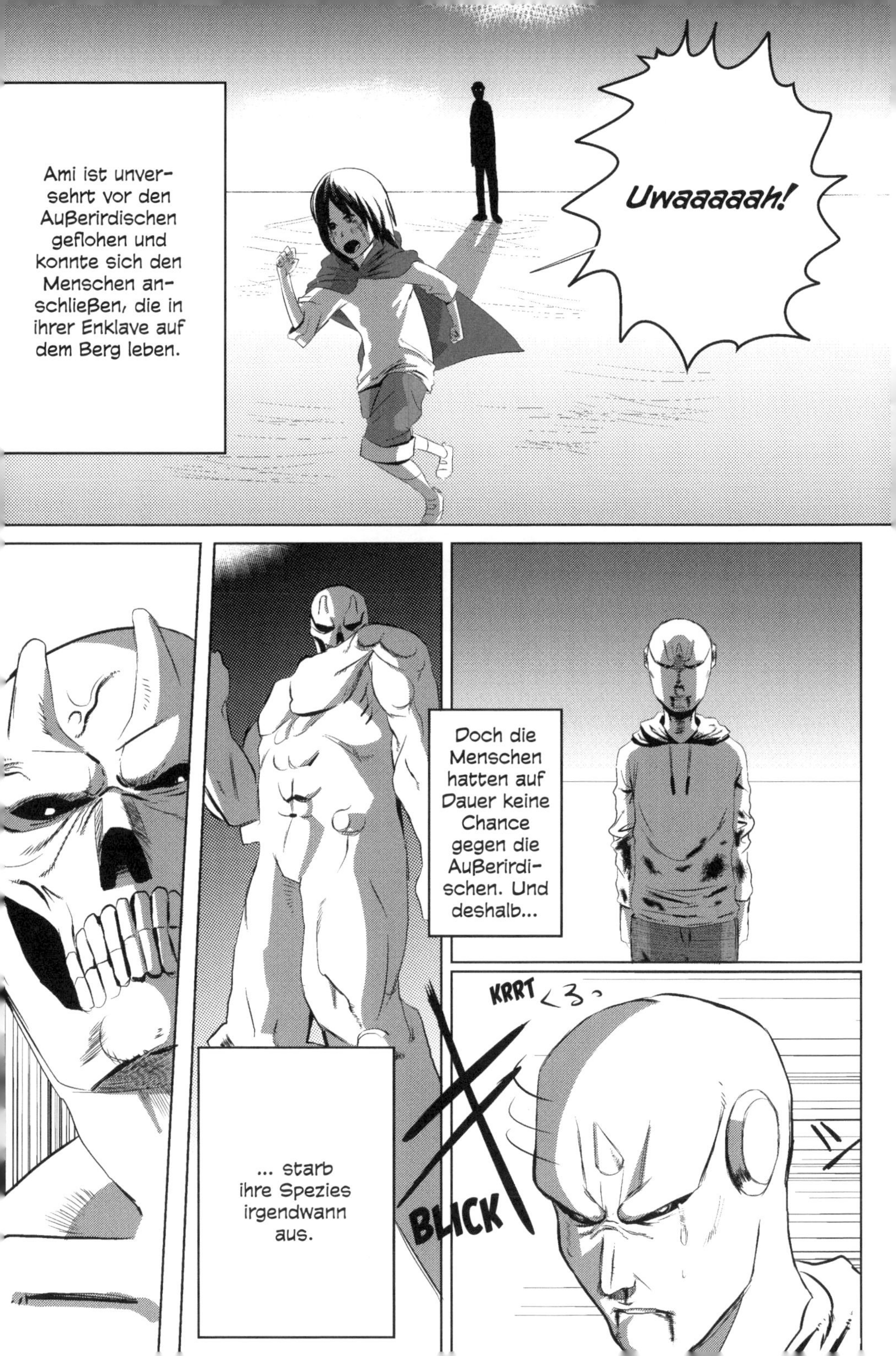
Ami ist unversehrt vor den Außerirdischen geflohen und konnte sich den Menschen anschließen, die in ihrer Enklave auf dem Berg leben.
Uwaaaaah!
Doch die Menschen hatten auf Dauer keine Chance gegen die Außerirdischen. Und deshalb...
KRRT
BLICK
... starb ihre Spezies irgendwann aus.

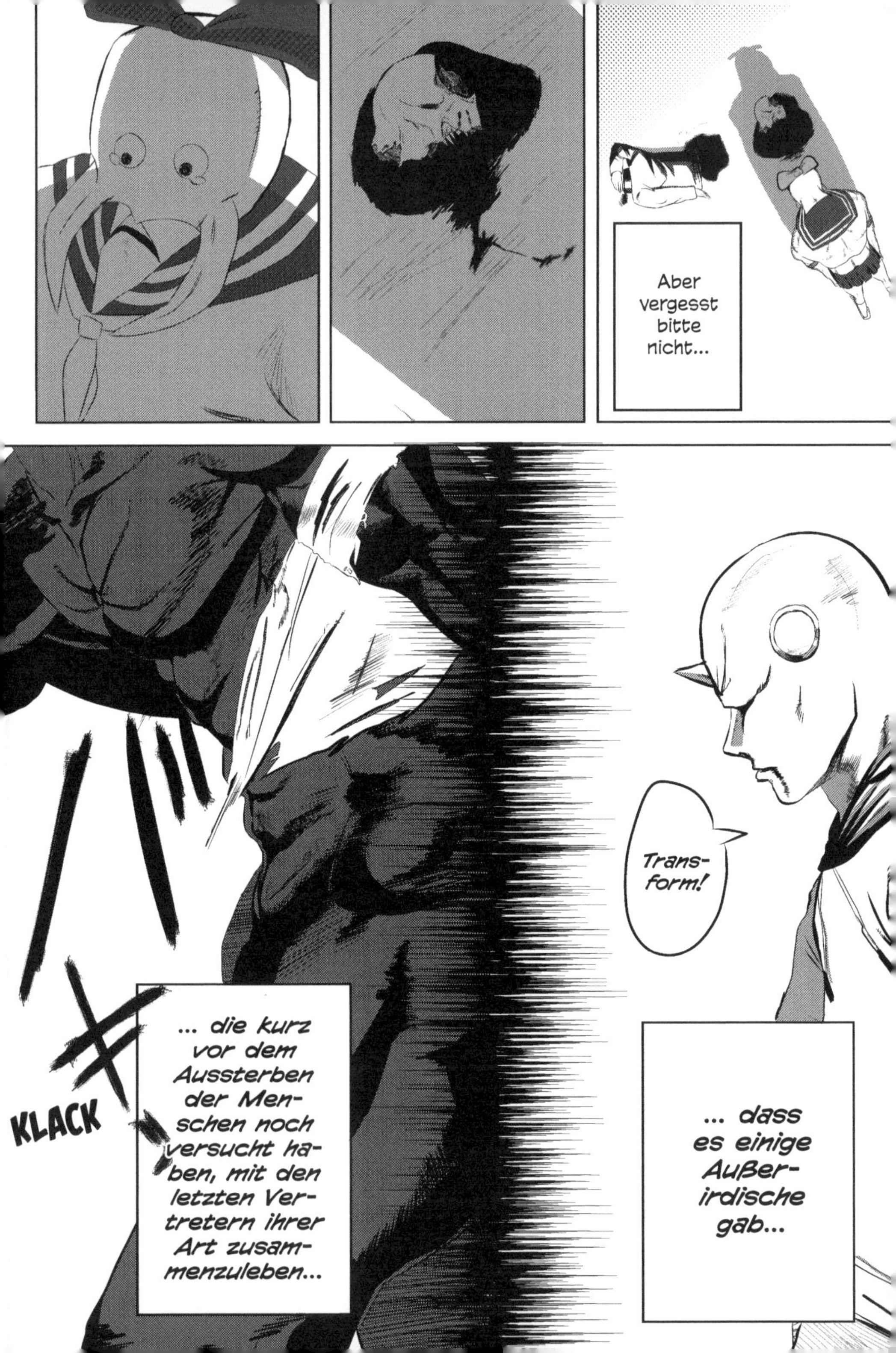
Aber vergesst bitte nicht...
Trans-form!
... dass es einige Außer-irdische gab...
... die kurz vor dem Aussterben der Men-schen noch versucht ha-ben, mit den letzten Ver-tretern ihrer Art zusam-menzuleben...
KLACK

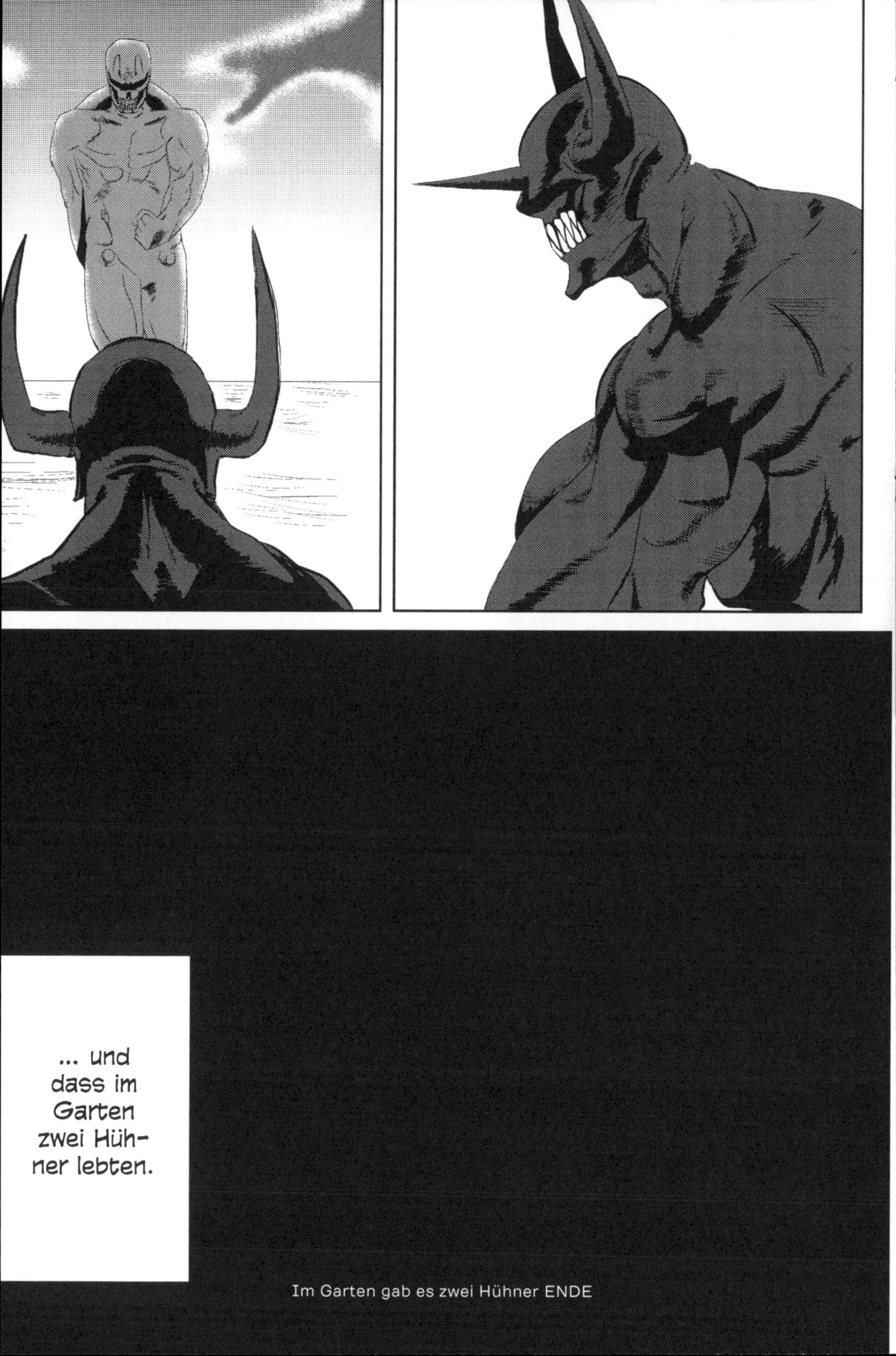
... und dass im Garten zwei Hühner lebten.
Im Garten gab es zwei Hühner ENDE

[Im Garten gab es zwei Hühner]

Wegen der Erdbebenkatastrophe damals sind meine Vorlesungen ausgefallen, sodass ich Gelegenheit hatte, dieses Werk zu zeichnen. Soweit ich mich erinnern kann, hab ich ohne Storyboard mit der Feder drauf los gezeichnet. Das war eine wichtige Erfahrung für mich.

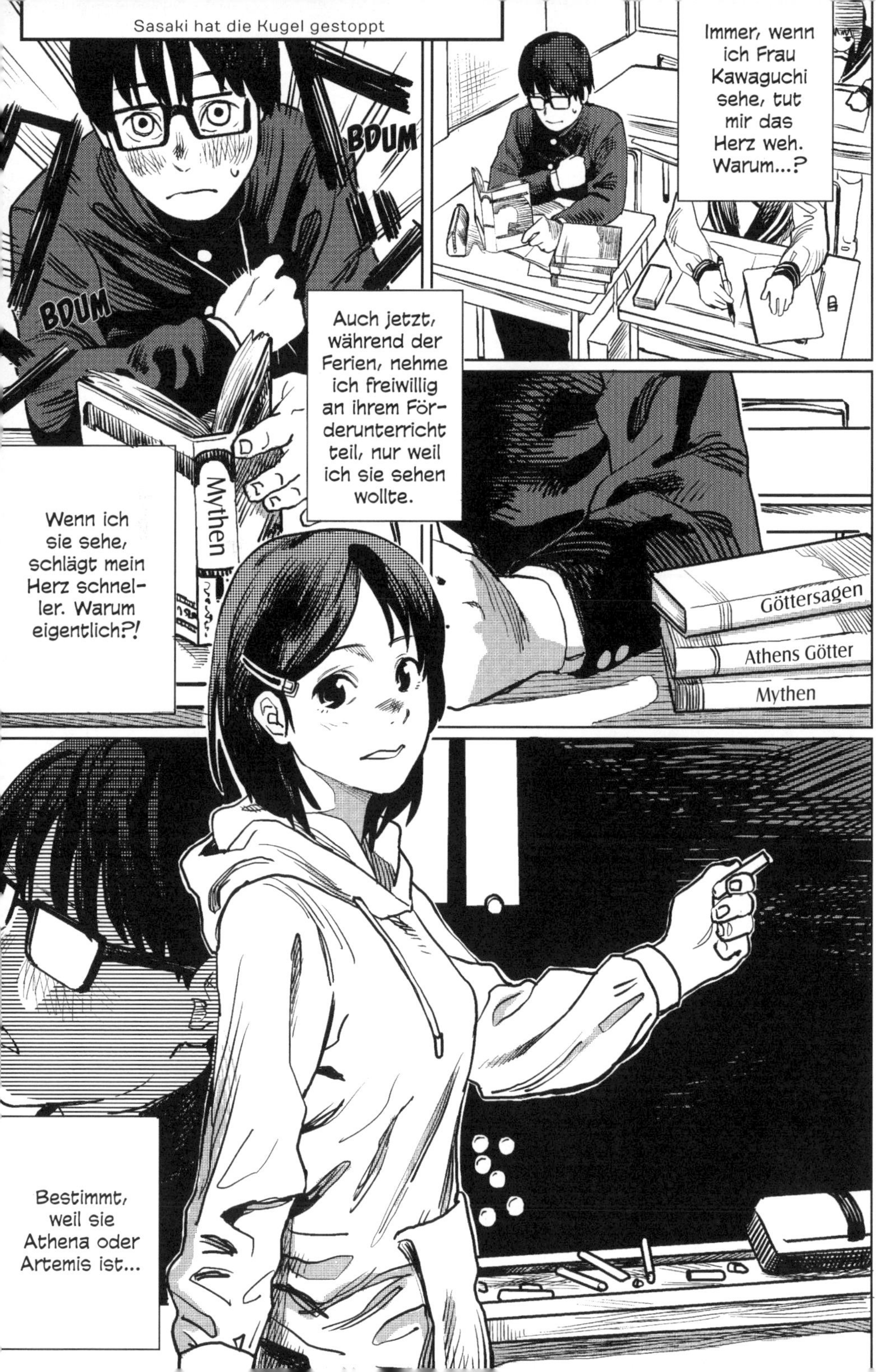
Sasaki hat die Kugel gestoppt
Immer, wenn ich Frau Kawaguchi sehe, tut mir das Herz weh. Warum...?
BDUM
BDUM
Auch jetzt, während der Ferien, nehme ich freiwillig an ihrem Förderunterricht teil, nur weil ich sie sehen wollte.
Wenn ich sie sehe, schlägt mein Herz schneller. Warum eigentlich?!
Mythen
Göttersagen
Athens Götter
Mythen
Bestimmt, weil sie Athena oder Artemis ist...

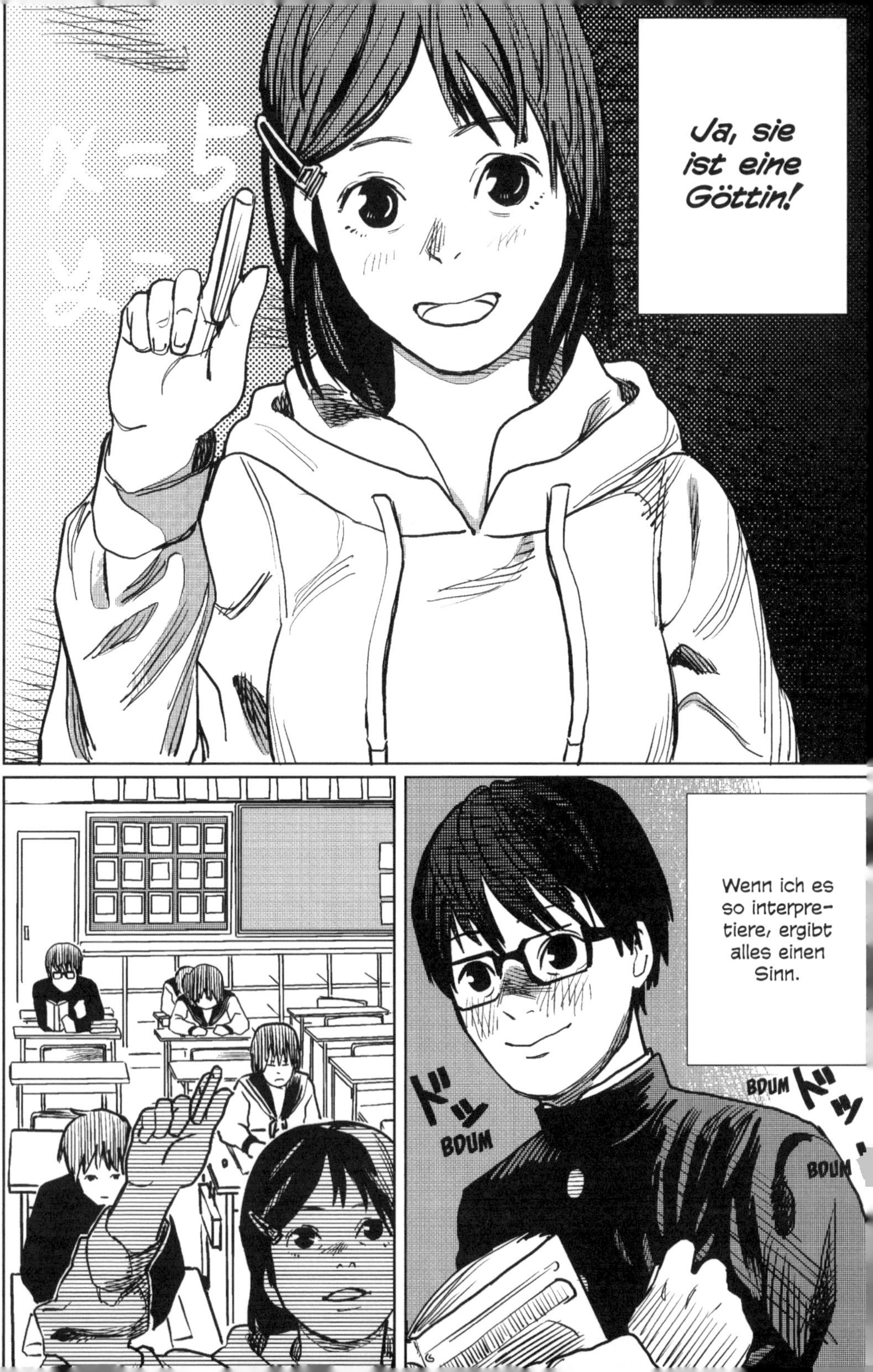
Ja, sie ist eine Göttin!
Wenn ich es so interpretiere, ergibt alles einen Sinn.
BDUM
BDUM
BDUM

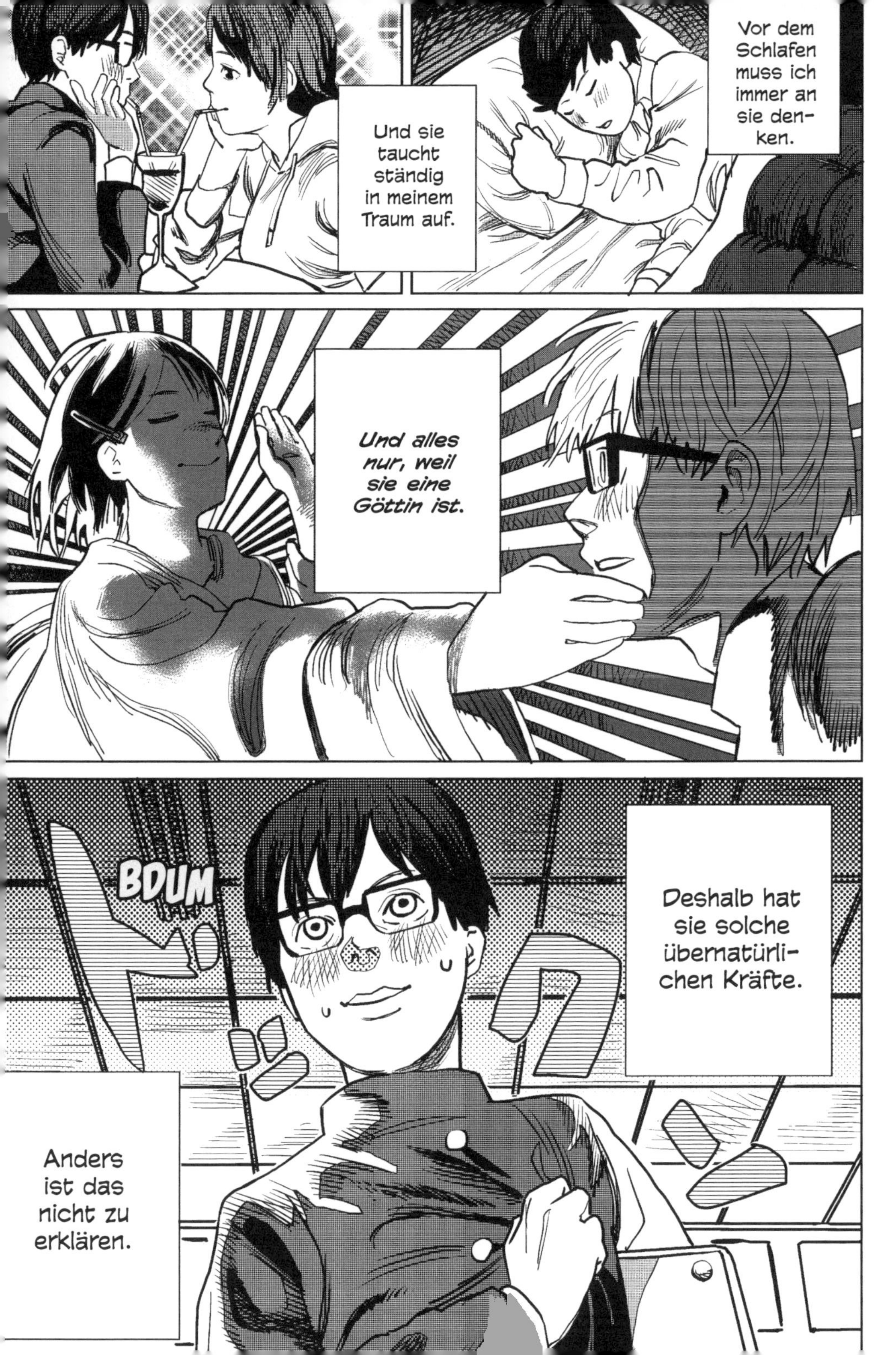
Vor dem Schlafen muss ich immer an sie denken.
Und sie taucht ständig in meinem Traum auf.
Und alles nur, weil sie eine Göttin ist.
Deshalb hat sie solche übernatürlichen Kräfte.
BDUM
Anders ist das nicht zu erklären.

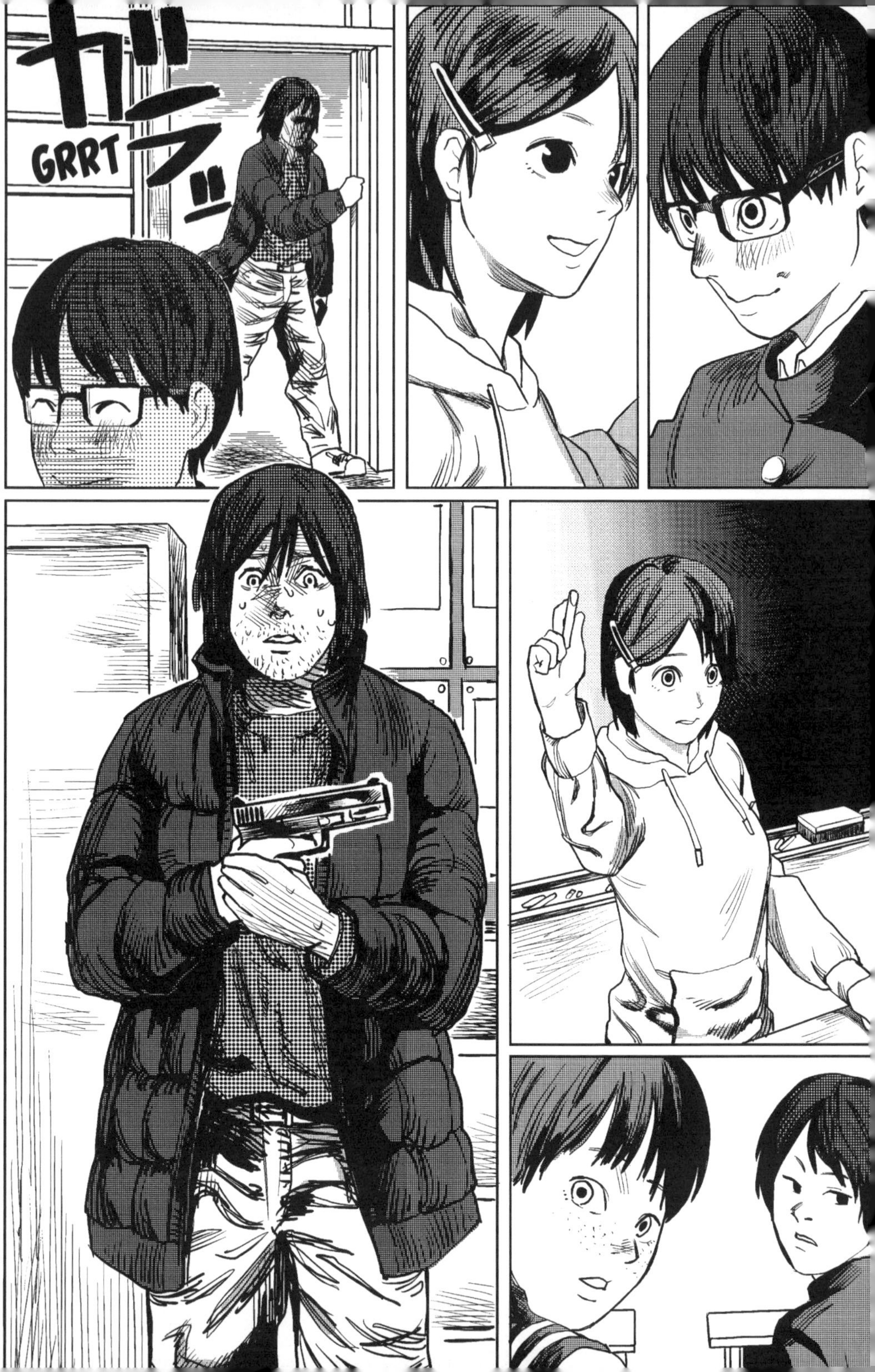
ガラッ
GRRT

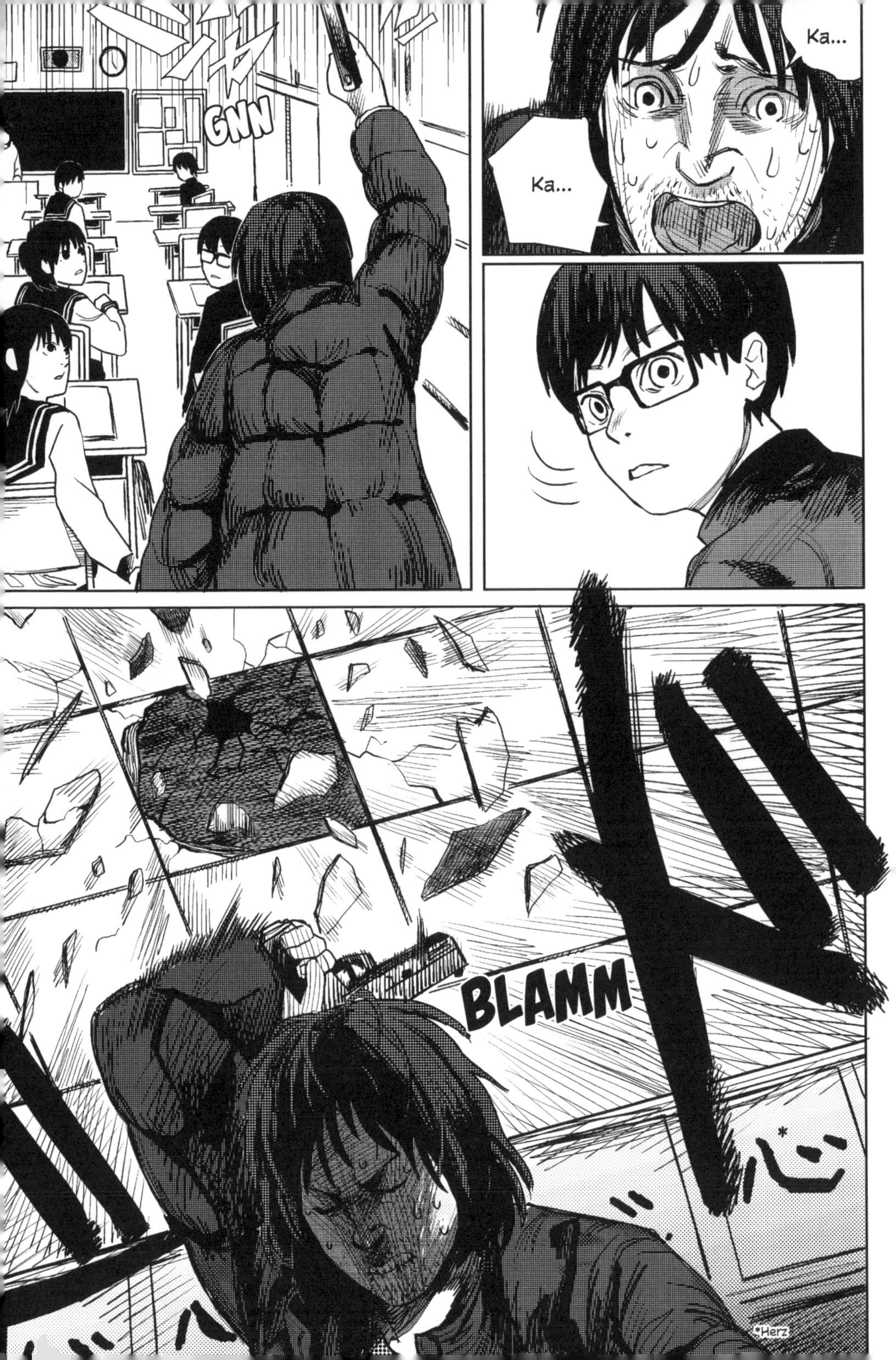
Ka...
Ka...
GNN
BLAMM
*Herz

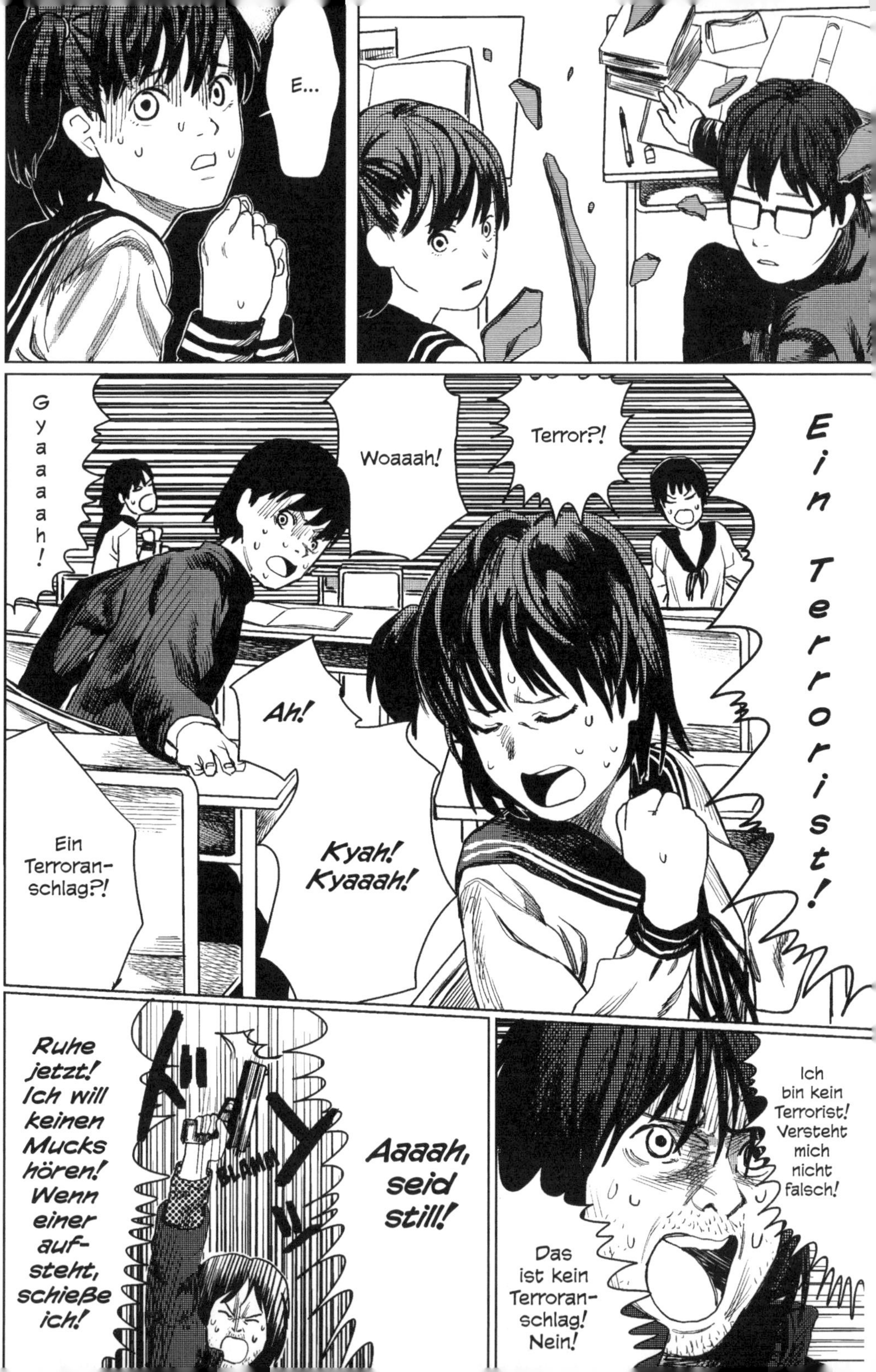
E...
Ein Terrorist!
Terror?!
Woaaah!
Gyaaaaah!
Ah!
Kyah! Kyaaah!
Ein Terroranschlag?!
Ich bin kein Terrorist! Versteht mich nicht falsch!
Das ist kein Terroranschlag! Nein!
Aaaah, seid still!
BLAM!!
Ruhe jetzt! Ich will keinen Mucks hören! Wenn einer aufsteht, schieße ich!

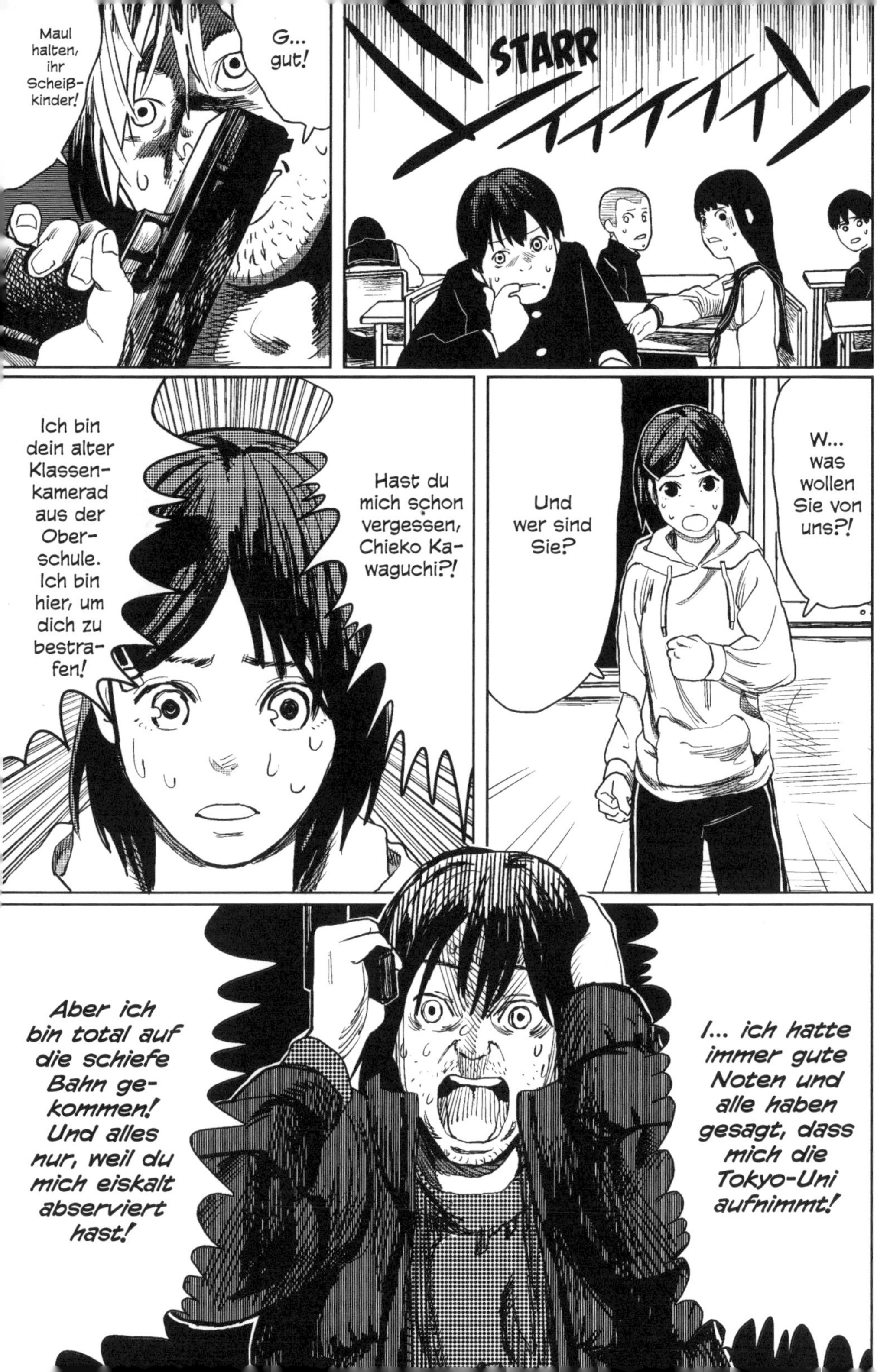
STARR
Maul halten, ihr Scheiß-kinder!
G... gut!
W... was wollen Sie von uns?!
Und wer sind Sie?
Hast du mich schon vergessen, Chieko Ka-waguchi?!
Ich bin dein alter Klassen-kamerad aus der Ober-schule. Ich bin hier, um dich zu bestra-fen!
I... ich hatte immer gute Noten und alle haben gesagt, dass mich die Tokyo-Uni aufnimmt!
Aber ich bin total auf die schiefe Bahn ge-kommen! Und alles nur, weil du mich eiskalt abserviert hast!

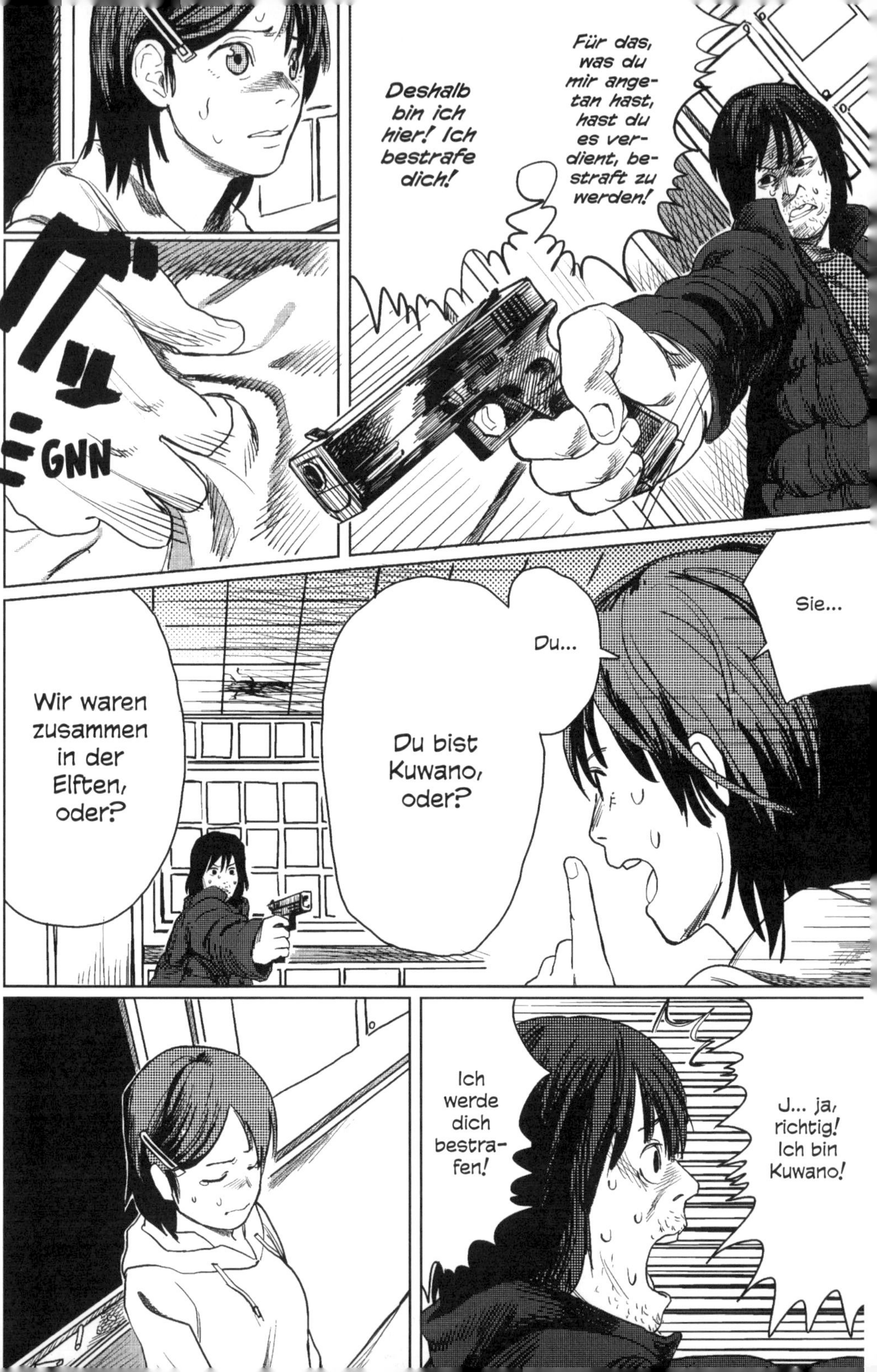
Für das, was du mir angetan hast, hast du es verdient, bestraft zu werden!
Deshalb bin ich hier! Ich bestrafe dich!
GNN
Sie...
Du...
Du bist Kuwano, oder?
Wir waren zusammen in der Elften, oder?
J... ja, richtig! Ich bin Kuwano!
Ich werde dich bestrafen!

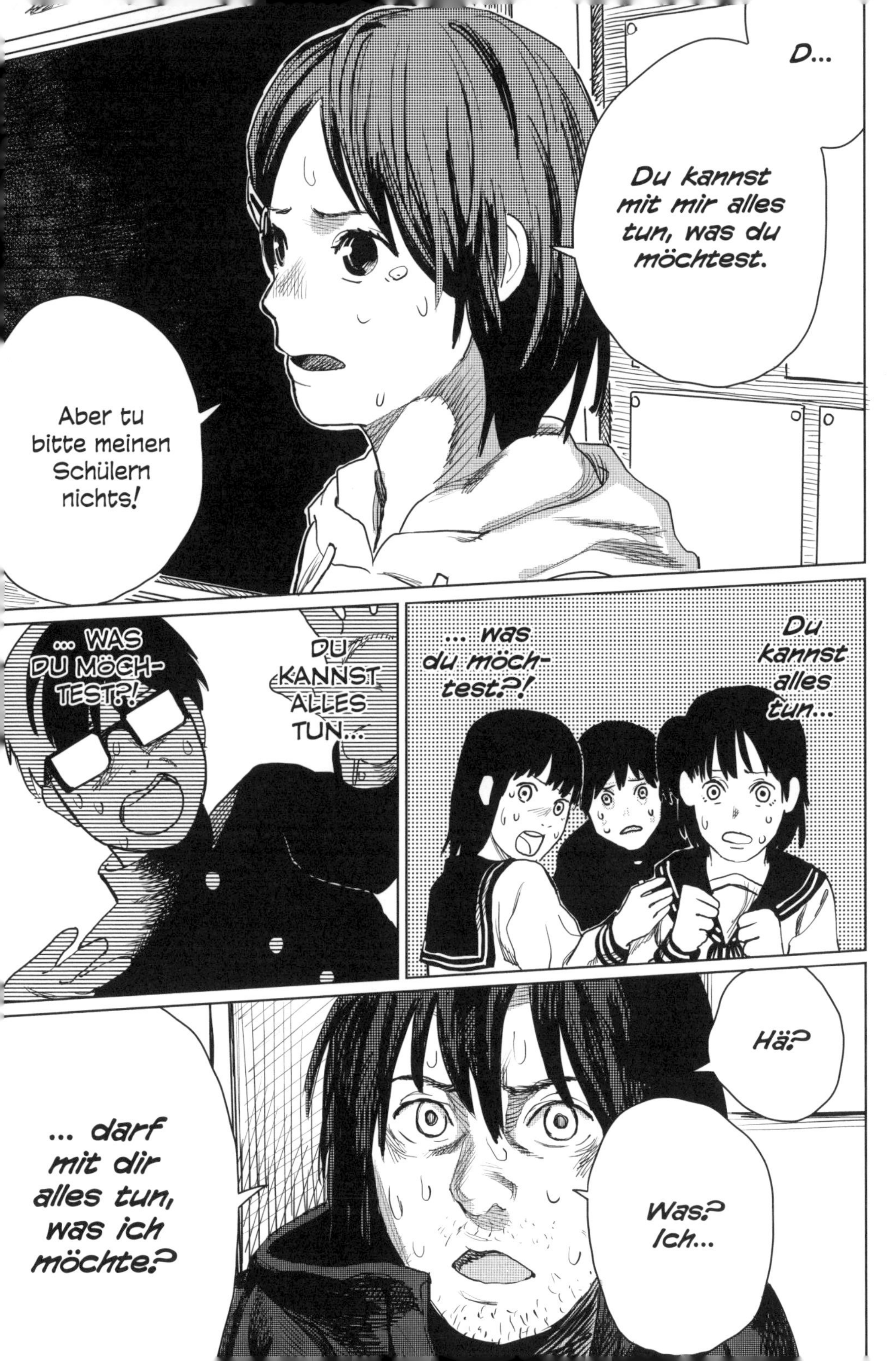
D...
Du kannst mit mir alles tun, was du möchtest.
Aber tu bitte meinen Schülern nichts!
Du kannst alles tun...
... was du möch-test?!
DU KANNST ALLES TUN...
... WAS DU MÖCH-TEST?!
Hä?
Was? Ich...
... darf mit dir alles tun, was ich möchte?

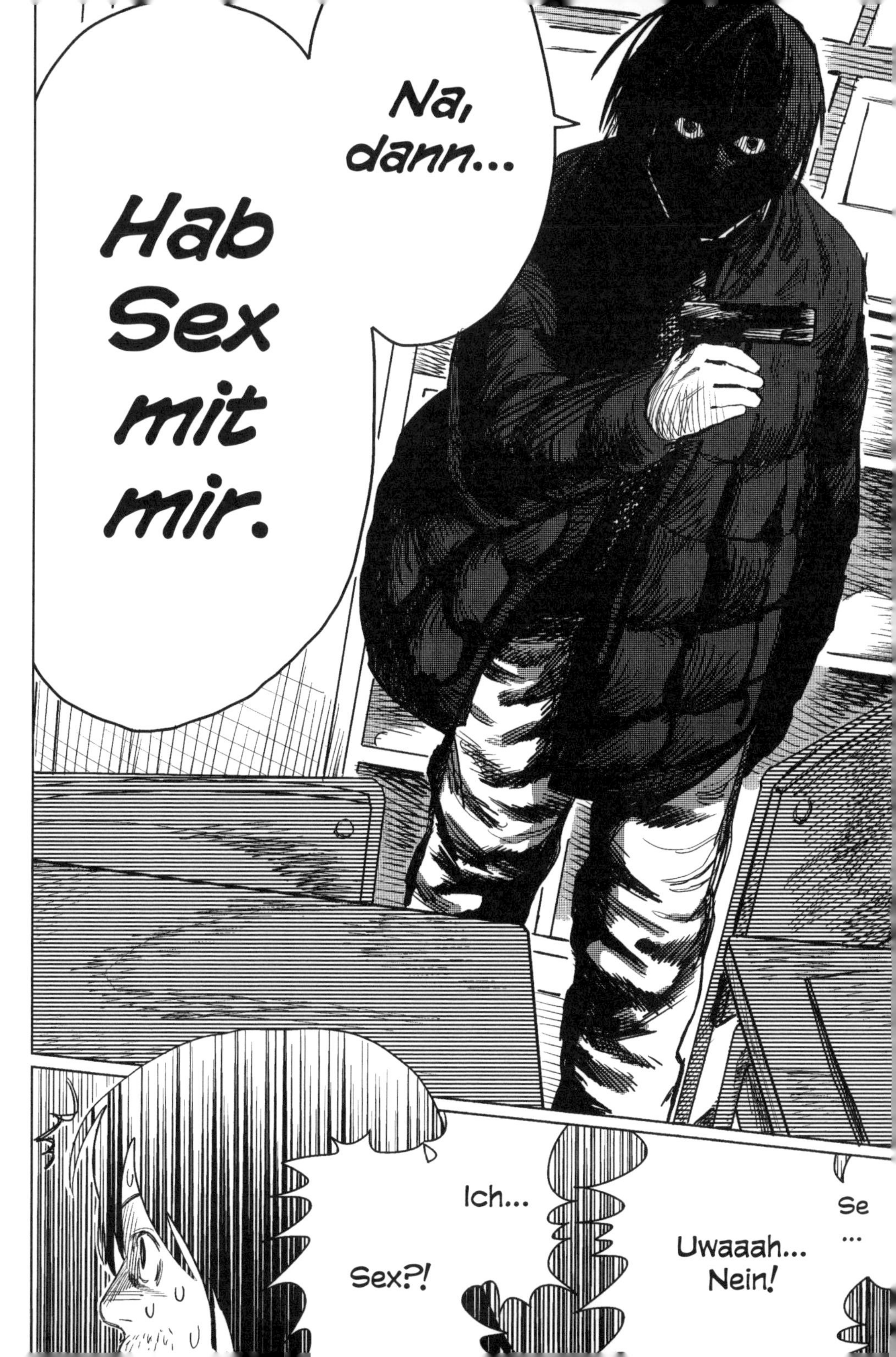
Na, dann...
Hab Sex mit mir.
Se ...
Uwaaah... Nein!
Ich...
Sex?!

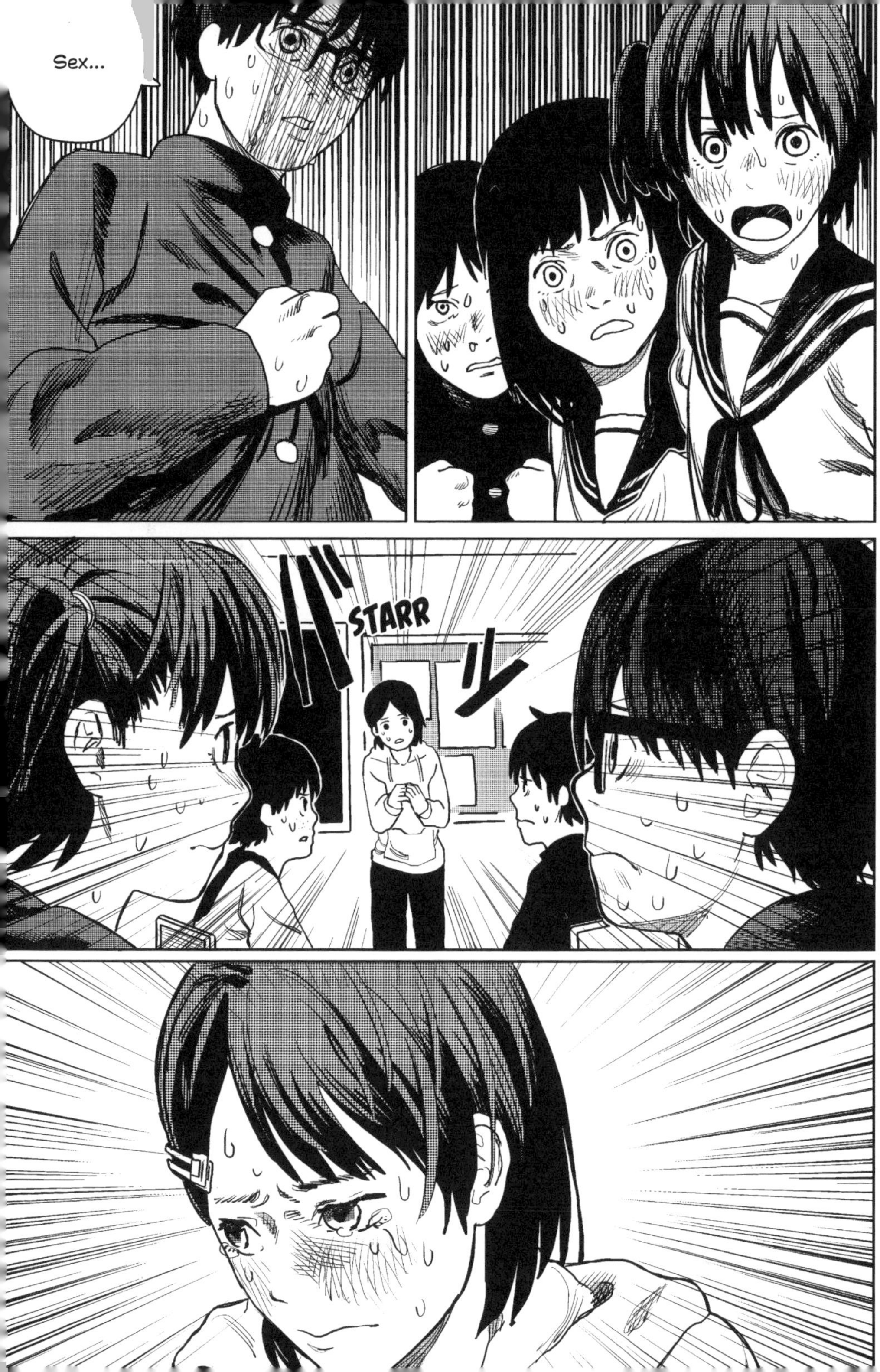
Sex...
STARR

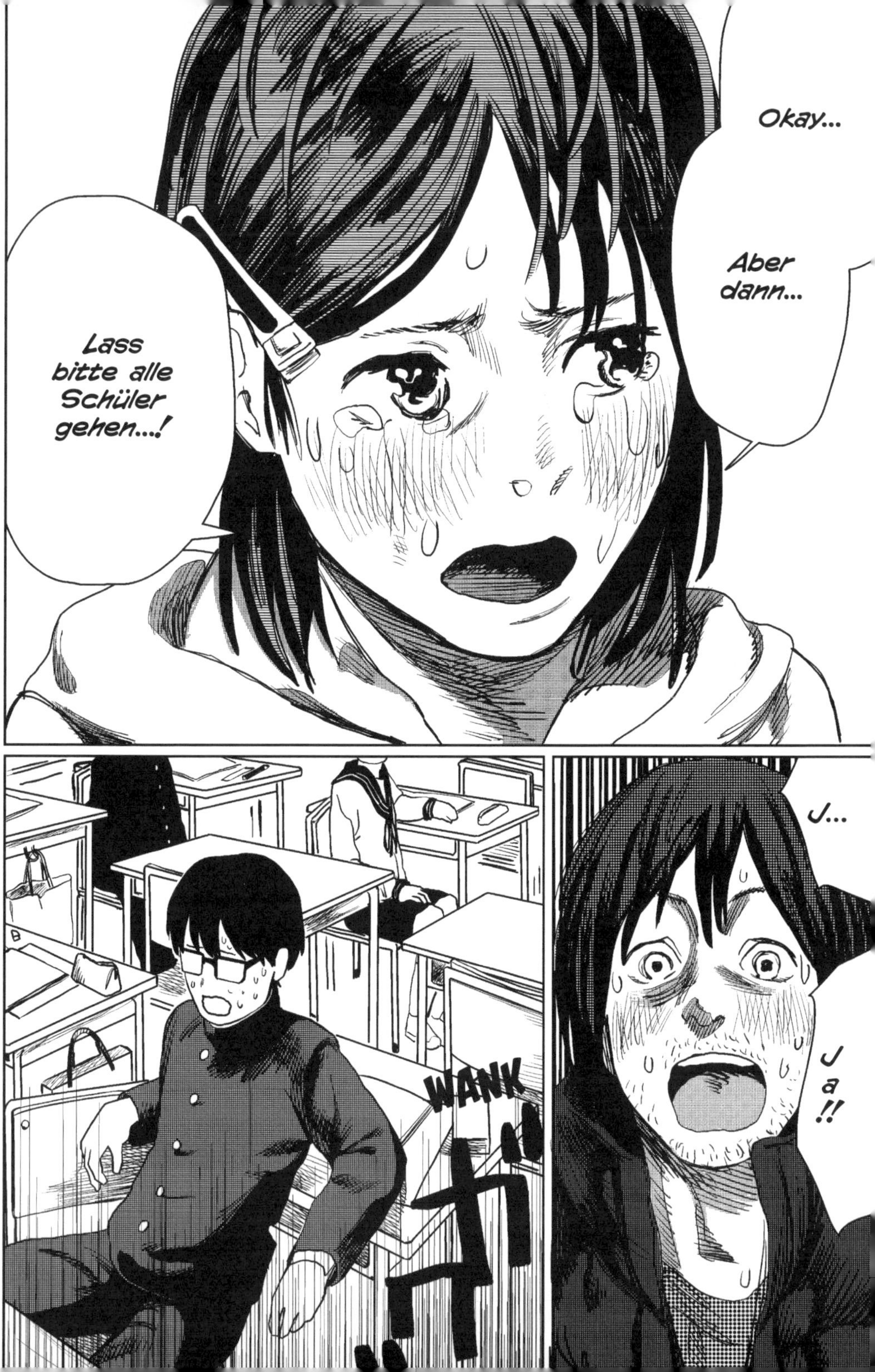
Okay...
Aber dann...
Lass bitte alle Schüler gehen...!
J...
Ja!!
WANK

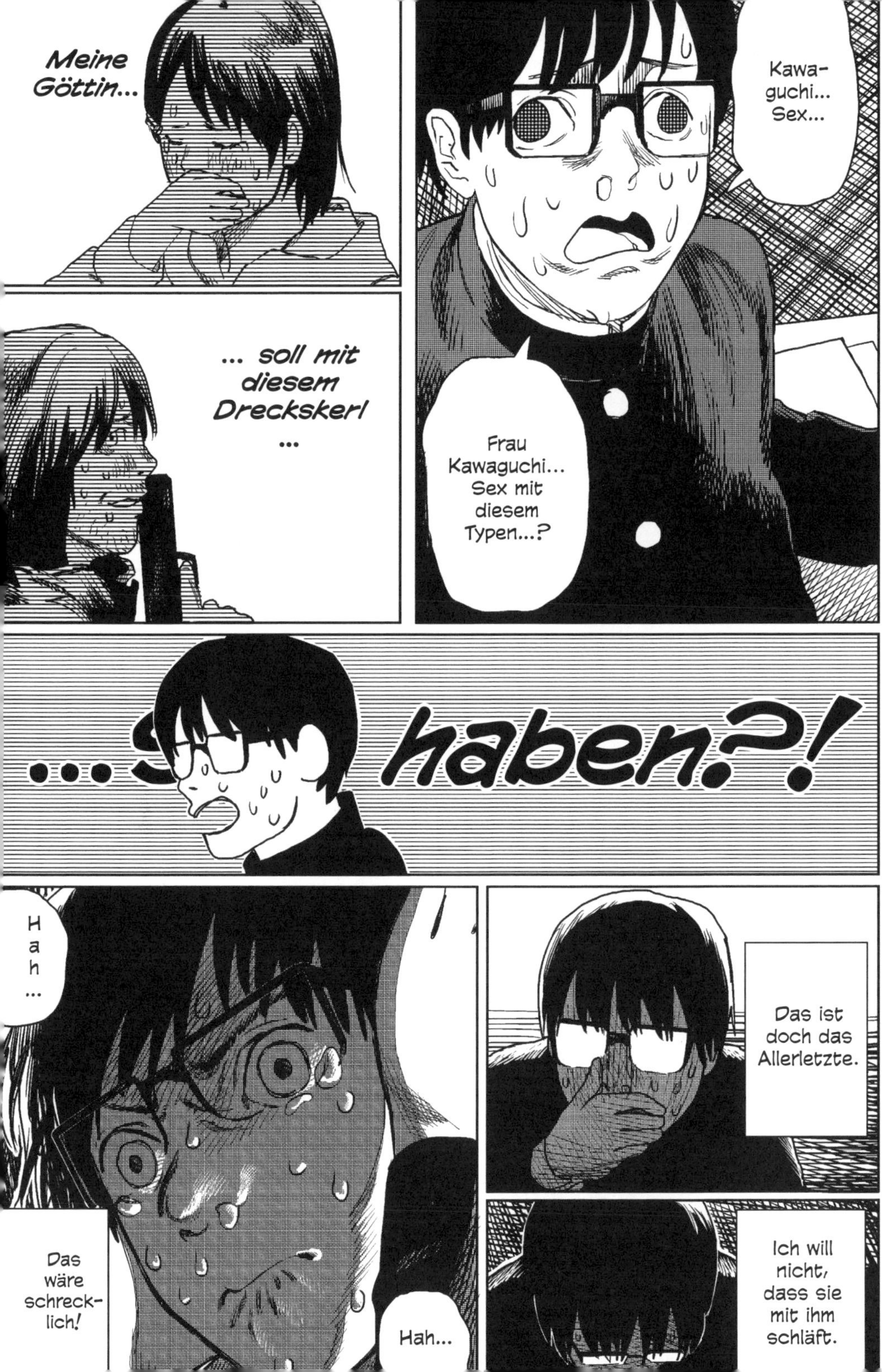
Kawa-guchi... Sex...
Frau Kawaguchi... Sex mit diesem Typen...?
Meine Göttin...
... soll mit diesem Dreckskerl ...
... haben?!
Das ist doch das Allerletzte.
Ich will nicht, dass sie mit ihm schläft.
Hah...
Das wäre schreck-lich!
Hah...

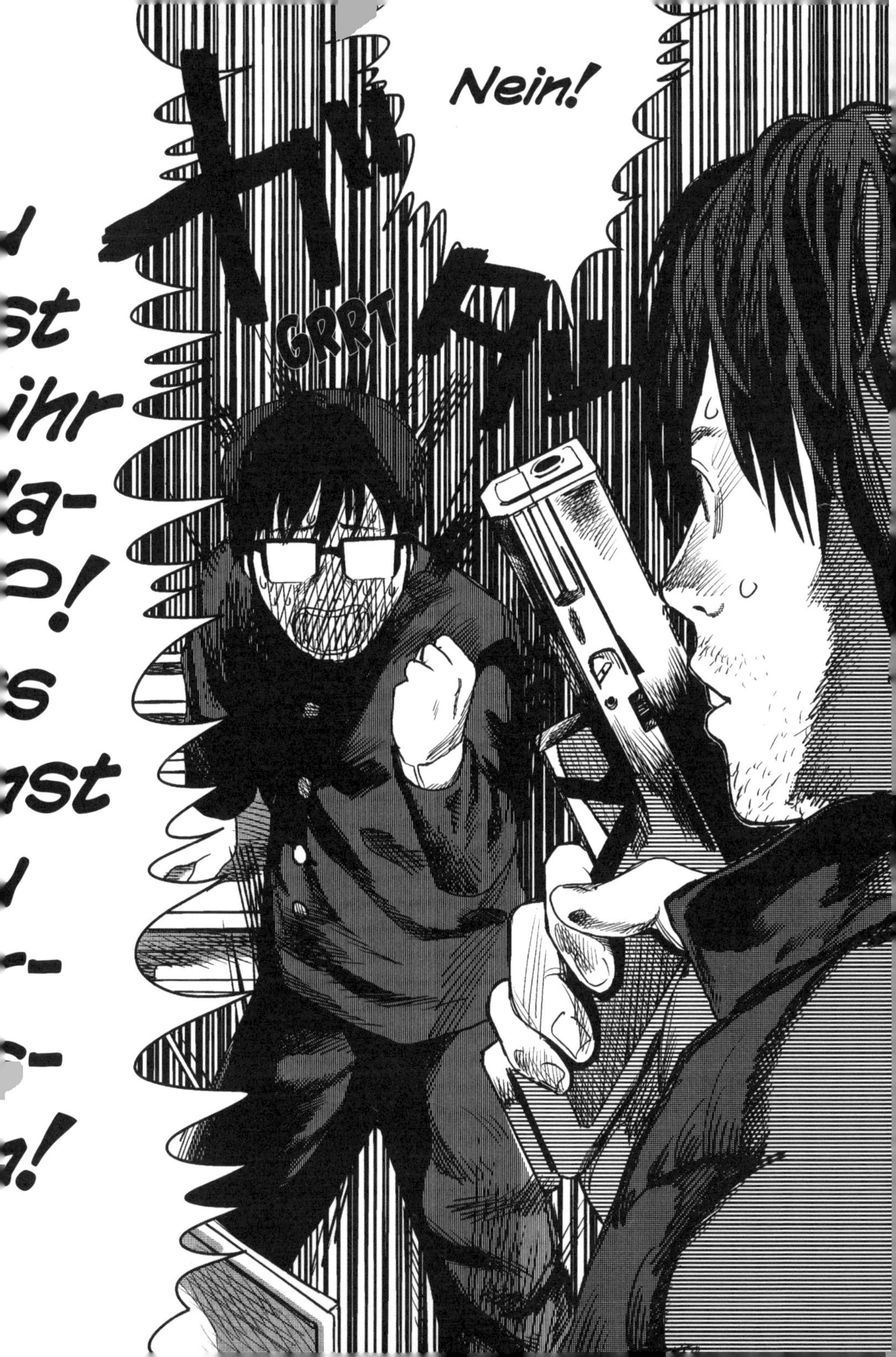
Nein!
GRRT

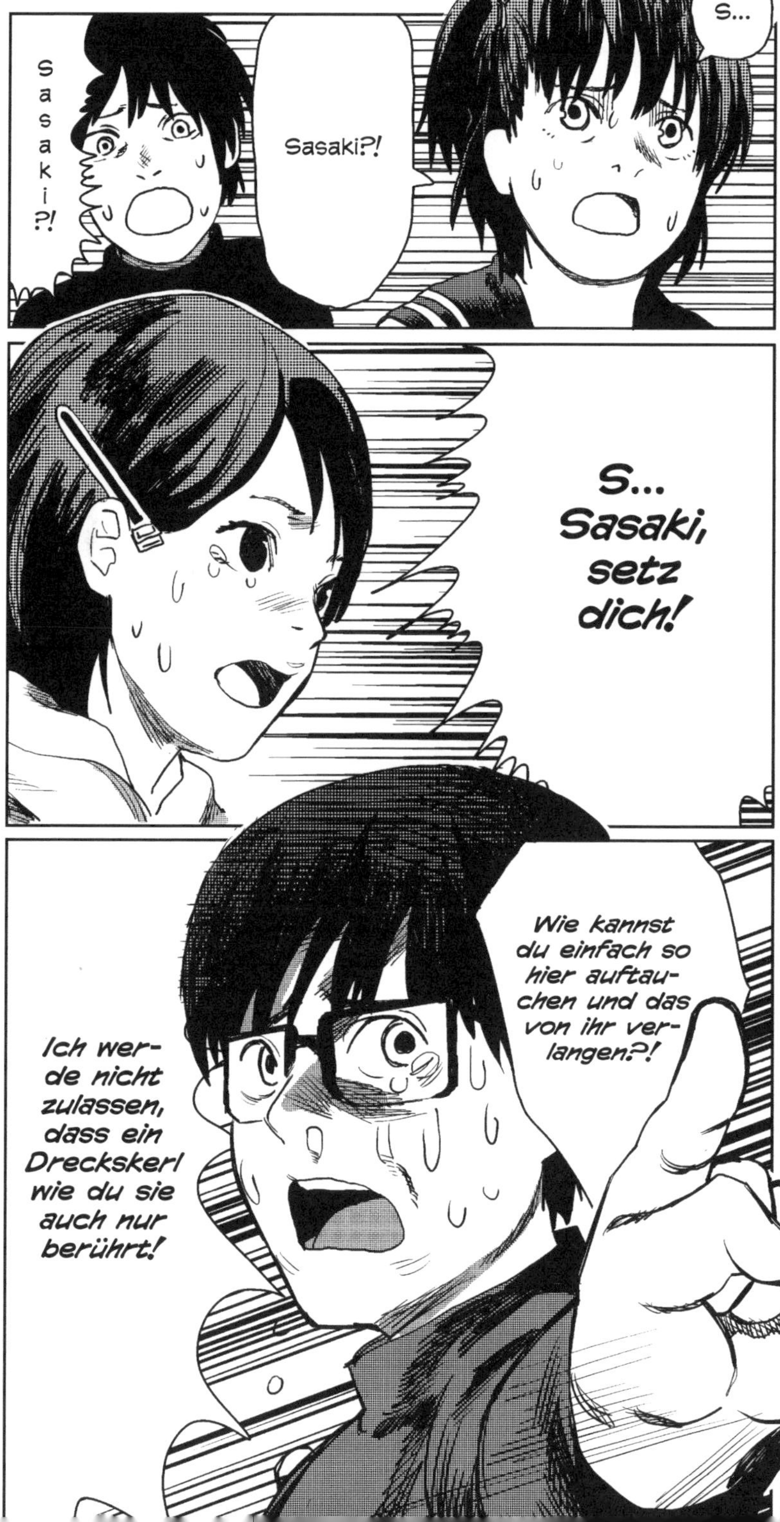
S...
Sasaki?!
Sasaki?!
S... Sasaki, setz dich!
Wie kannst du einfach so hier auftauchen und das von ihr verlangen?!
Ich werde nicht zulassen, dass ein Dreckskerl wie du sie auch nur berührt!

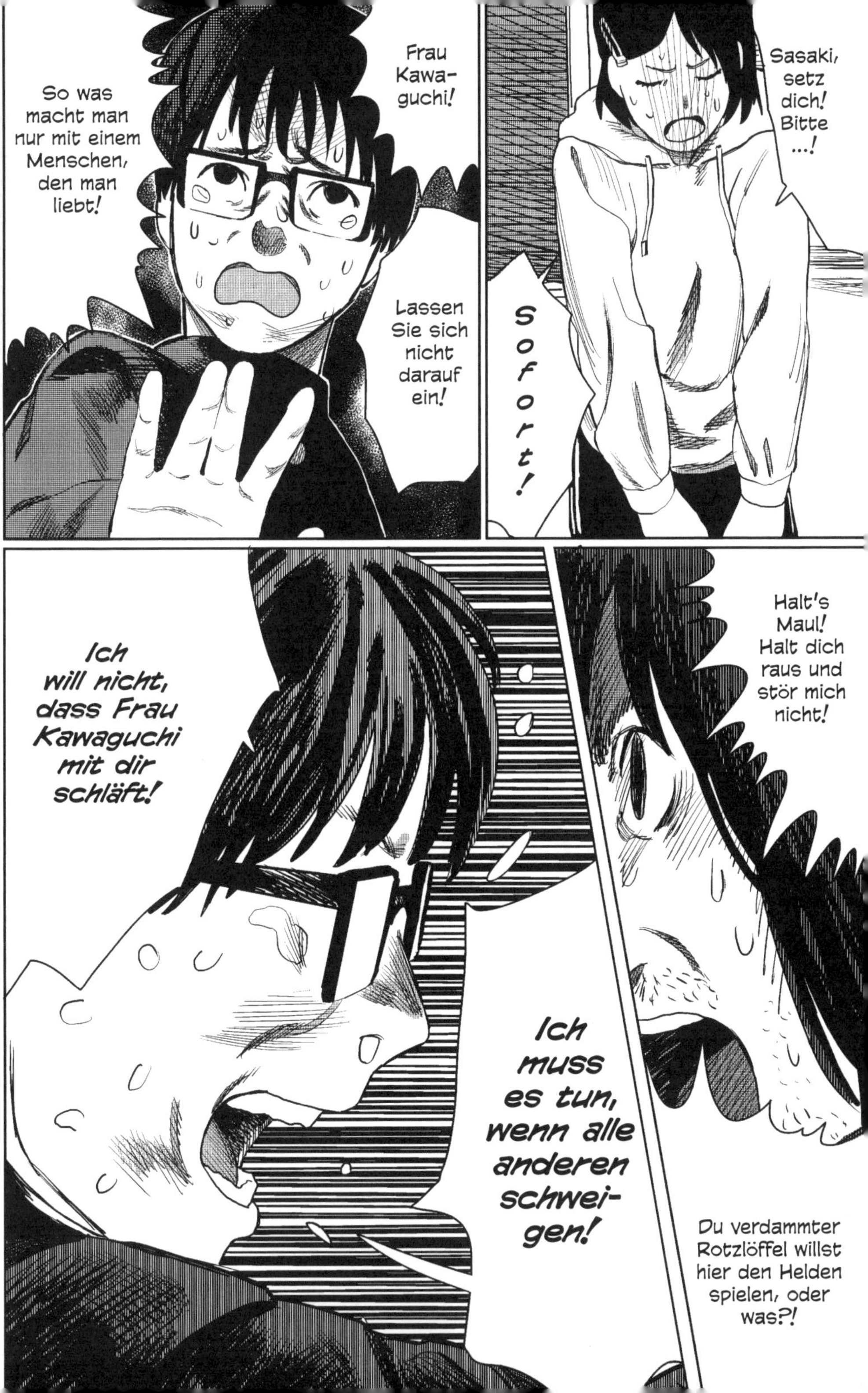
Sasaki, setz dich! Bitte …!
Sofort!
Frau Kawaguchi!
So was macht man nur mit einem Menschen, den man liebt!
Lassen Sie sich nicht darauf ein!
Halt's Maul! Halt dich raus und stör mich nicht!
Du verdammter Rotzlöffel willst hier den Helden spielen, oder was?!
Ich will nicht, dass Frau Kawaguchi mit dir schläft!
Ich muss es tun, wenn alle anderen schwei-gen!

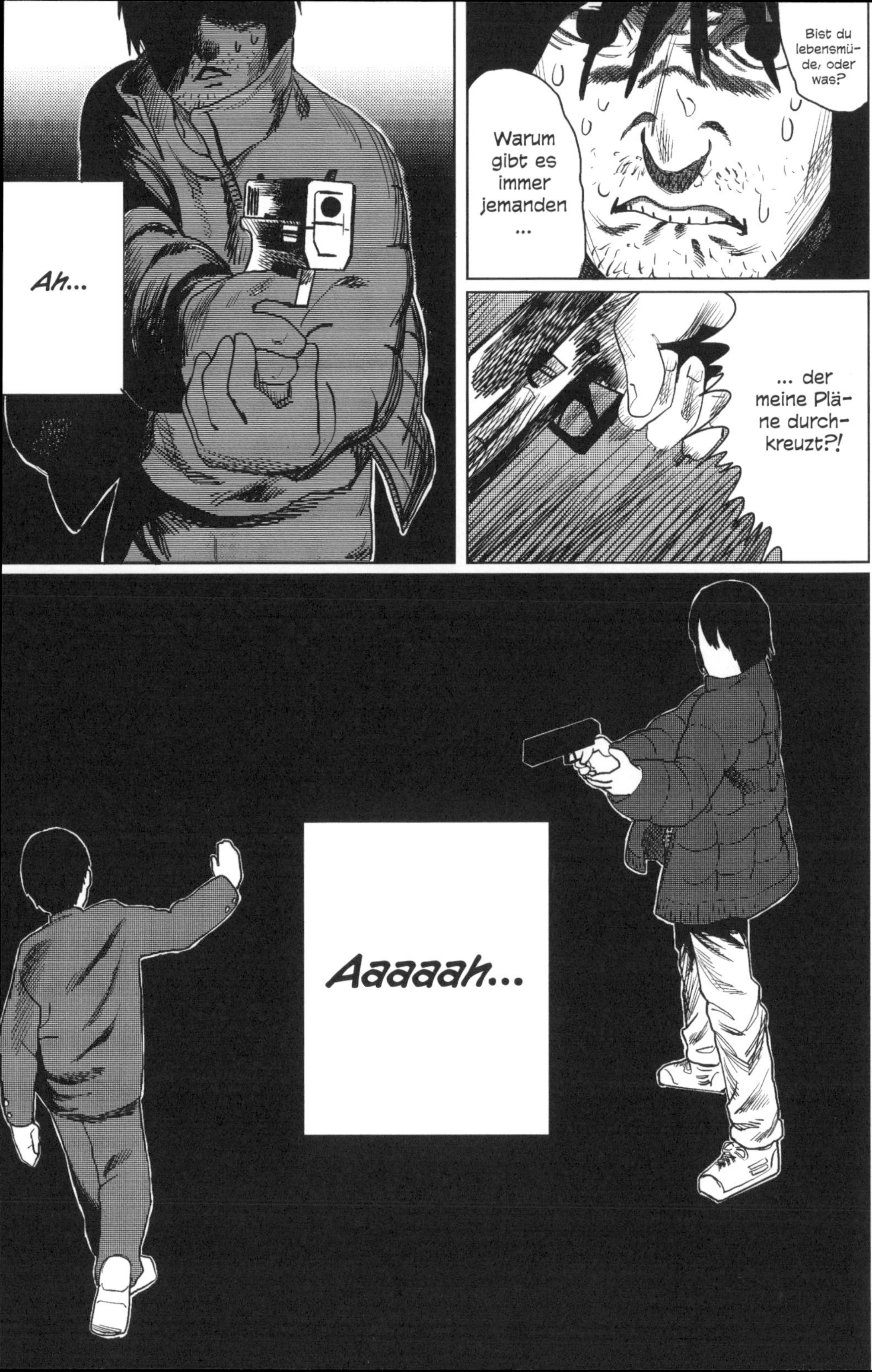
Bist du lebensmüde, oder was?
Warum gibt es immer jemanden ...
... der meine Pläne durchkreuzt?!
Ah...
Aaaaah...

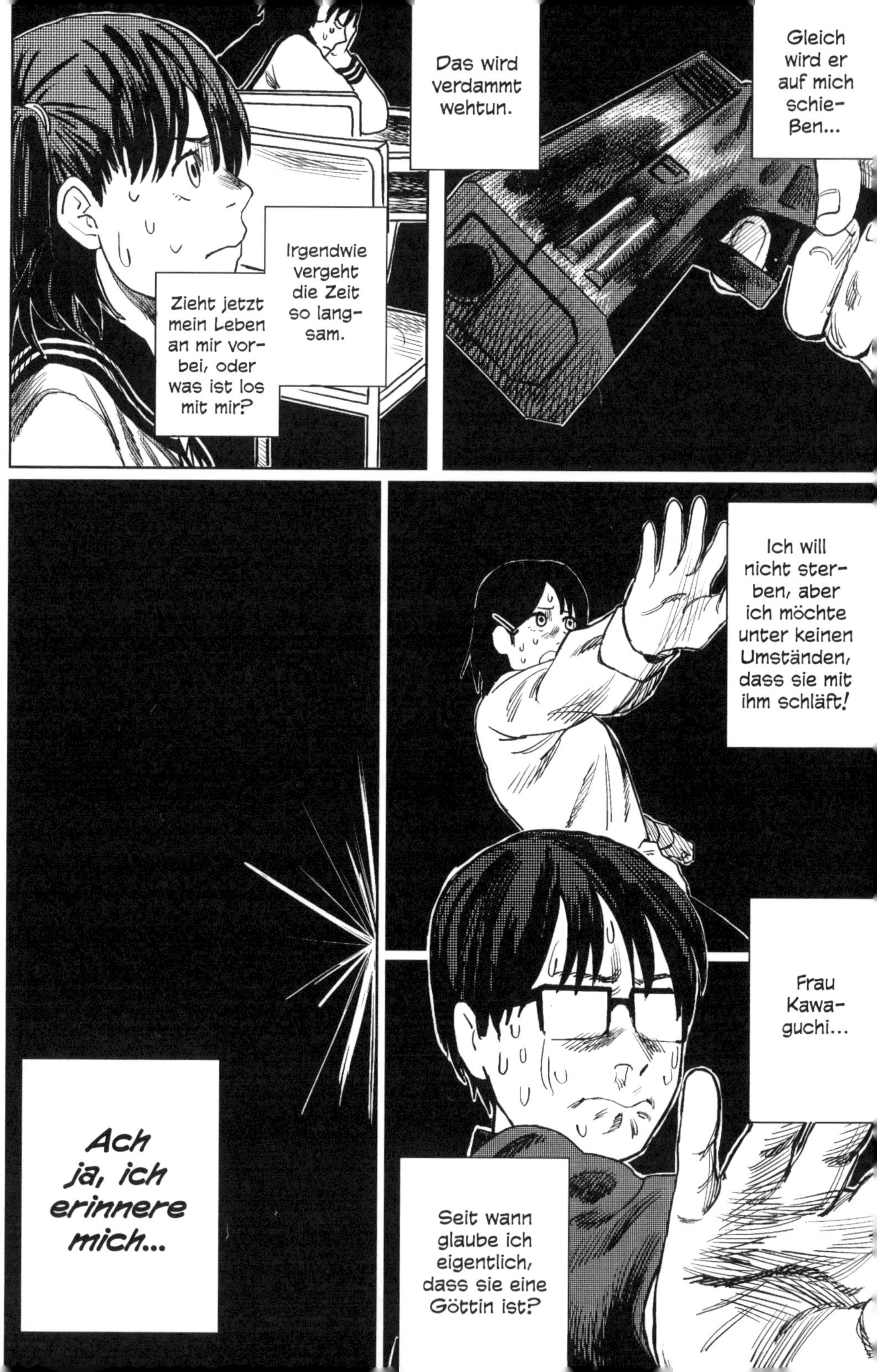
Gleich wird er auf mich schie-ßen...
Das wird verdammt wehtun.
Irgendwie vergeht die Zeit so lang-sam.
Zieht jetzt mein Leben an mir vor-bei, oder was ist los mit mir?
Ich will nicht ster-ben, aber ich möchte unter keinen Umständen, dass sie mit ihm schläft!
Frau Kawa-guchi...
Seit wann glaube ich eigentlich, dass sie eine Göttin ist?
Ach ja, ich erinnere mich...

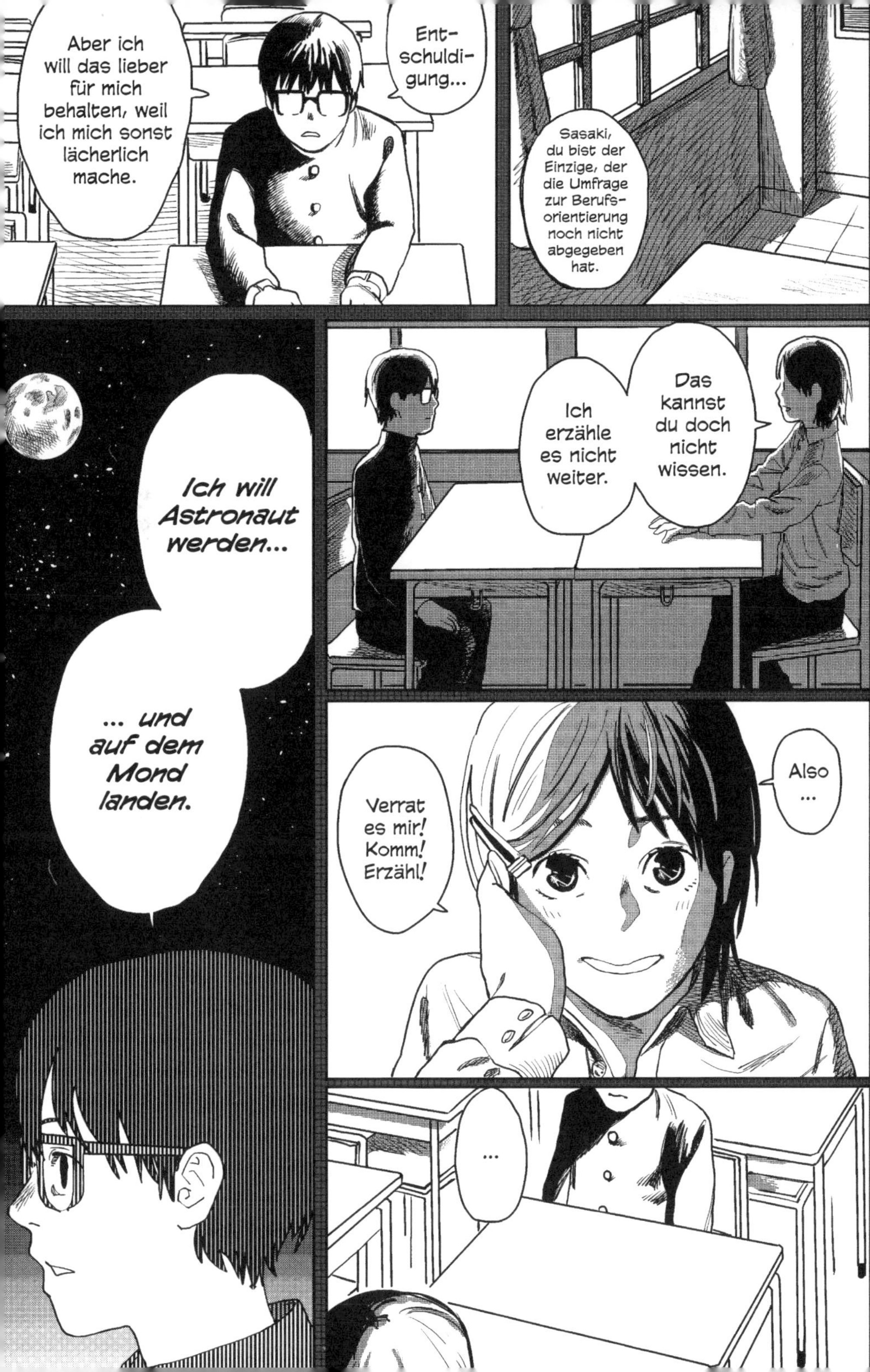
Sasaki, du bist der Einzige, der die Umfrage zur Berufs-orientierung noch nicht abgegeben hat.
Ent-schuldi-gung...
Aber ich will das lieber für mich behalten, weil ich mich sonst lächerlich mache.
Das kannst du doch nicht wissen.
Ich erzähle es nicht weiter.
Also ...
Verrat es mir! Komm! Erzähl!
...
Ich will Astronaut werden...
... und auf dem Mond landen.

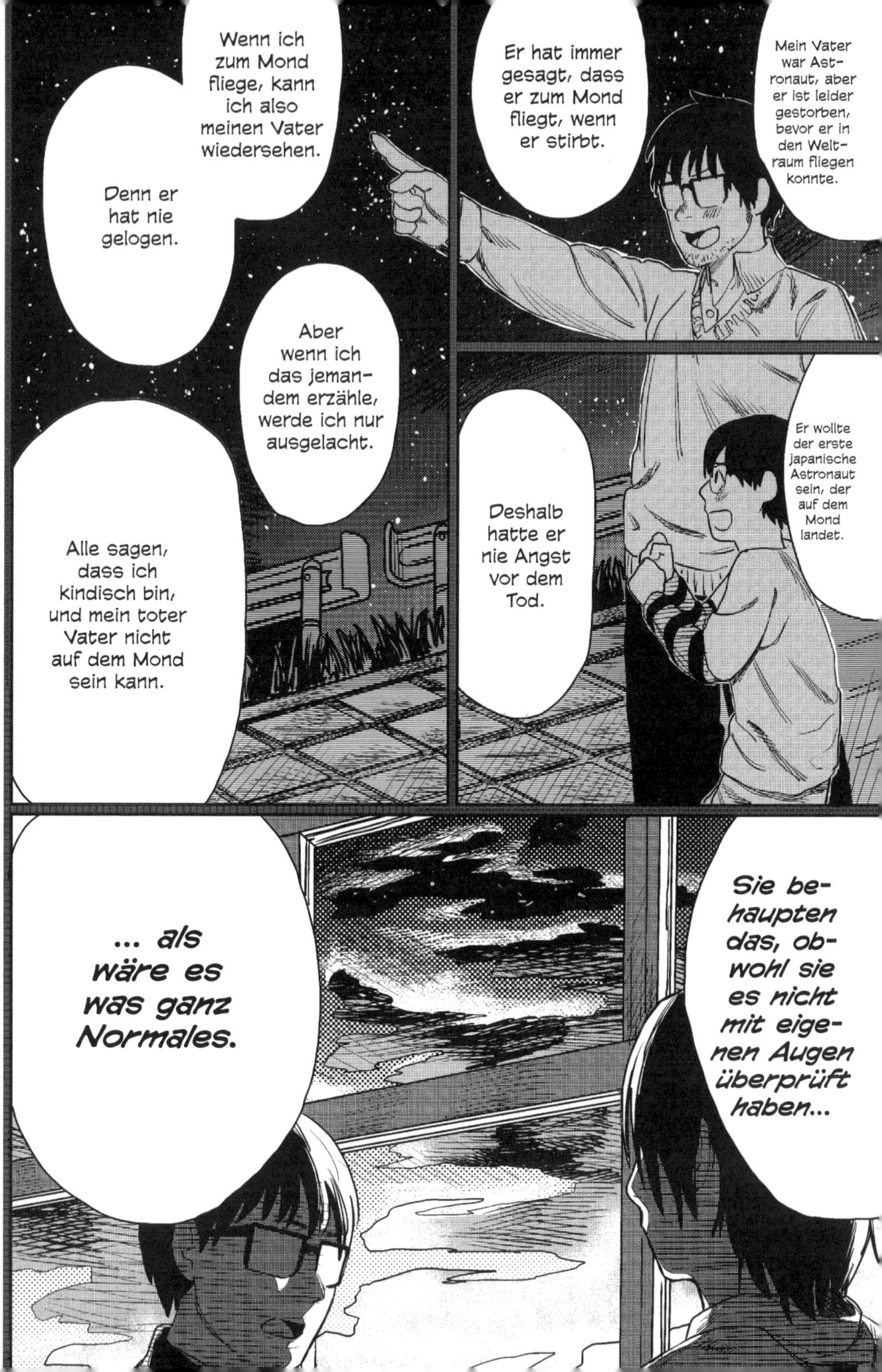
Mein Vater war Astronaut, aber er ist leider gestorben, bevor er in den Weltraum fliegen konnte.
Er hat immer gesagt, dass er zum Mond fliegt, wenn er stirbt.
Wenn ich zum Mond fliege, kann ich also meinen Vater wiedersehen.
Denn er hat nie gelogen.
Er wollte der erste japanische Astronaut sein, der auf dem Mond landet.
Deshalb hatte er nie Angst vor dem Tod.
Aber wenn ich das jemandem erzähle, werde ich nur ausgelacht.
Alle sagen, dass ich kindisch bin, und mein toter Vater nicht auf dem Mond sein kann.
Sie behaupten das, obwohl sie es nicht mit eigenen Augen überprüft haben...
... als wäre es was ganz Normales.

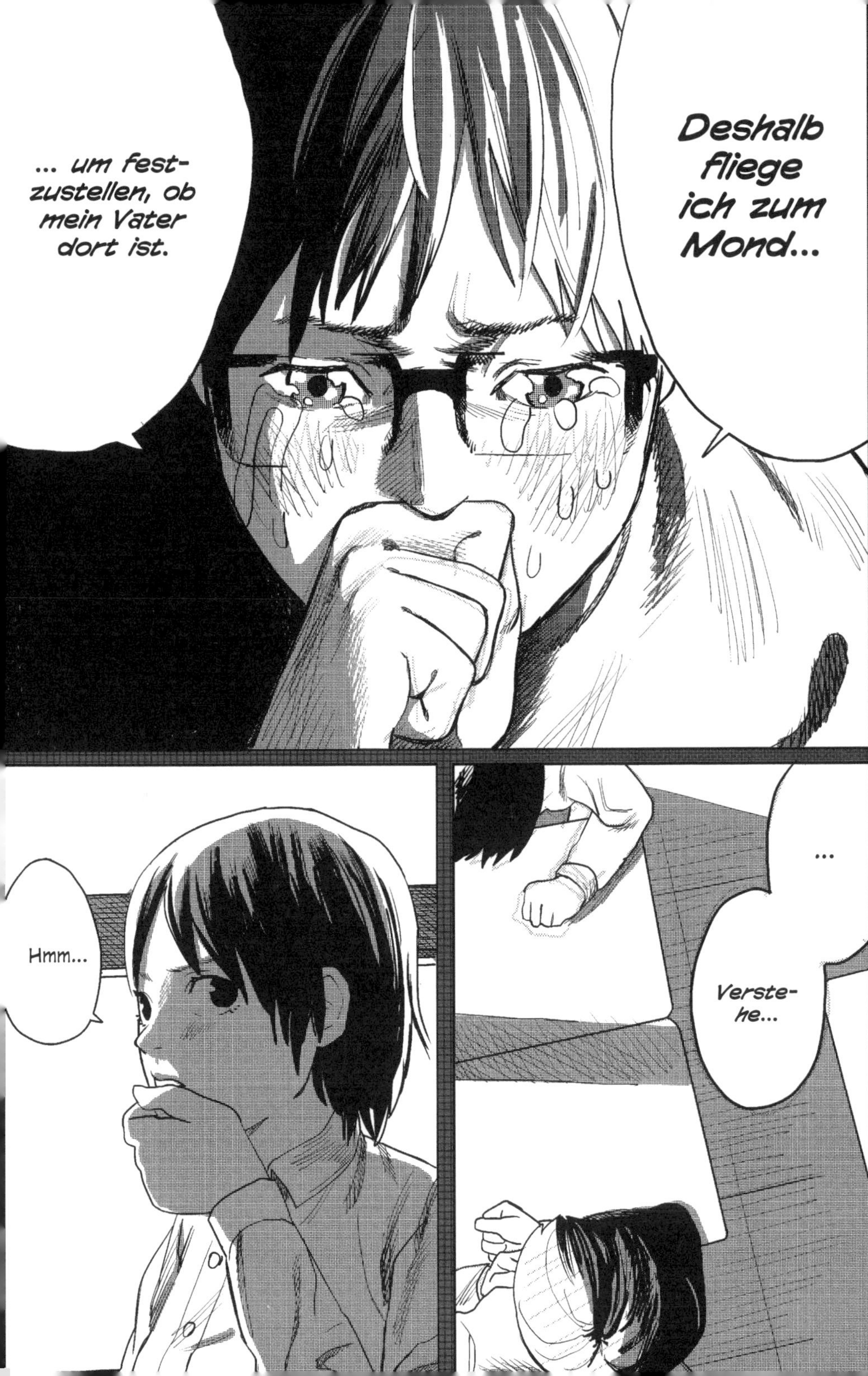
Deshalb fliege ich zum Mond...
... um festzustellen, ob mein Vater dort ist.
...
Verstehe...
Hmm...

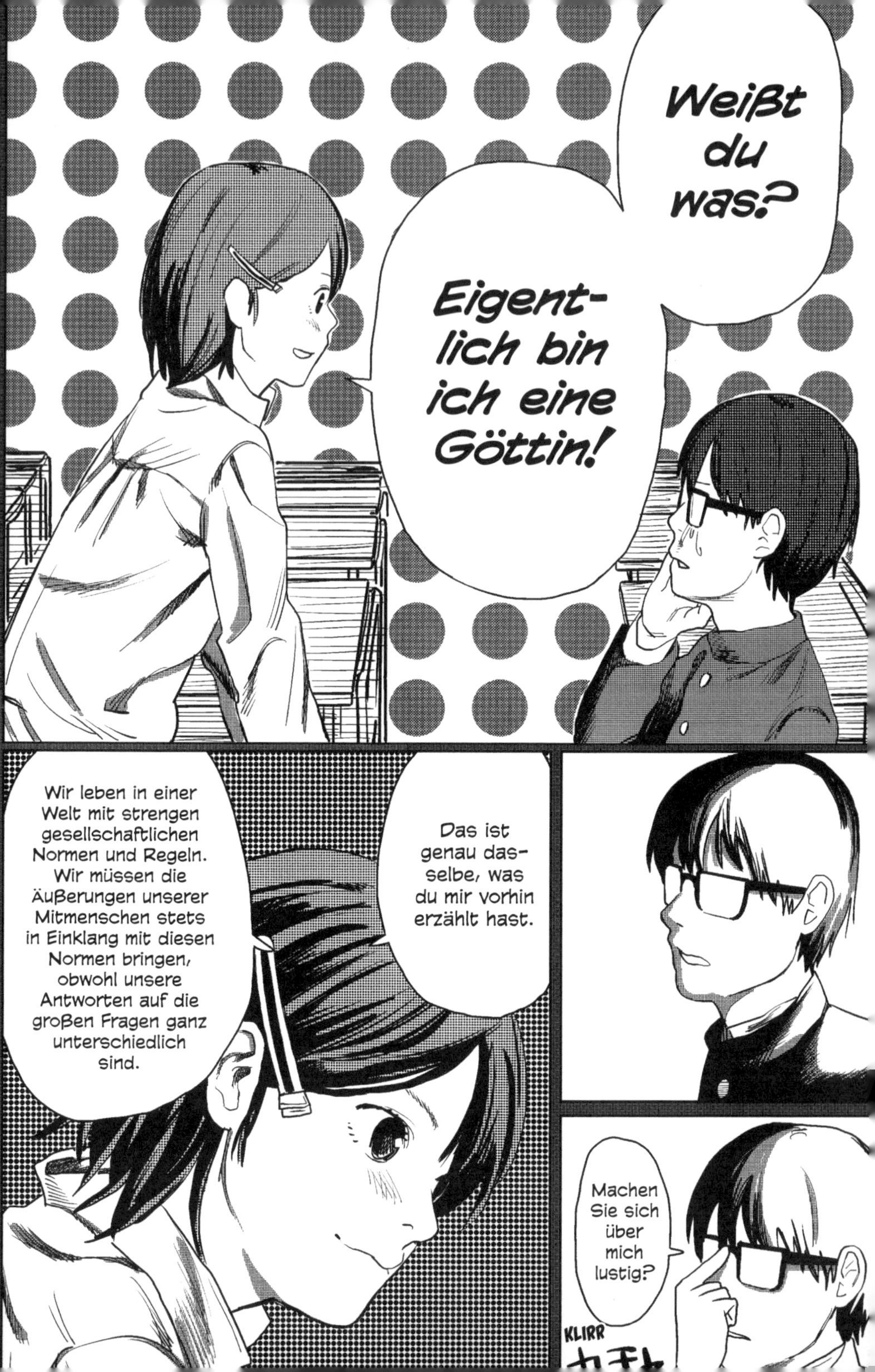
Weißt du was?
Eigentlich bin ich eine Göttin!
Machen Sie sich über mich lustig?
KLIRR
Das ist genau dasselbe, was du mir vorhin erzählt hast.
Wir leben in einer Welt mit strengen gesellschaftlichen Normen und Regeln. Wir müssen die Äußerungen unserer Mitmenschen stets in Einklang mit diesen Normen bringen, obwohl unsere Antworten auf die großen Fragen ganz unterschiedlich sind.

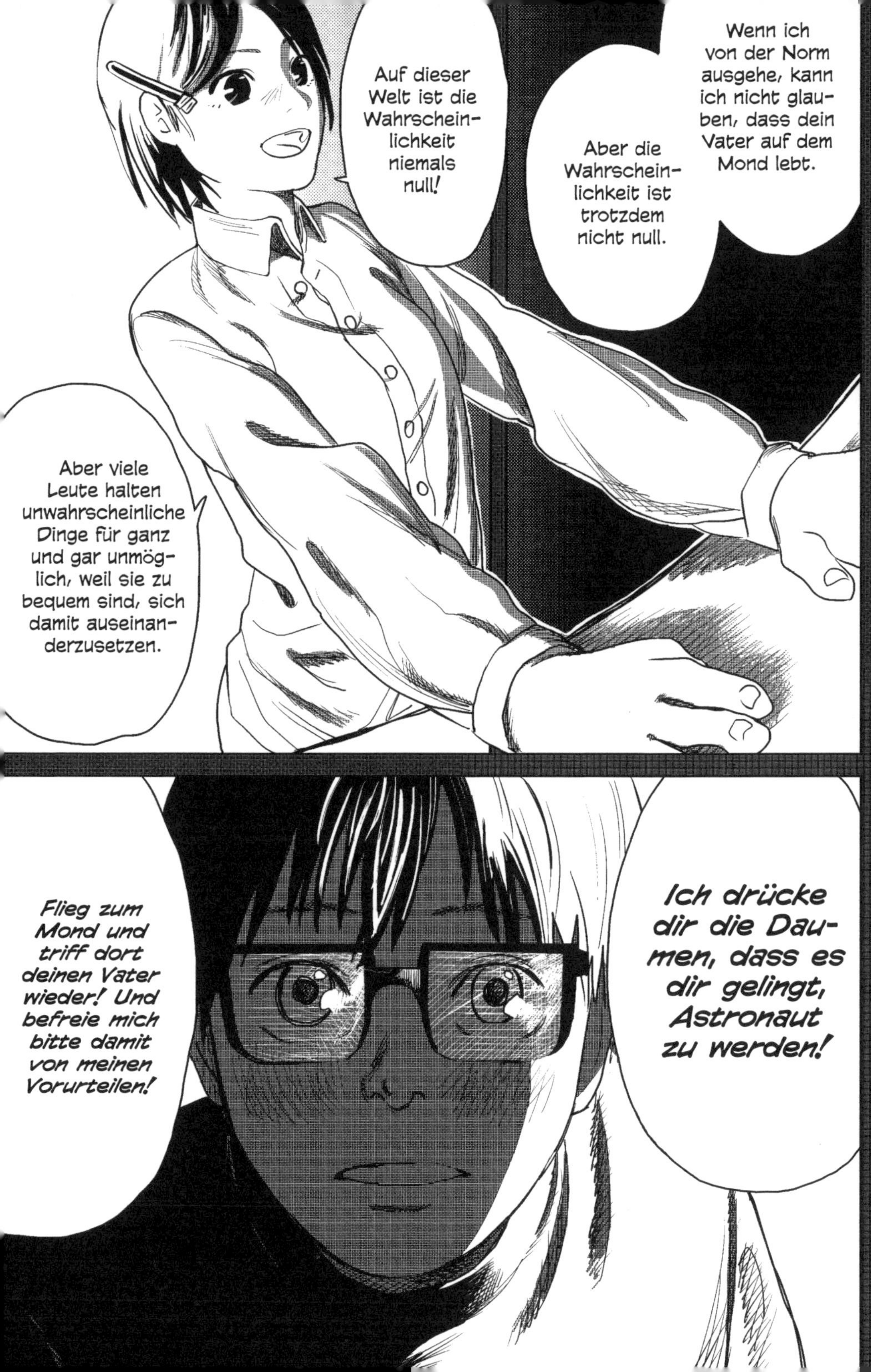
Wenn ich von der Norm ausgehe, kann ich nicht glauben, dass dein Vater auf dem Mond lebt.
Aber die Wahrscheinlichkeit ist trotzdem nicht null.
Auf dieser Welt ist die Wahrscheinlichkeit niemals null!
Aber viele Leute halten unwahrscheinliche Dinge für ganz und gar unmöglich, weil sie zu bequem sind, sich damit auseinanderzusetzen.
Ich drücke dir die Daumen, dass es dir gelingt, Astronaut zu werden!
Flieg zum Mond und triff dort deinen Vater wieder! Und befreie mich bitte damit von meinen Vorurteilen!

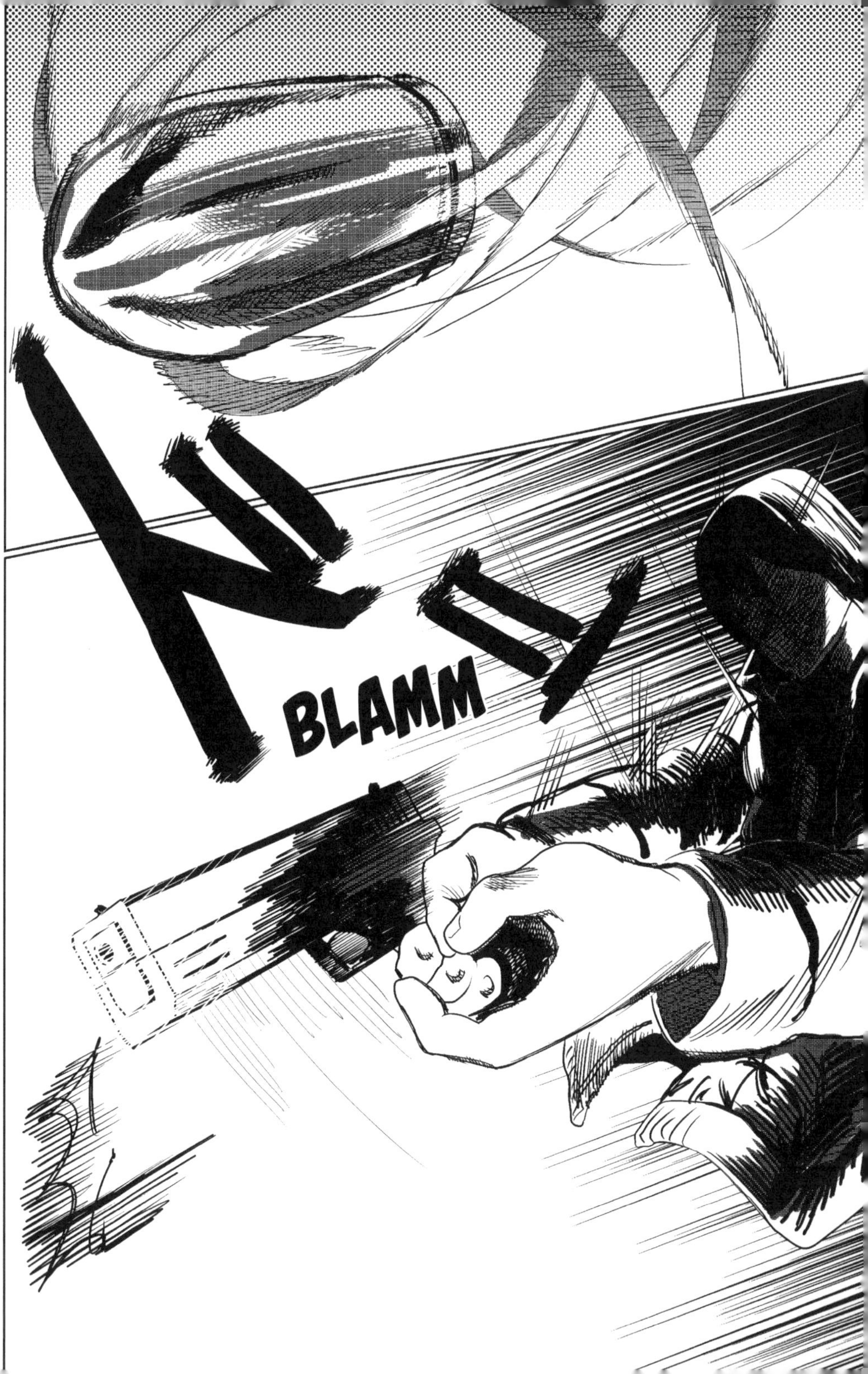
ドン
BLAMM

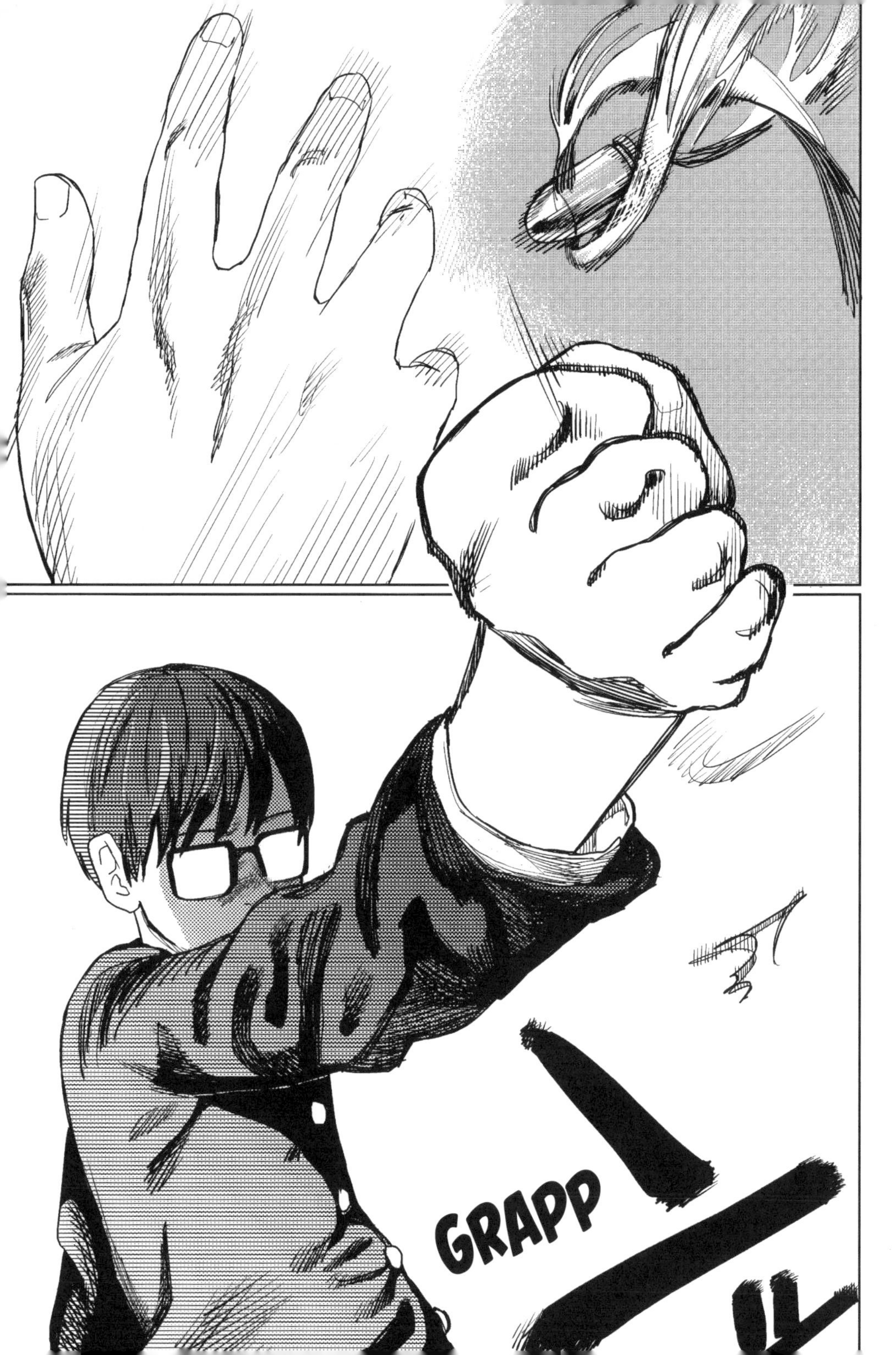
GRAPP

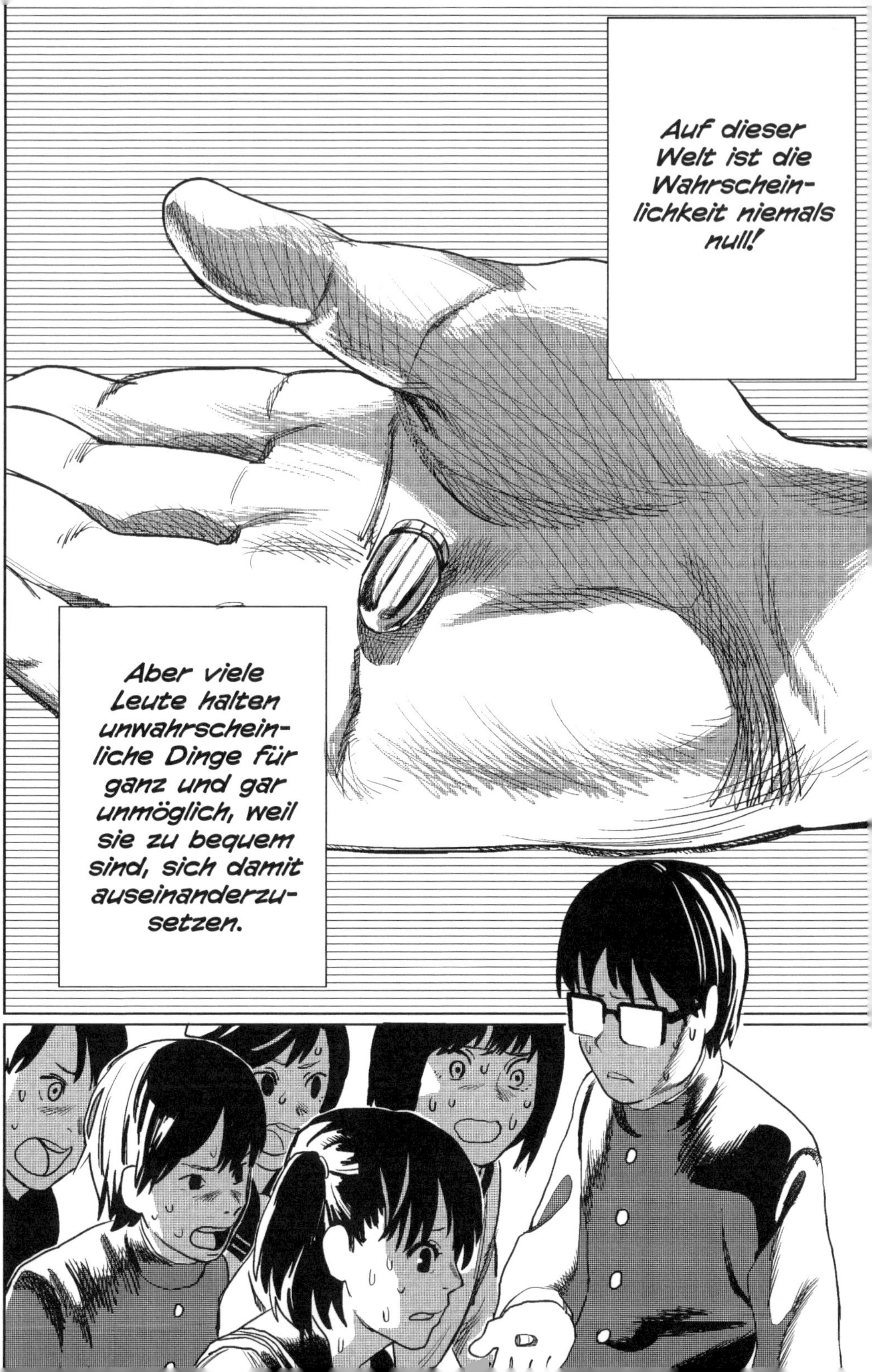
Auf dieser Welt ist die Wahrscheinlichkeit niemals null!
Aber viele Leute halten unwahrscheinliche Dinge für ganz und gar unmöglich, weil sie zu bequem sind, sich damit auseinanderzusetzen.

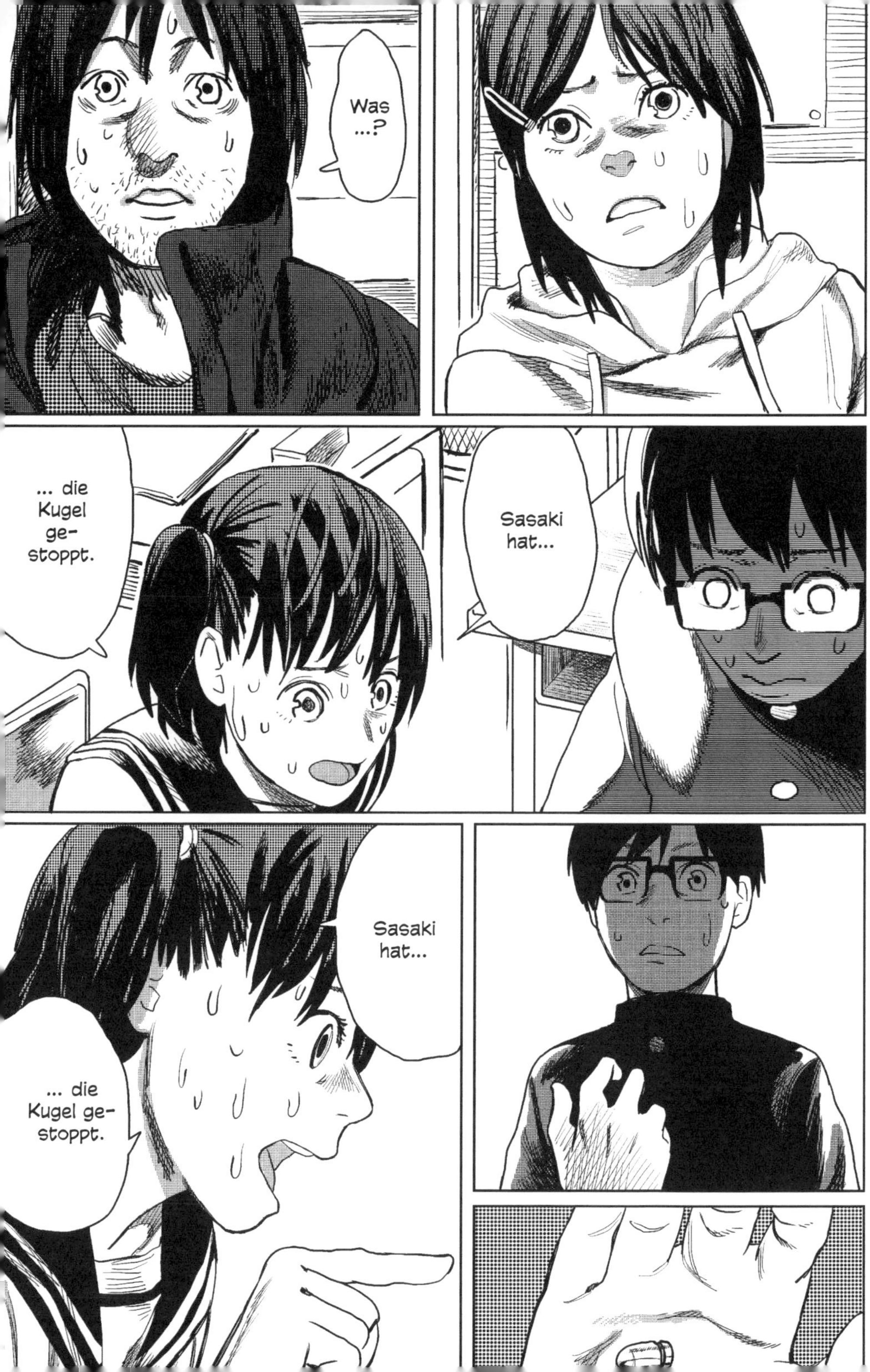
Was ...?
Sasaki hat...
... die Kugel ge-stoppt.
Sasaki hat...
... die Kugel ge-stoppt.

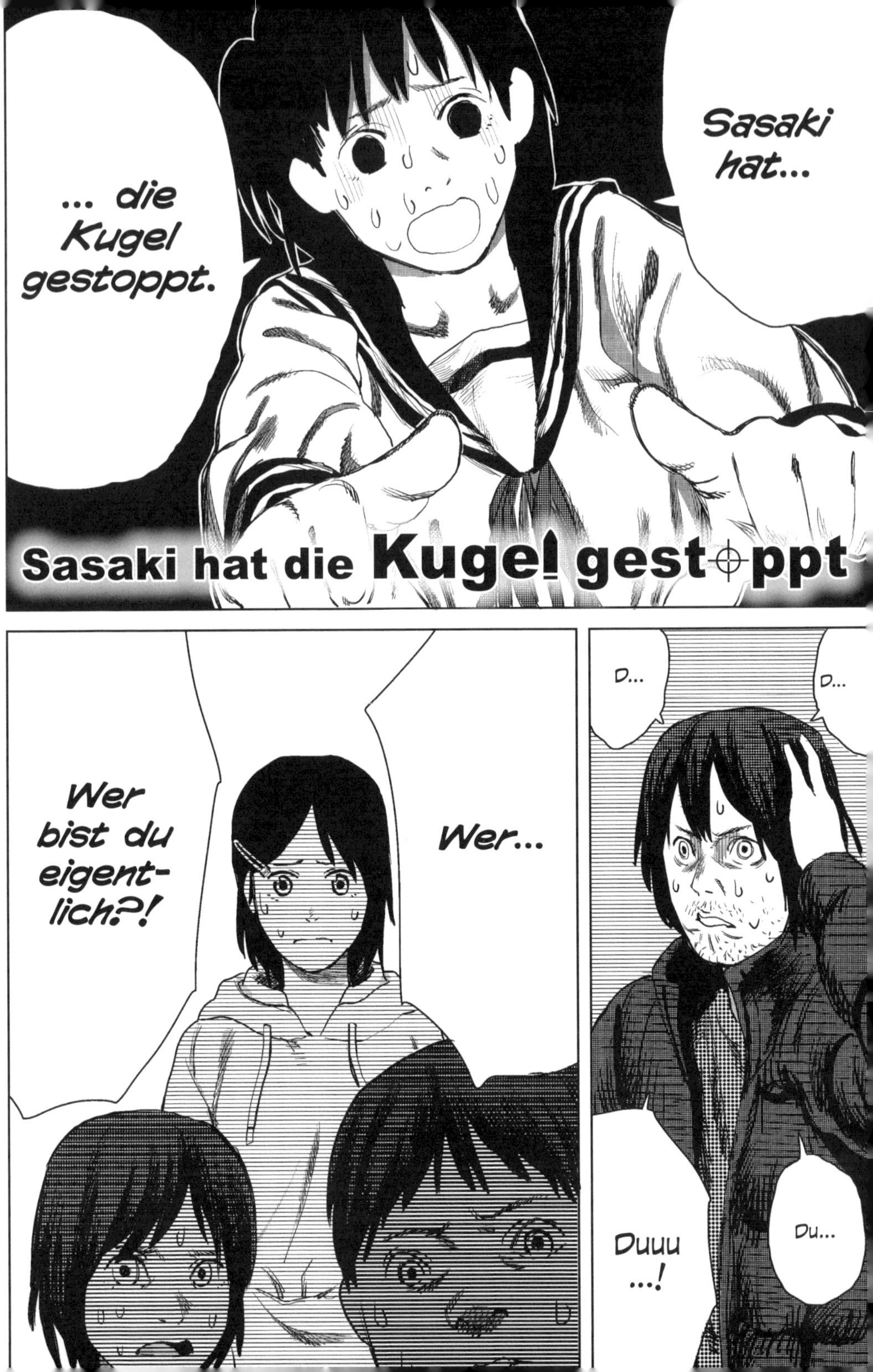

Sasaki hat...
... die Kugel gestoppt.
Sasaki hat die Kugel gestoppt
D...
D...
Wer...
Wer bist du eigent-lich?!
Du...
Duuu ...!

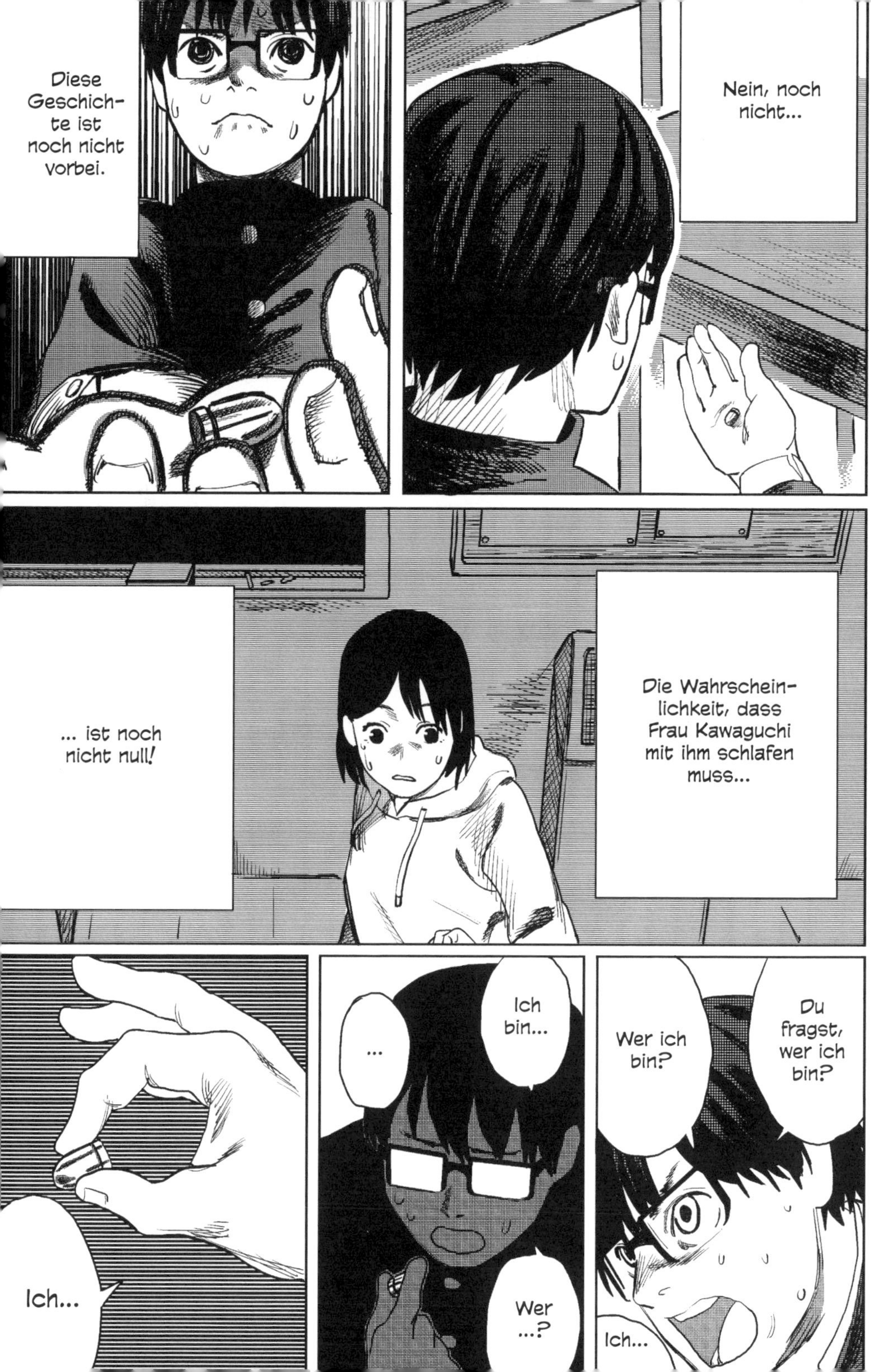
Nein, noch nicht...
Diese Geschichte ist noch nicht vorbei.
Die Wahrscheinlichkeit, dass Frau Kawaguchi mit ihm schlafen muss...
... ist noch nicht null!
Du fragst, wer ich bin?
Wer ich bin?
Ich...
Ich bin...
...
Wer ...?
Ich...

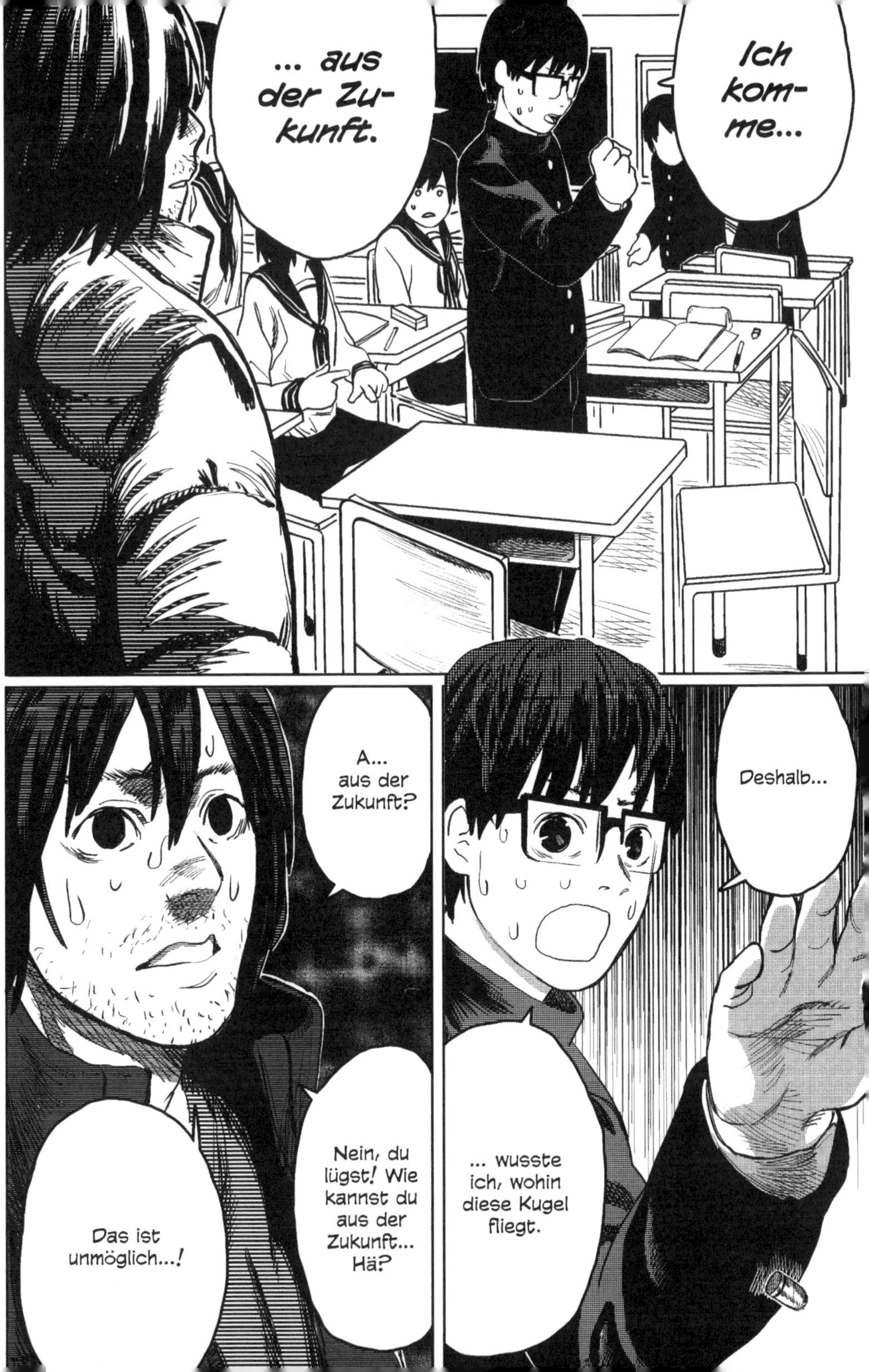
Ich kom-me...
... aus der Zu-kunft.
Deshalb...
A... aus der Zukunft?
... wusste ich, wohin diese Kugel fliegt.
Nein, du lügst! Wie kannst du aus der Zukunft... Hä?
Das ist unmöglich...!

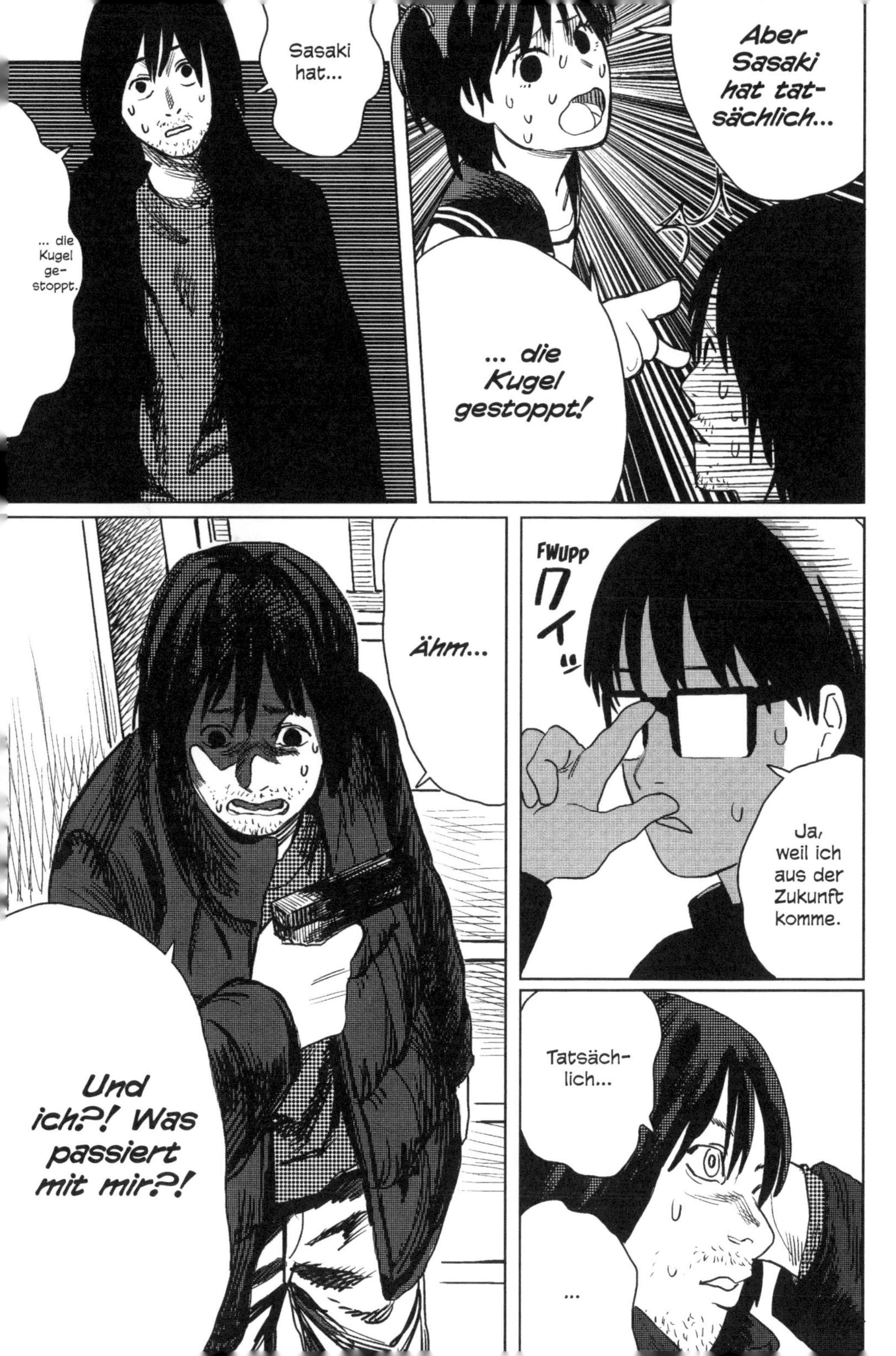
Aber Sasaki hat tatsächlich...
... die Kugel gestoppt!
Sasaki hat...
... die Kugel ge-stoppt.
FWUPP
ワイッ
Ja, weil ich aus der Zukunft komme.
Tatsäch-lich...
...
Ähm...
Und ich?! Was passiert mit mir?!

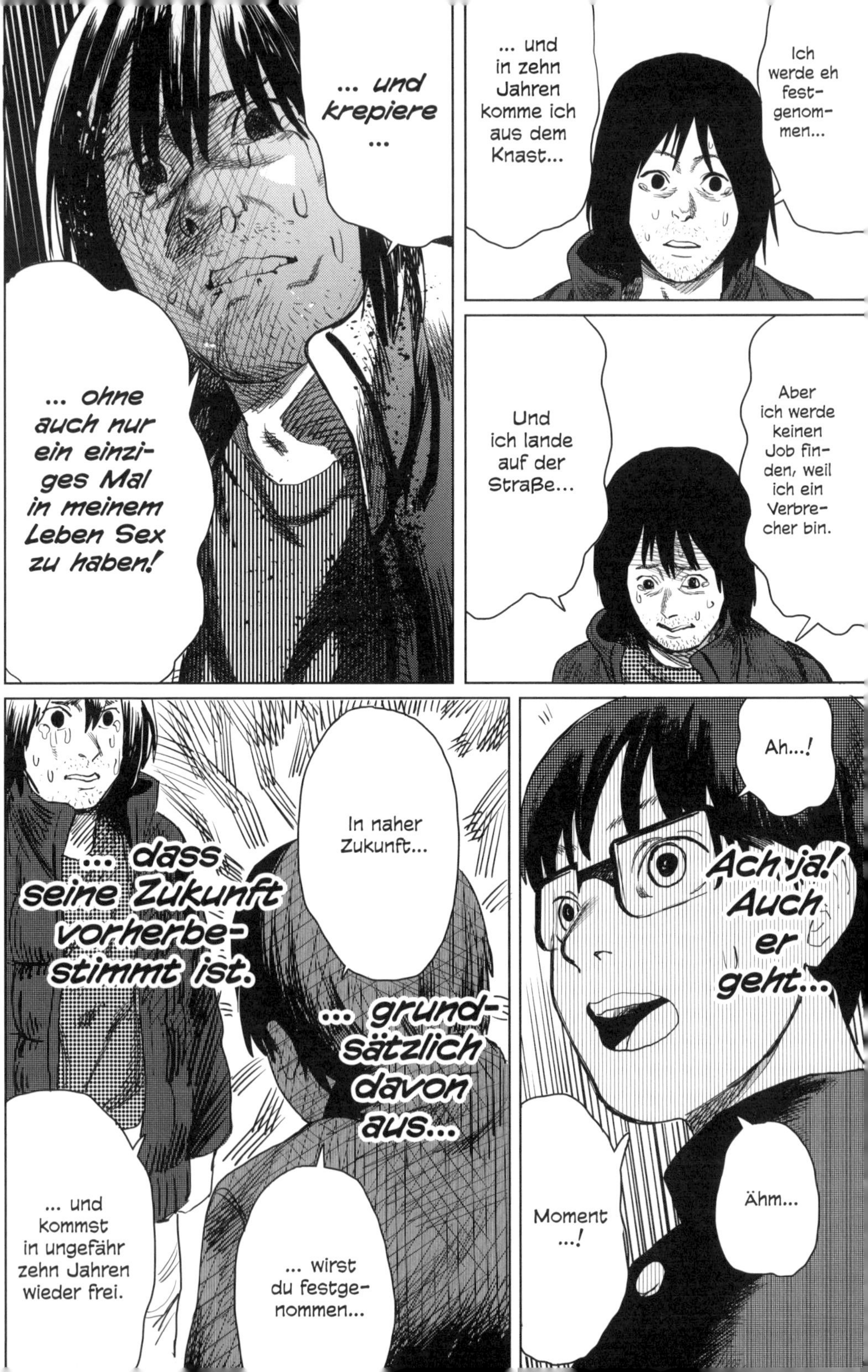
Ich werde eh festgenommen...
... und in zehn Jahren komme ich aus dem Knast...
Aber ich werde keinen Job finden, weil ich ein Verbrecher bin.
Und ich lande auf der Straße...
... und krepiere ...
... ohne auch nur ein einziges Mal in meinem Leben Sex zu haben!
Ah...!
Ach ja! Auch er geht...
Ähm...
Moment ...!
In naher Zukunft...
... grundsätzlich davon aus...
... dass seine Zukunft vorherbestimmt ist.
... wirst du festgenommen...
... und kommst in ungefähr zehn Jahren wieder frei.

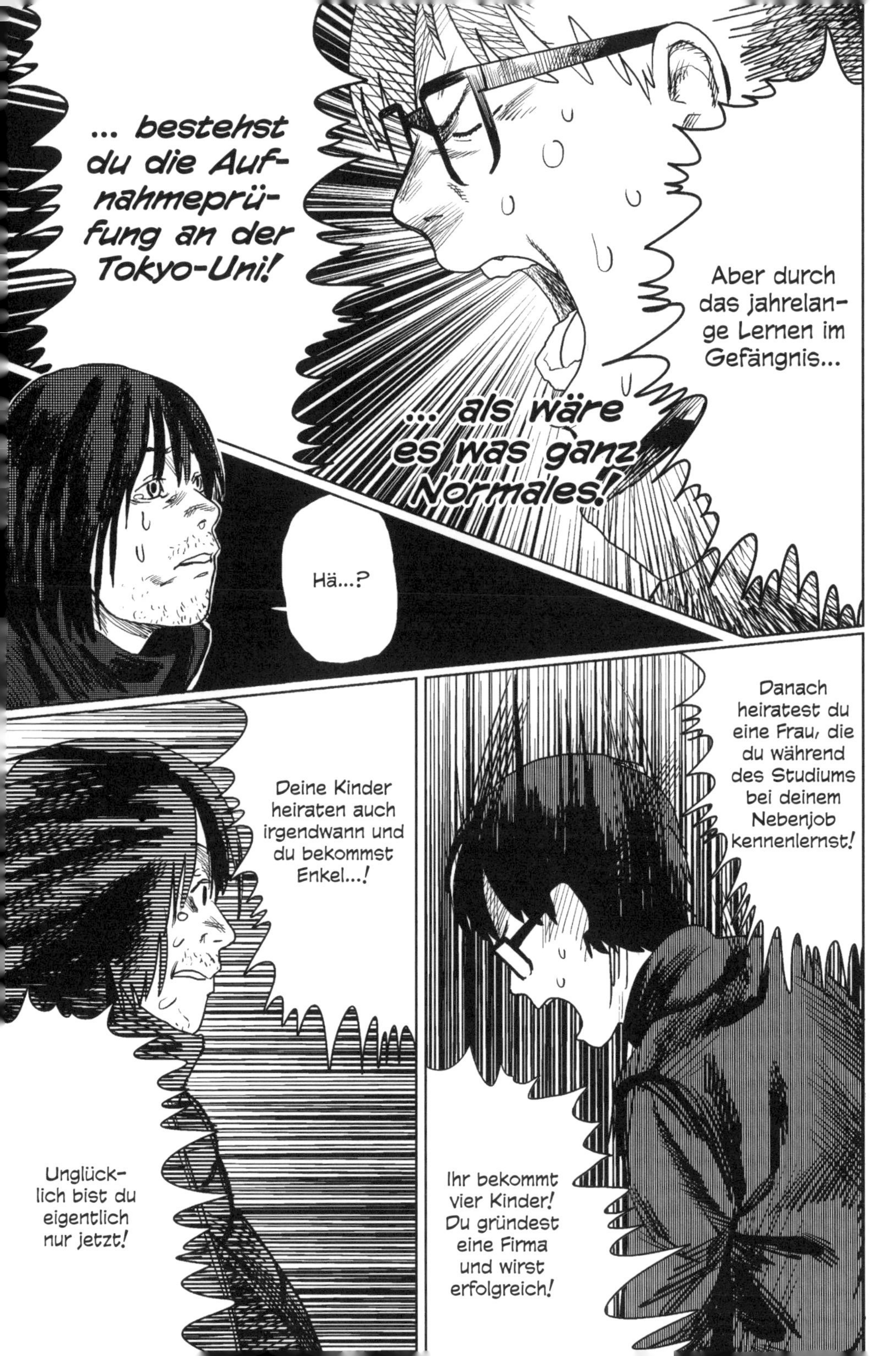
Aber durch das jahrelange Lernen im Gefängnis...
... bestehst du die Aufnahmeprüfung an der Tokyo-Uni!
... als wäre es was ganz Normales!
Hä...?
Danach heiratest du eine Frau, die du während des Studiums bei deinem Nebenjob kennenlernst!
Ihr bekommt vier Kinder! Du gründest eine Firma und wirst erfolgreich!
Deine Kinder heiraten auch irgendwann und du bekommst Enkel...!
Unglücklich bist du eigentlich nur jetzt!

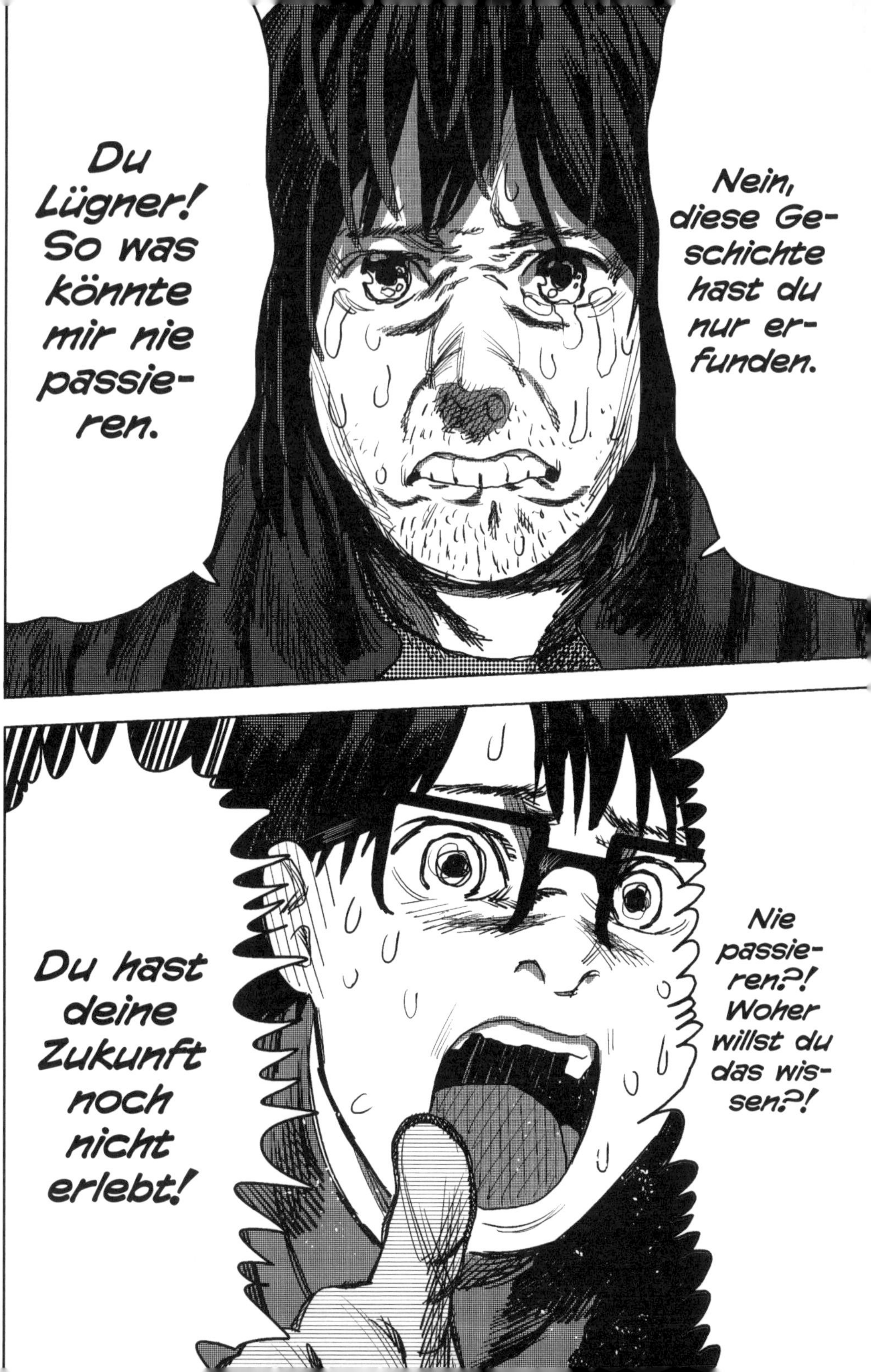
Nein, diese Geschichte hast du nur erfunden.
Du Lügner! So was könnte mir nie passieren.
Nie passieren?! Woher willst du das wissen?!
Du hast deine Zukunft noch nicht erlebt!

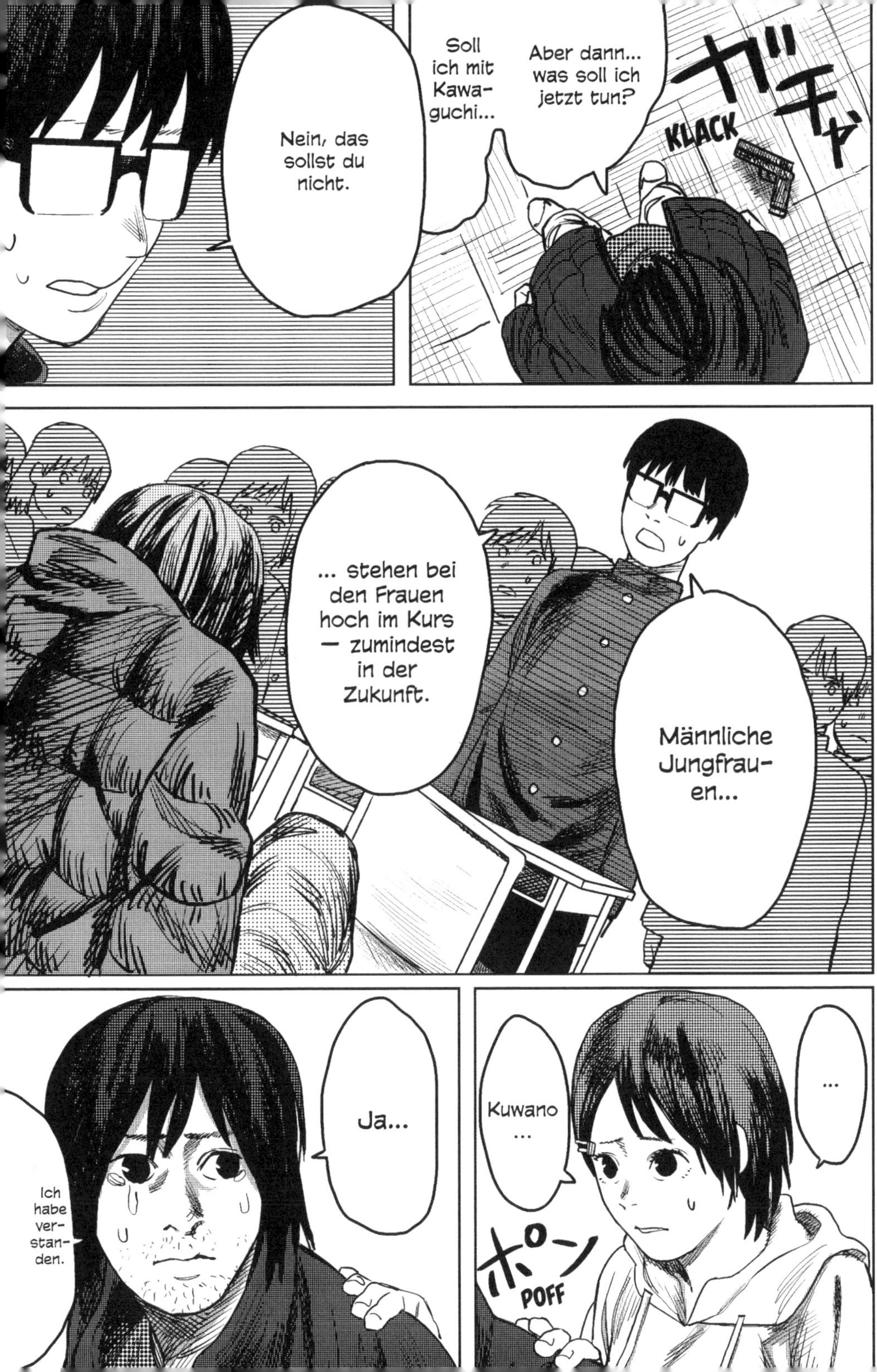

Aber dann... was soll ich jetzt tun?
Soll ich mit Kawa-guchi...
KLACK
Nein, das sollst du nicht.
Männliche Jungfrau-en...
... stehen bei den Frauen hoch im Kurs — zumindest in der Zukunft.
...
Kuwano ...
POFF
Ja...
Ich habe ver-stan-den.

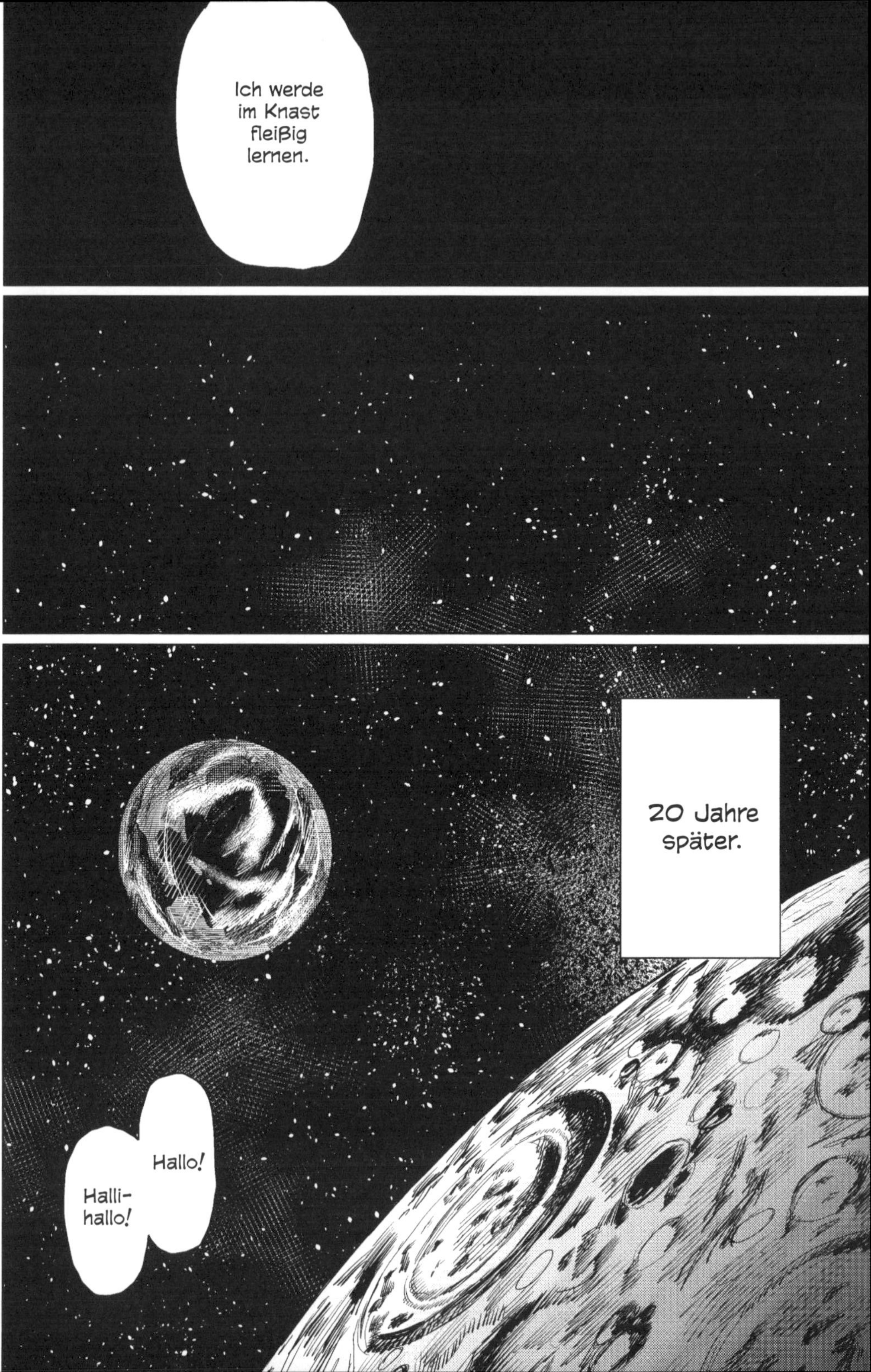
Ich werde im Knast fleißig lernen.
20 Jahre später.
Hallo!
Halli-hallo!

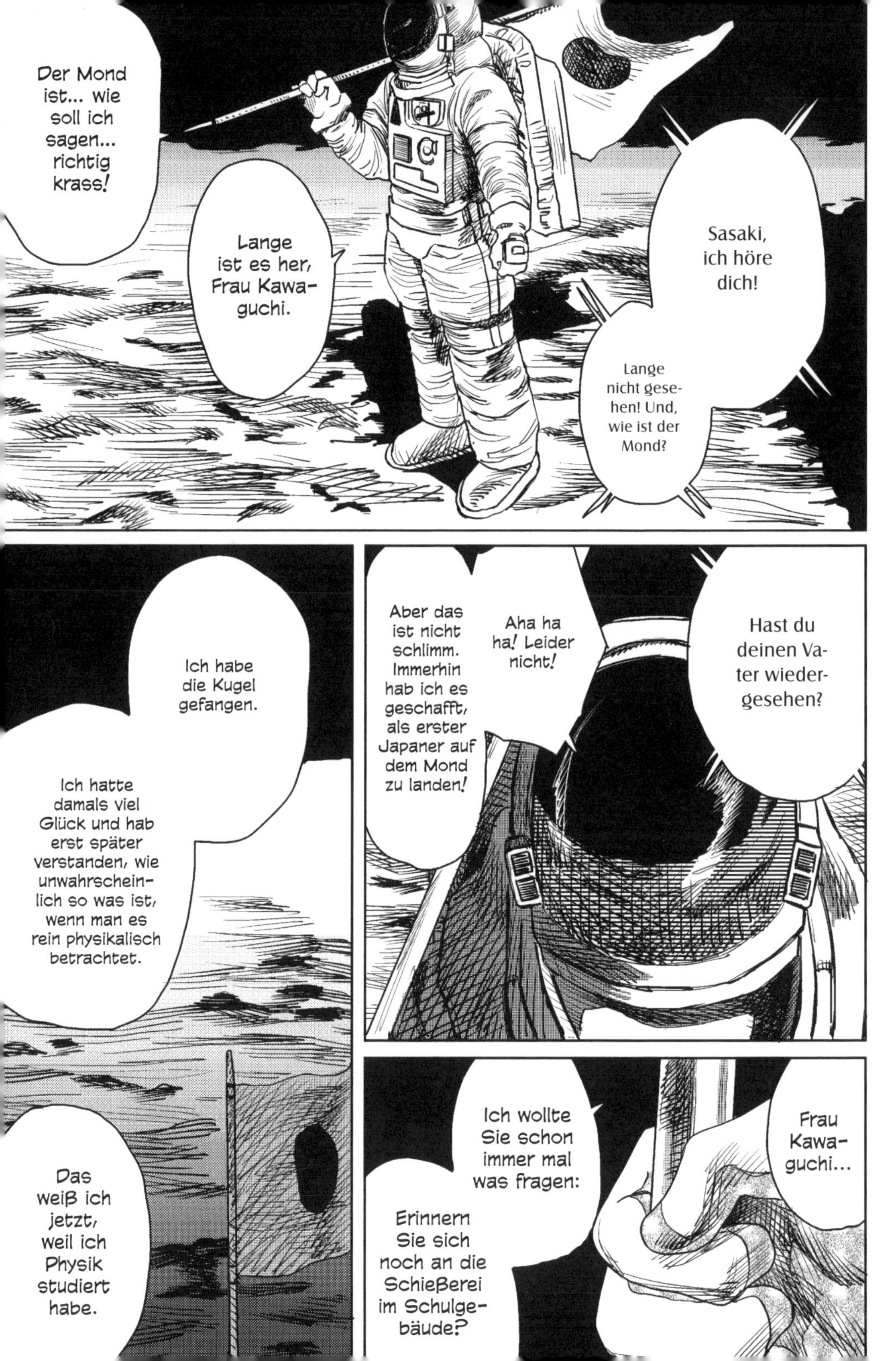
Sasaki, ich höre dich!
Lange nicht gesehen! Und, wie ist der Mond?
Lange ist es her, Frau Kawaguchi.
Der Mond ist... wie soll ich sagen... richtig krass!
Hast du deinen Vater wiedergesehen?
Aha ha ha! Leider nicht!
Aber das ist nicht schlimm. Immerhin hab ich es geschafft, als erster Japaner auf dem Mond zu landen!
Frau Kawaguchi...
Ich wollte Sie schon immer mal was fragen:
Erinnern Sie sich noch an die Schießerei im Schulgebäude?
Ich habe die Kugel gefangen.
Ich hatte damals viel Glück und hab erst später verstanden, wie unwahrscheinlich so was ist, wenn man es rein physikalisch betrachtet.
Das weiß ich jetzt, weil ich Physik studiert habe.

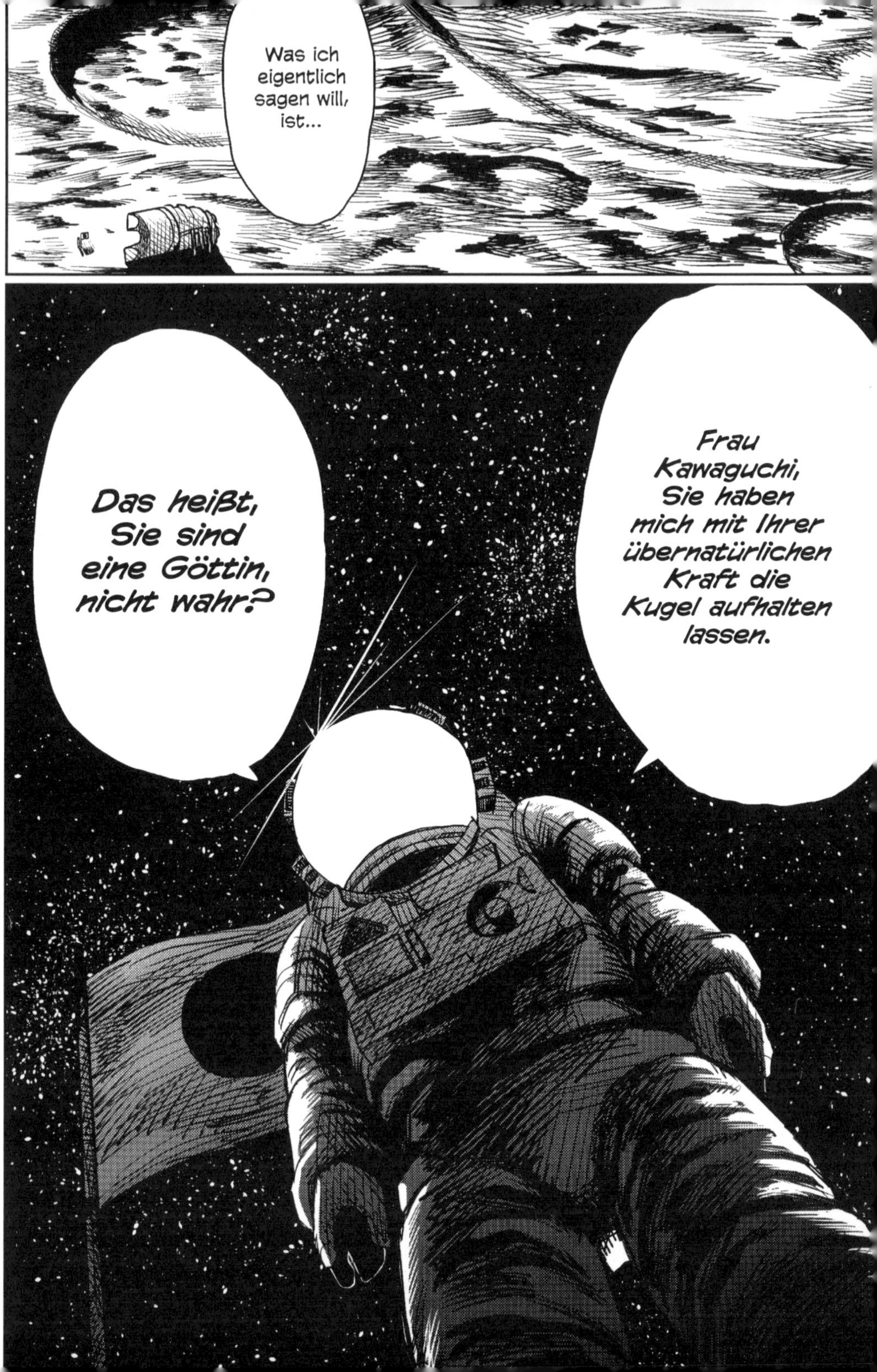
Was ich eigentlich sagen will, ist...
Frau Kawaguchi, Sie haben mich mit Ihrer übernatürlichen Kraft die Kugel aufhalten lassen.
Das heißt, Sie sind eine Göttin, nicht wahr?

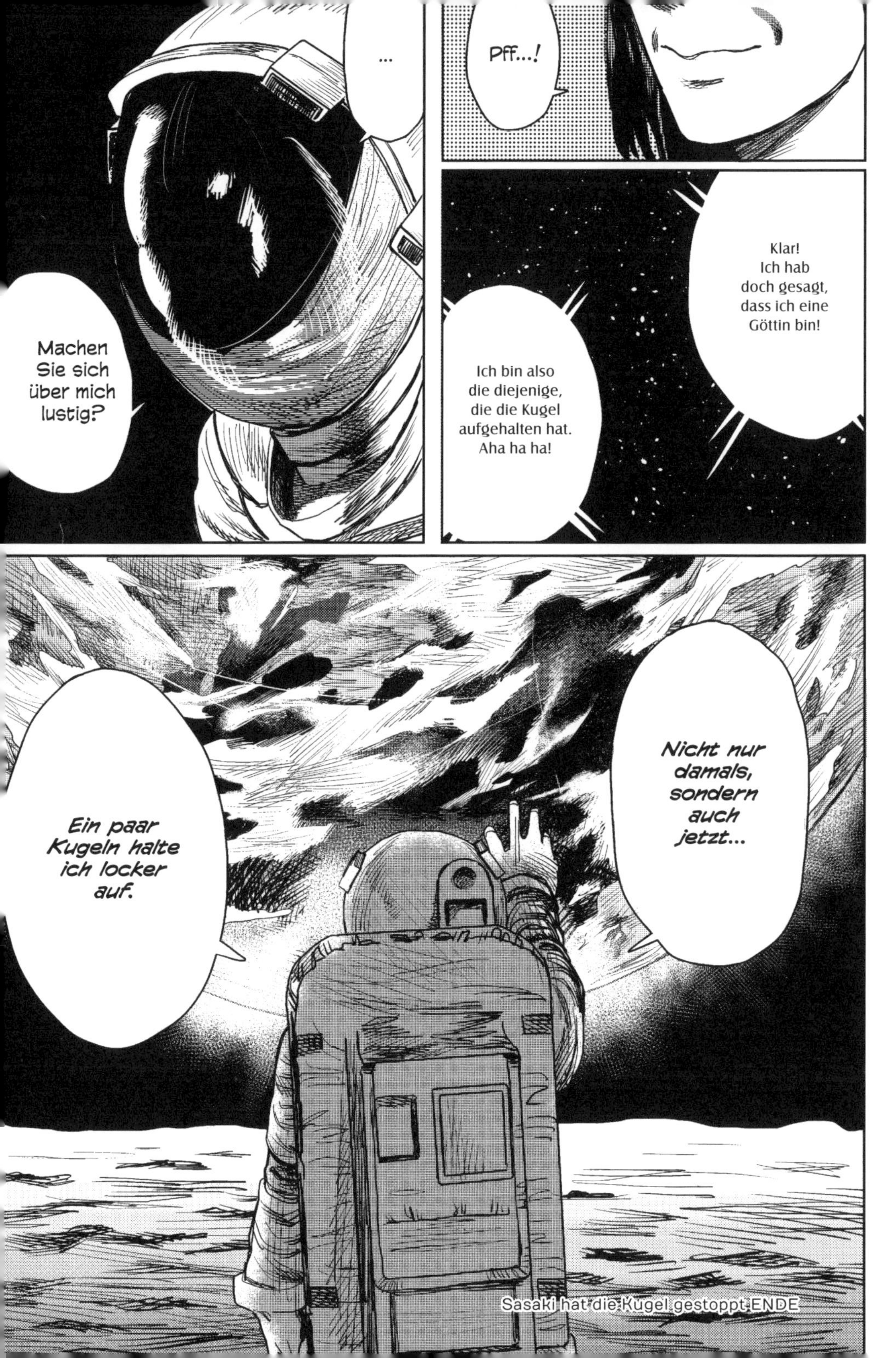
Pff...!
...
Machen Sie sich über mich lustig?
Klar! Ich hab doch gesagt, dass ich eine Göttin bin!
Ich bin also die diejenige, die die Kugel aufgehalten hat. Aha ha ha!
Nicht nur damals, sondern auch jetzt...
Ein paar Kugeln halte ich locker auf.
Sasaki hat die Kugel gestoppt ENDE

[Sasaki hat die Kugel gestoppt]

Das ist meine Lieblingsgeschichte in dieser Sammlung.

Früher mochte ich eine Manga-Serie, die „Suzuki-sensei“ hieß, und den Protagonisten Takechi.

Sasakis Charakter und sein Äußeres sind davon inspiriert. Als ich die letzte Szene zeichnete, zerbrach ich mir eine ganze Weile den Kopf darüber, ob ich eine Erde zeichnen sollte oder einen Meteoriten.

Tatsuki Fujimoto Short Stories

17-21

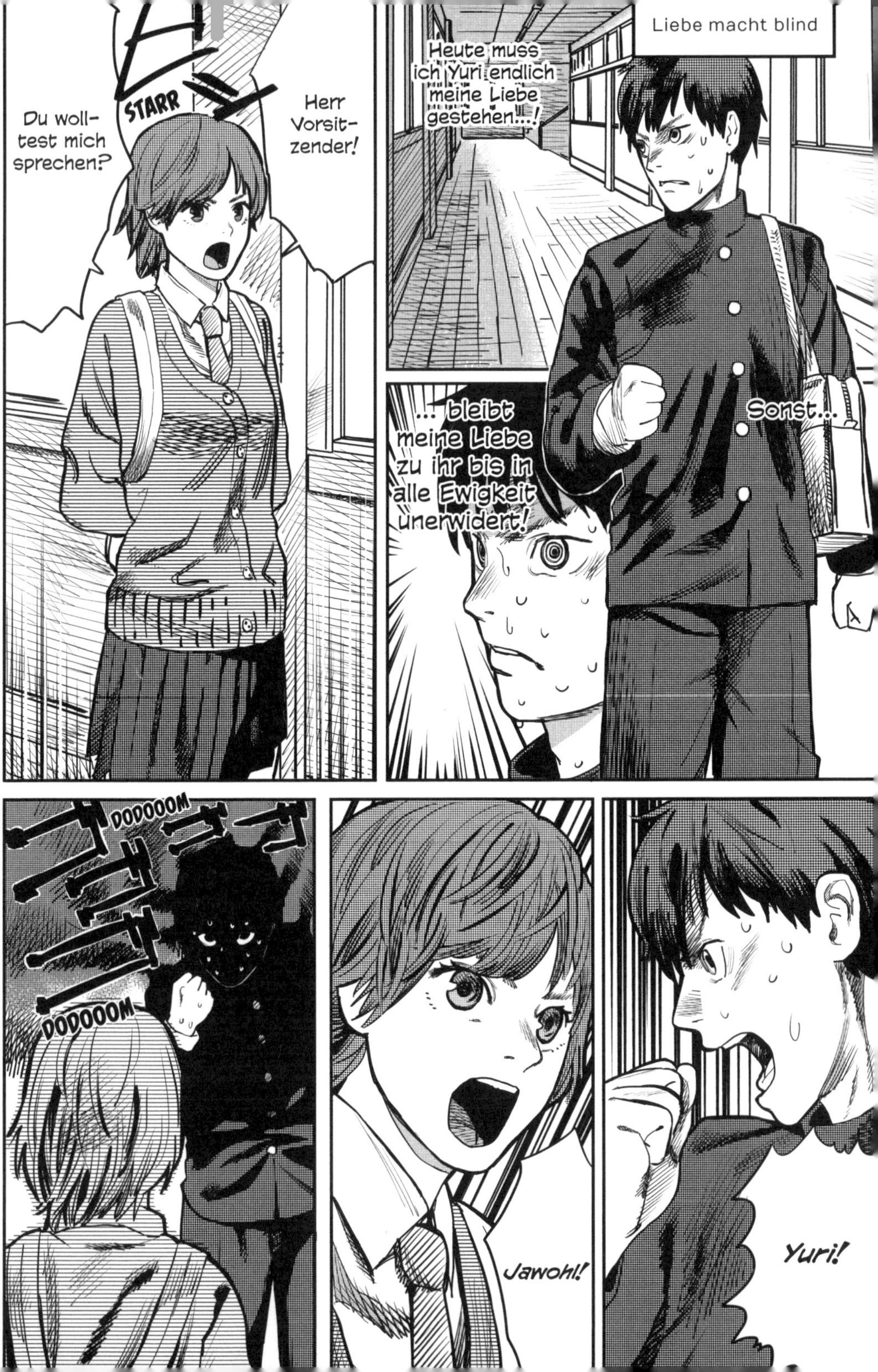
Liebe macht blind
Heute muss ich Yuri endlich meine Liebe gestehen...!
Sonst...
... bleibt meine Liebe zu ihr bis in alle Ewigkeit unerwidert!
Herr Vorsitzender!
Du wolltest mich sprechen?
STARR
Yuri!
Jawohl!
DODOOOM
DODOOOM

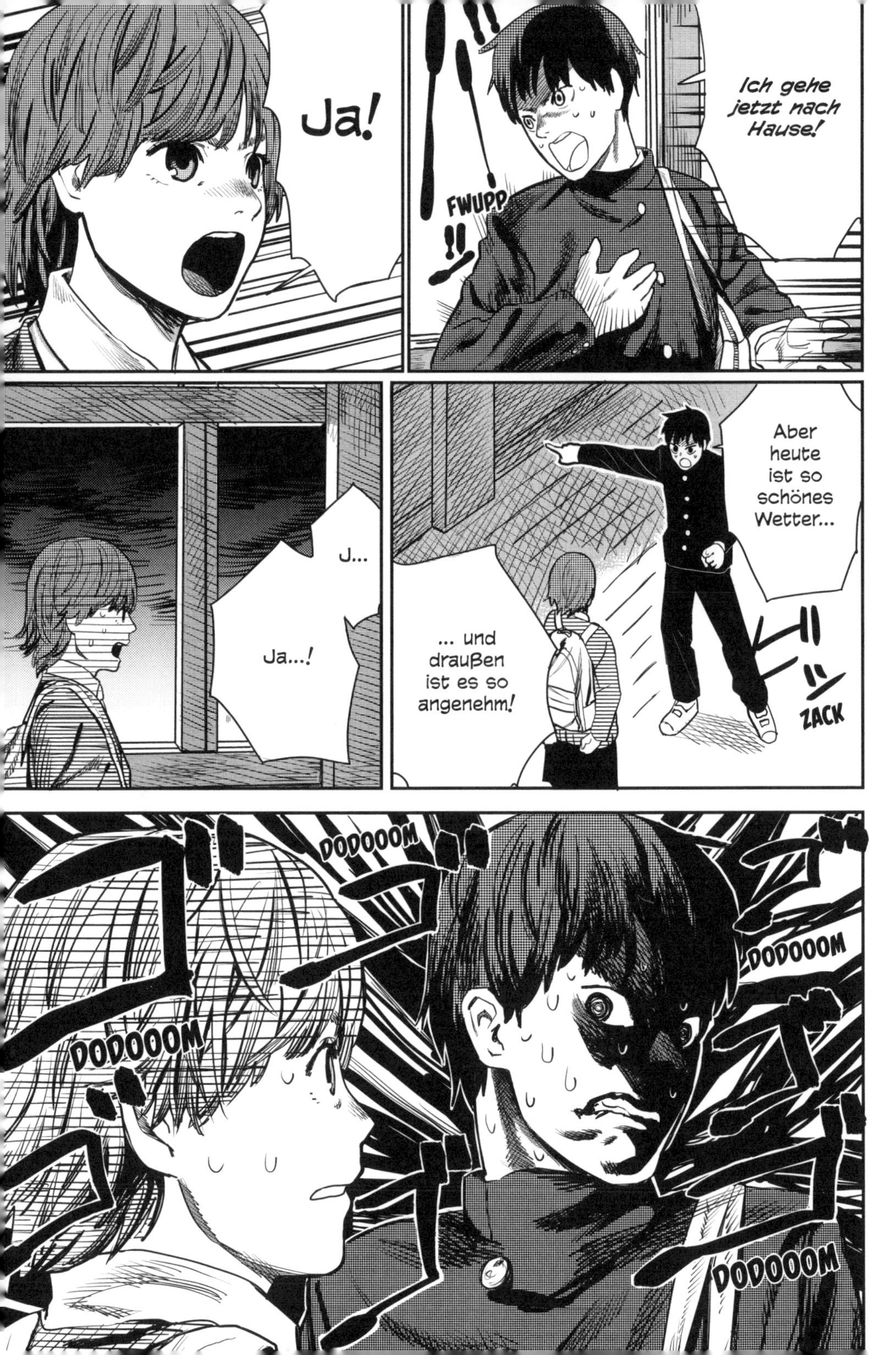
Ich gehe jetzt nach Hause!
FWUPP
!!
Ja!
Aber heute ist so schönes Wetter...
ZACK
... und draußen ist es so angenehm!
J...
Ja...!
DODOOOM
DODOOOM
DODOOOM
DODOOOM

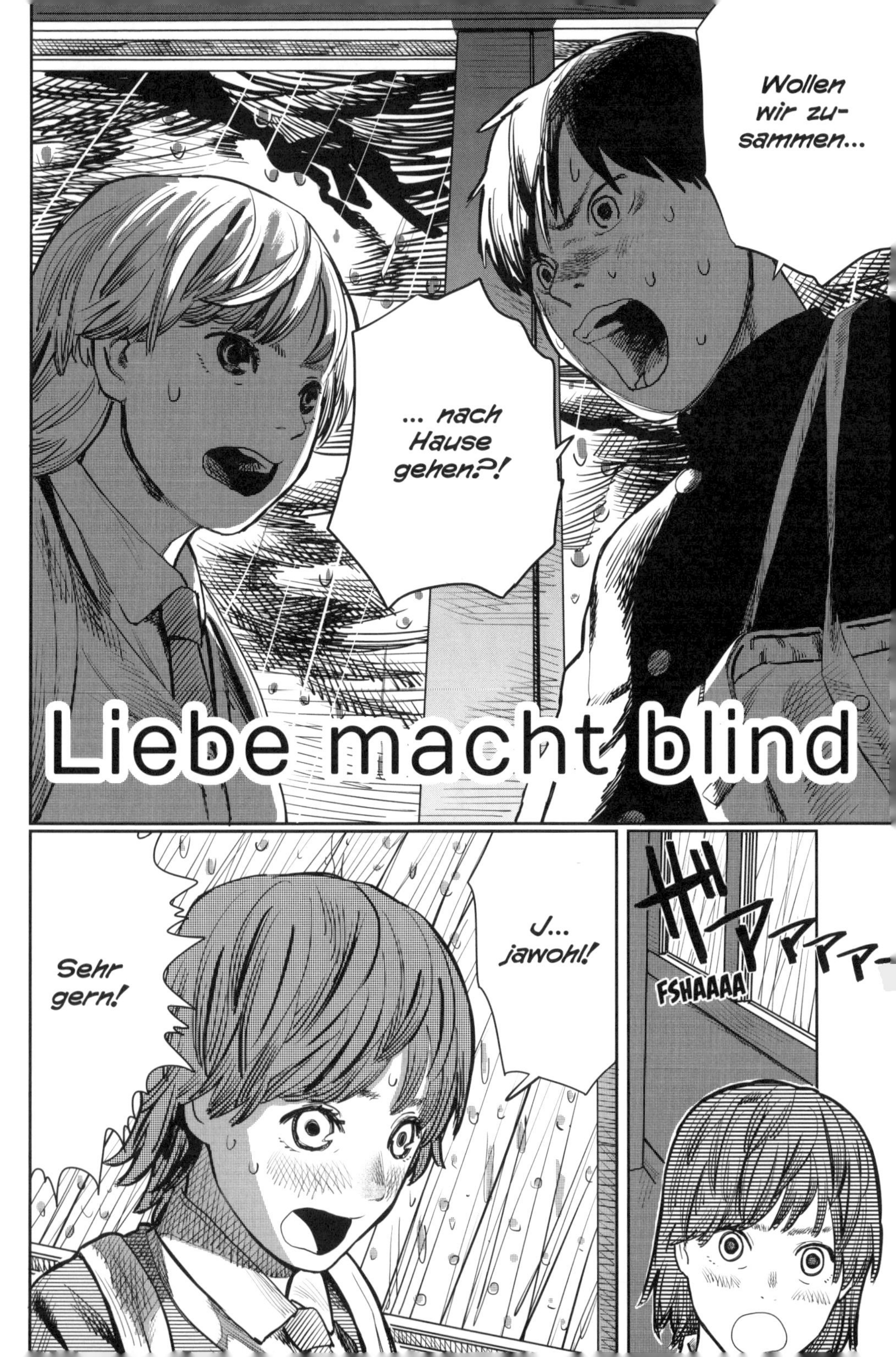
Wollen wir zu-sammen...
... nach Hause gehen?!
Liebe macht blind
J... jawohl!
Sehr gern!
ザァァァァー
FSHAAAA

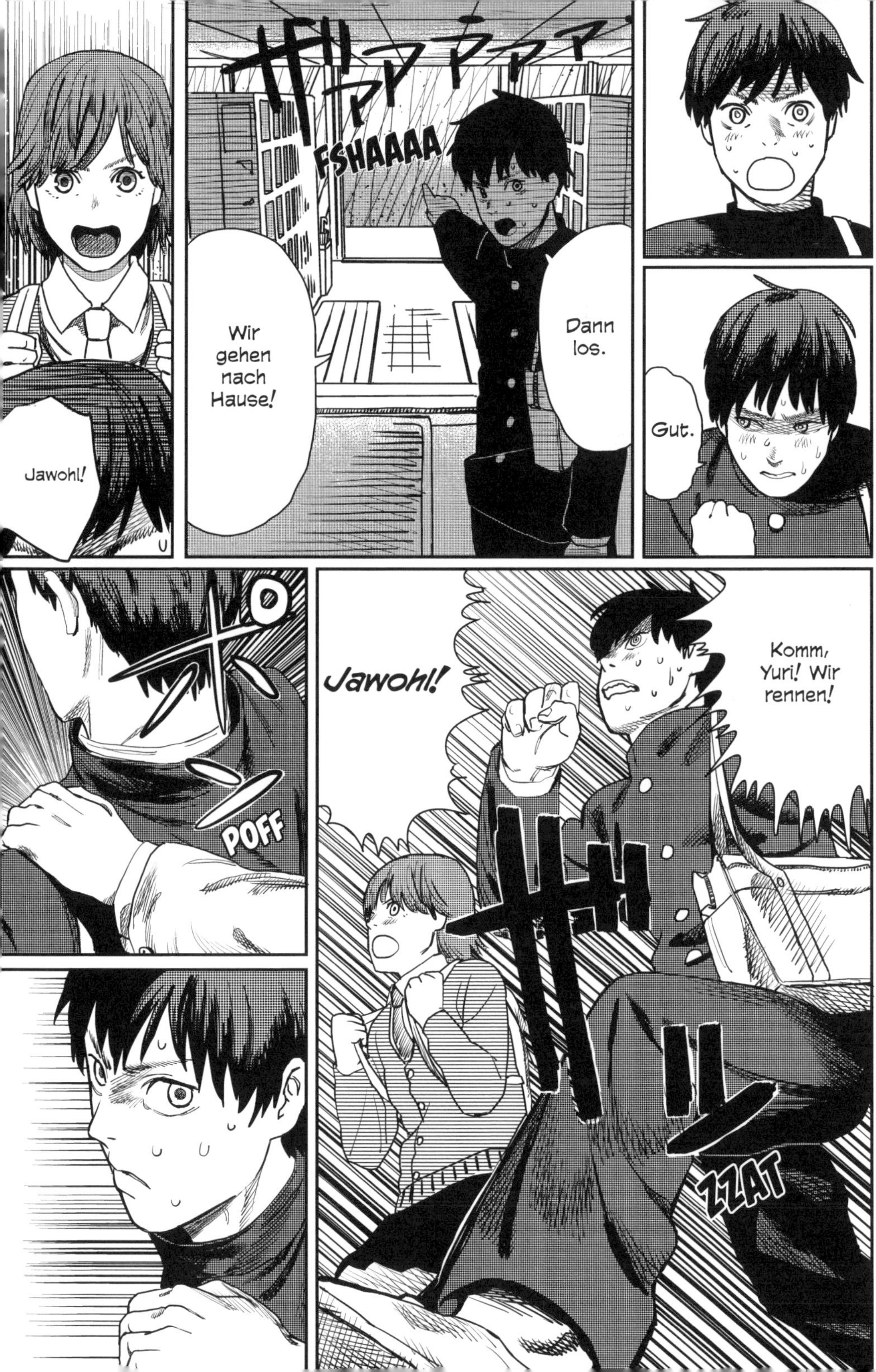
FSHAAAA
Dann los.
Wir gehen nach Hause!
Jawohl!
Gut.
Komm, Yuri! Wir rennen!
Jawohl!
POFF
ZZAT

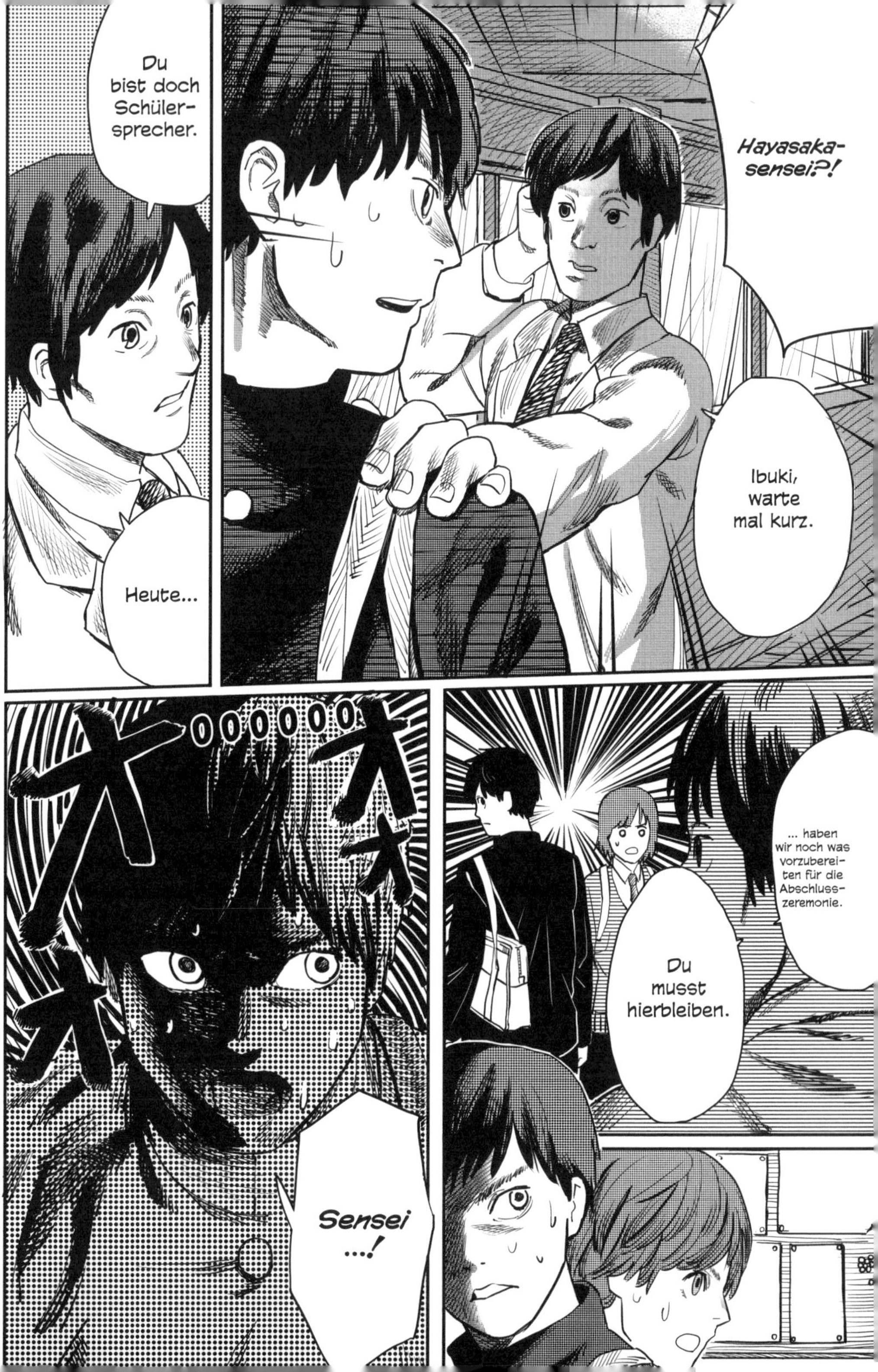
Hayasaka-sensei?!
Ibuki, warte mal kurz.
Du bist doch Schülersprecher.
Heute...
... haben wir noch was vorzubereiten für die Abschluss-zeremonie.
Du musst hierbleiben.
OOOOOO
Sensei ...!

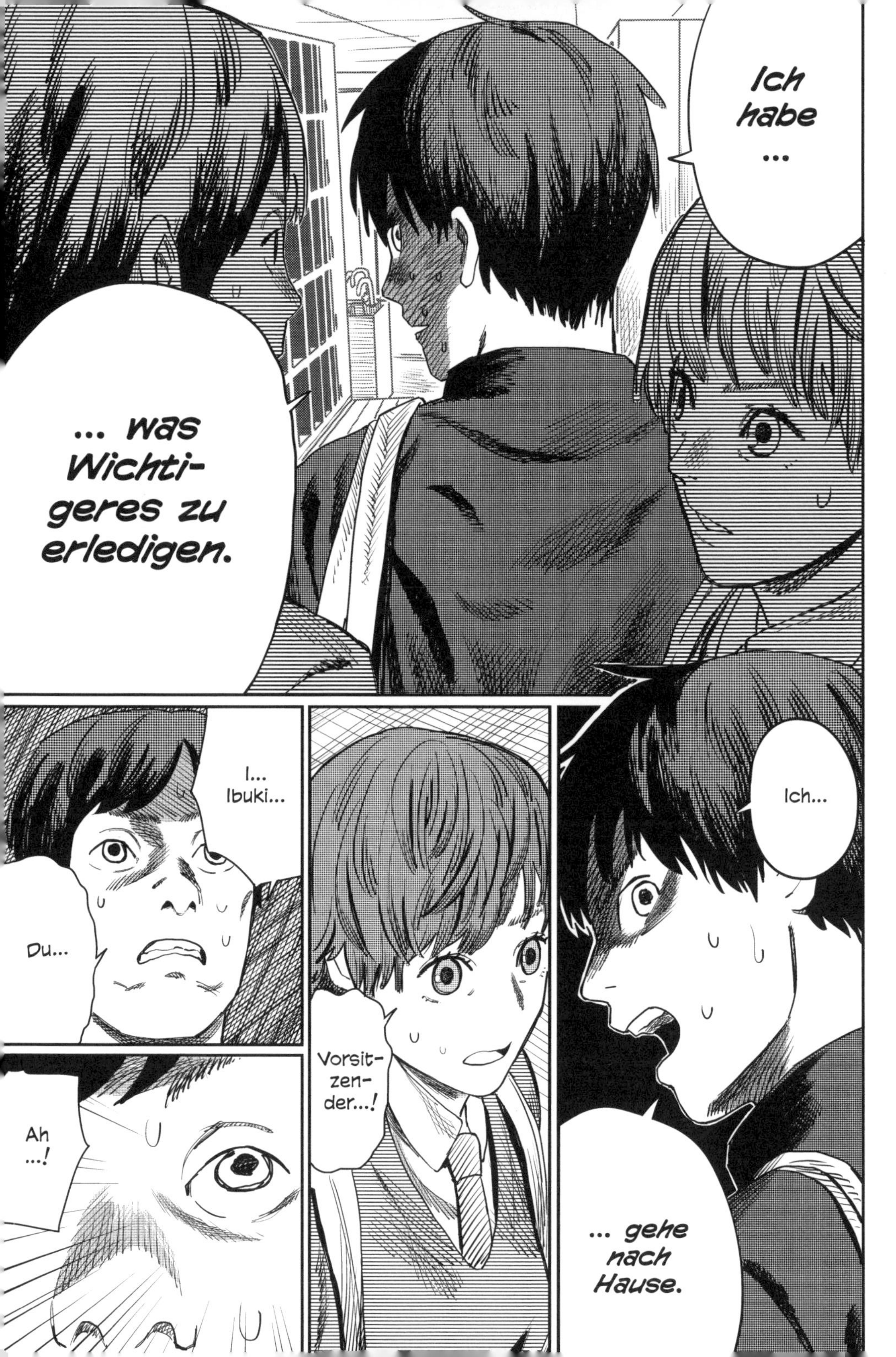
Ich habe ...
... was Wichtigeres zu erledigen.
Ich...
... gehe nach Hause.
Vorsitzender...!
I... Ibuki...
Du...
Ah ...!

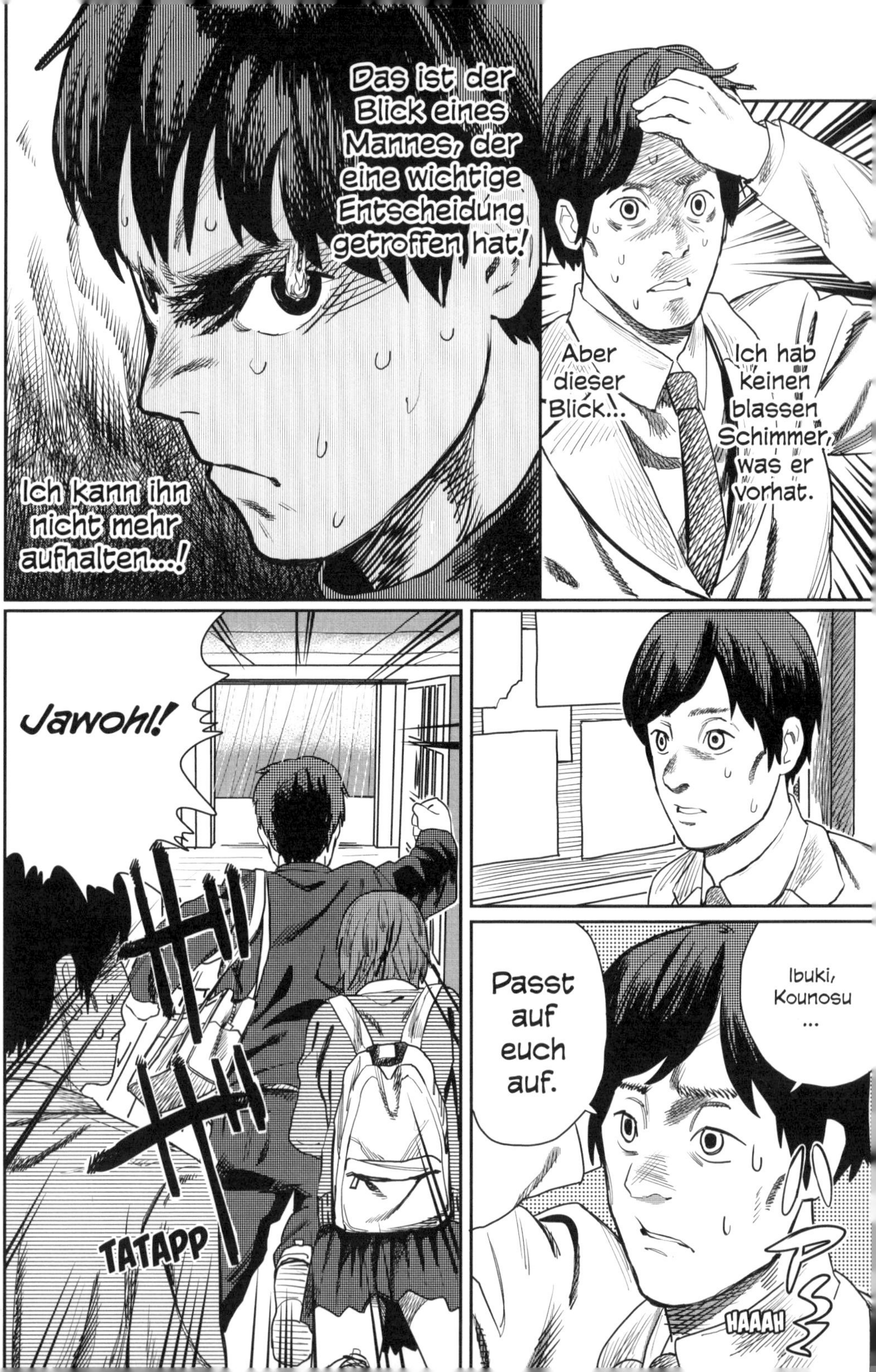
Ich hab keinen blassen Schimmer, was er vorhat.
Aber dieser Blick...
Das ist der Blick eines Mannes, der eine wichtige Entscheidung getroffen hat!
Ich kann ihn nicht mehr aufhalten...!
Jawohl!
TATAPP
Passt auf euch auf.
Ibuki, Kounosu ...
HAAAH

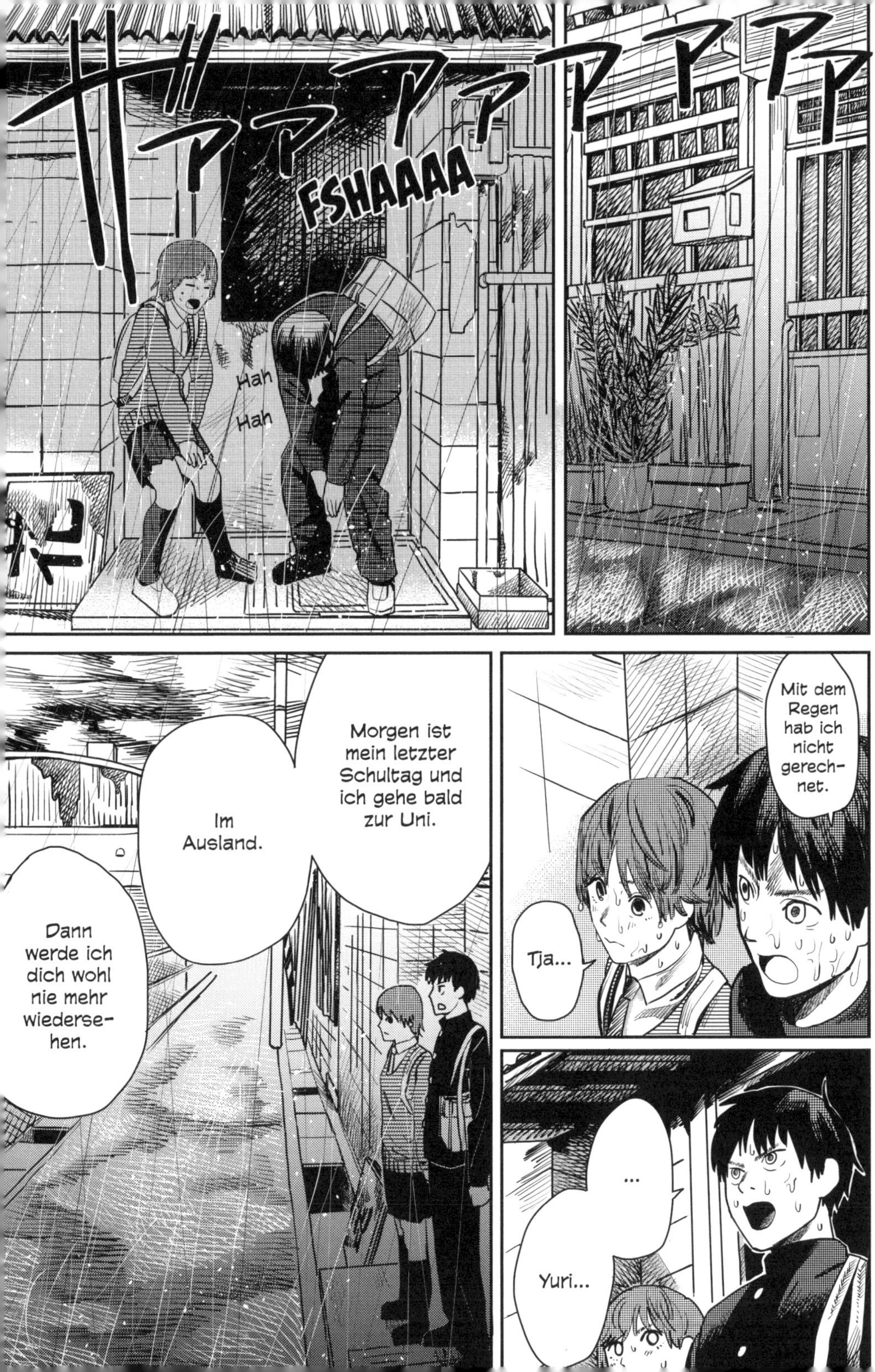
FSHAAAA
Hah
Hah
Mit dem Regen hab ich nicht gerech-net.
Tja...
Morgen ist mein letzter Schultag und ich gehe bald zur Uni.
Im Ausland.
Dann werde ich dich wohl nie mehr wiederse-hen.
...
Yuri...

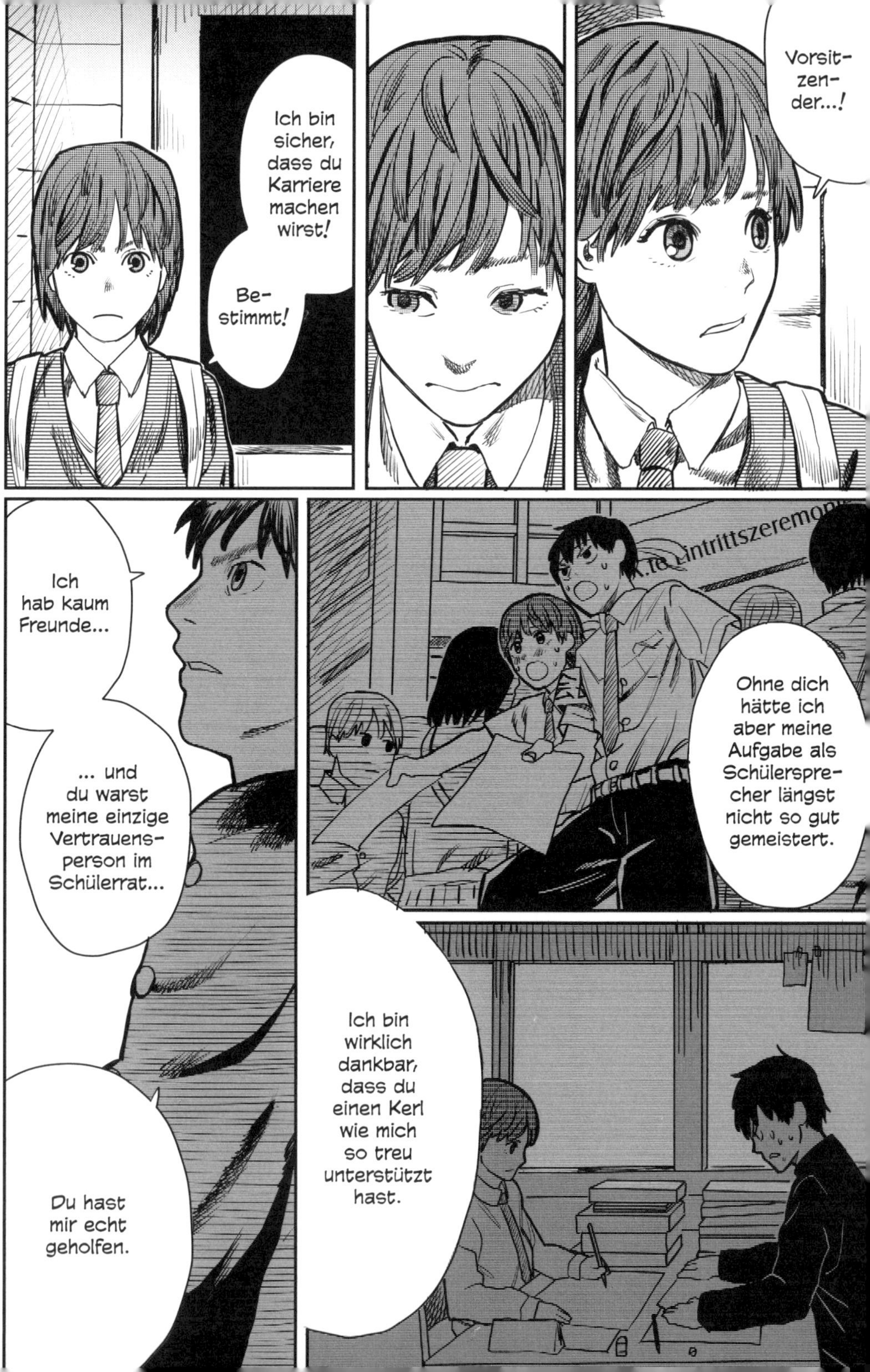
Vorsitzender...!
Ich bin sicher, dass du Karriere machen wirst!
Bestimmt!
Ohne dich hätte ich aber meine Aufgabe als Schülersprecher längst nicht so gut gemeistert.
Ich bin wirklich dankbar, dass du einen Kerl wie mich so treu unterstützt hast.
Ich hab kaum Freunde...
... und du warst meine einzige Vertrauensperson im Schülerrat...
Du hast mir echt geholfen.

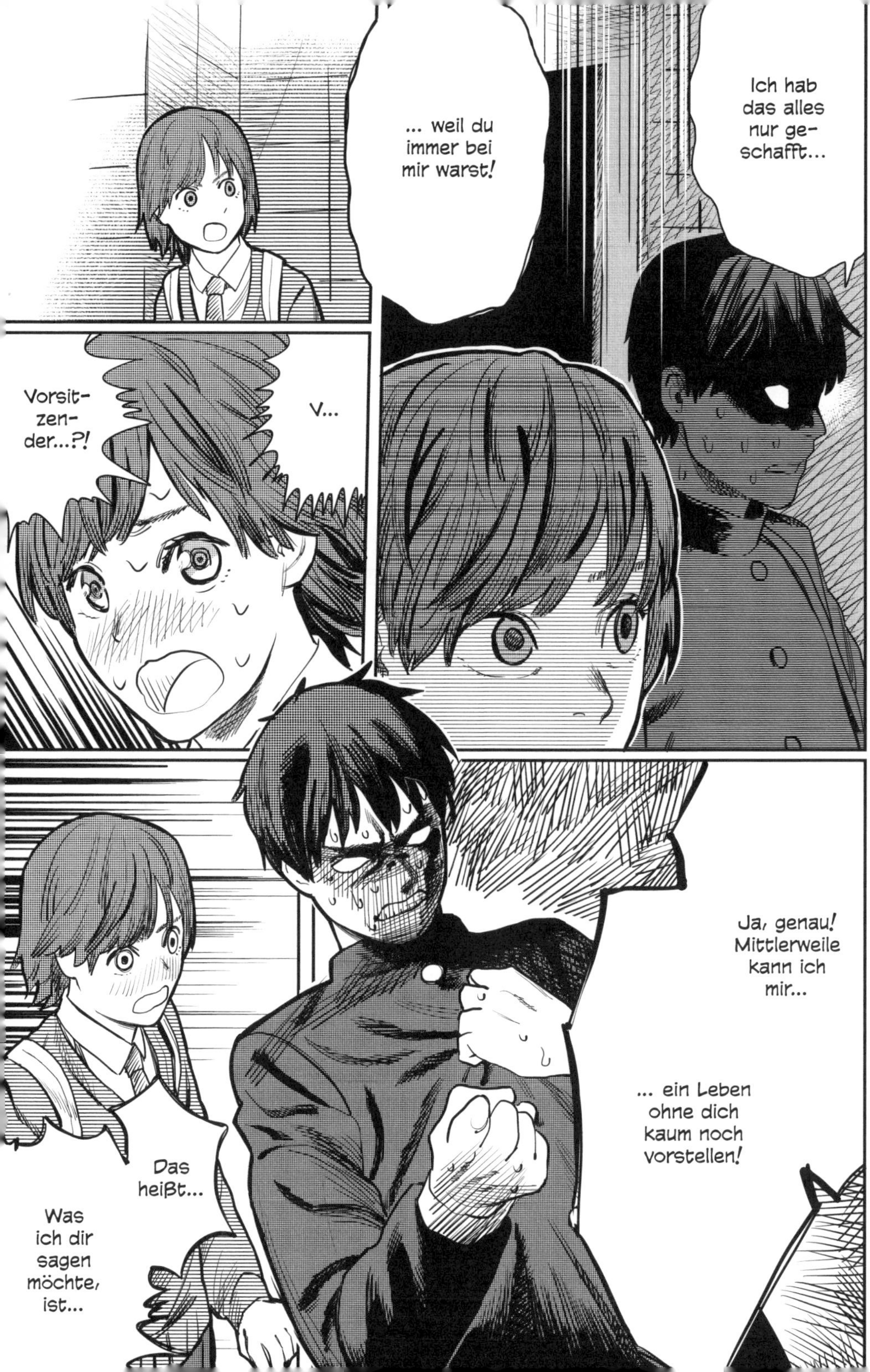
Ich hab das alles nur ge-schafft...
... weil du immer bei mir warst!
V...
Vorsit-zen-der...?!
Ja, genau! Mittlerweile kann ich mir...
... ein Leben ohne dich kaum noch vorstellen!
Das heißt...
Was ich dir sagen möchte, ist...

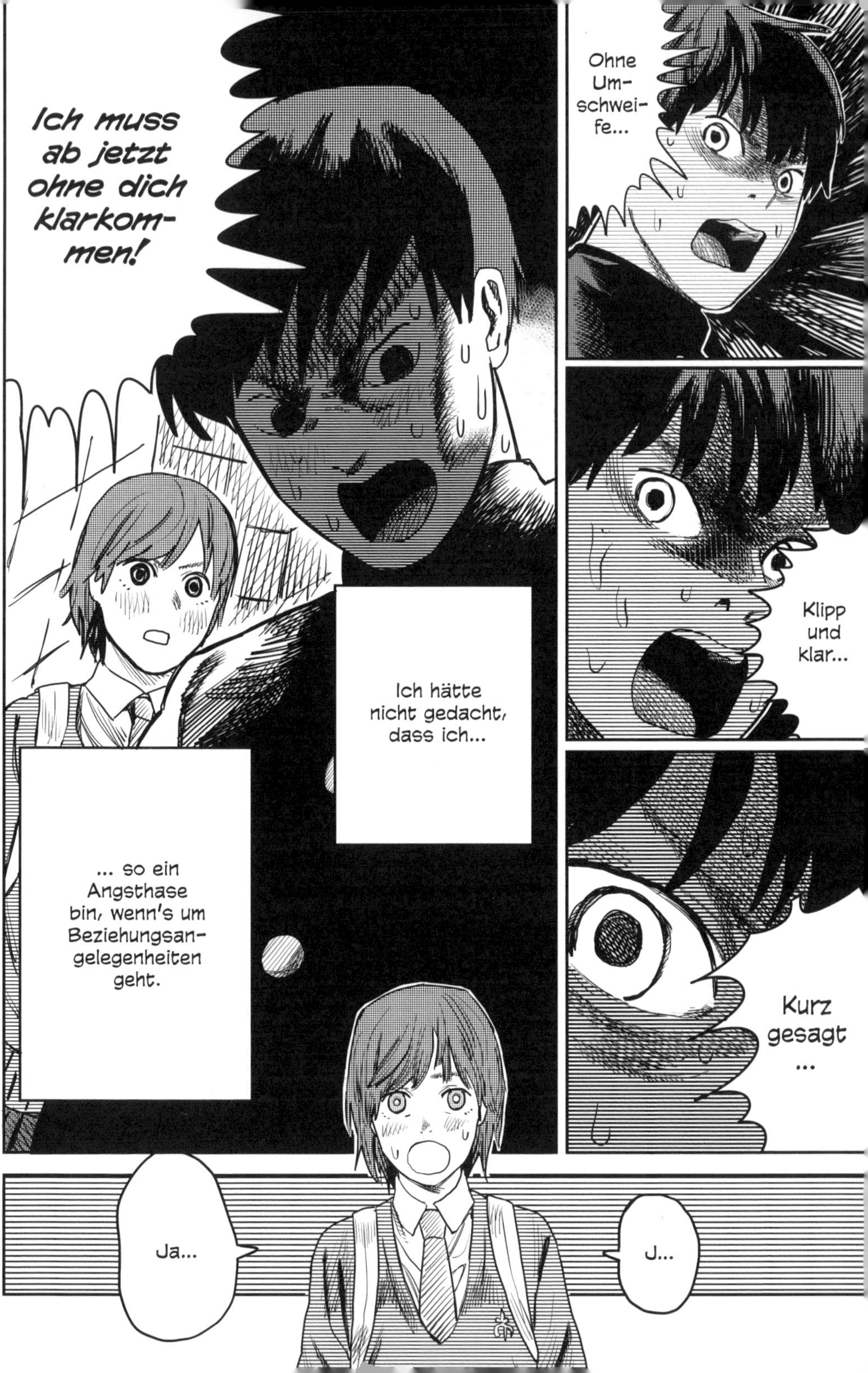
Ohne Umschweife...
Klipp und klar...
Kurz gesagt ...
Ich muss ab jetzt ohne dich klarkommen!
Ich hätte nicht gedacht, dass ich...
... so ein Angsthase bin, wenn's um Beziehungsangelegenheiten geht.
J...
Ja...

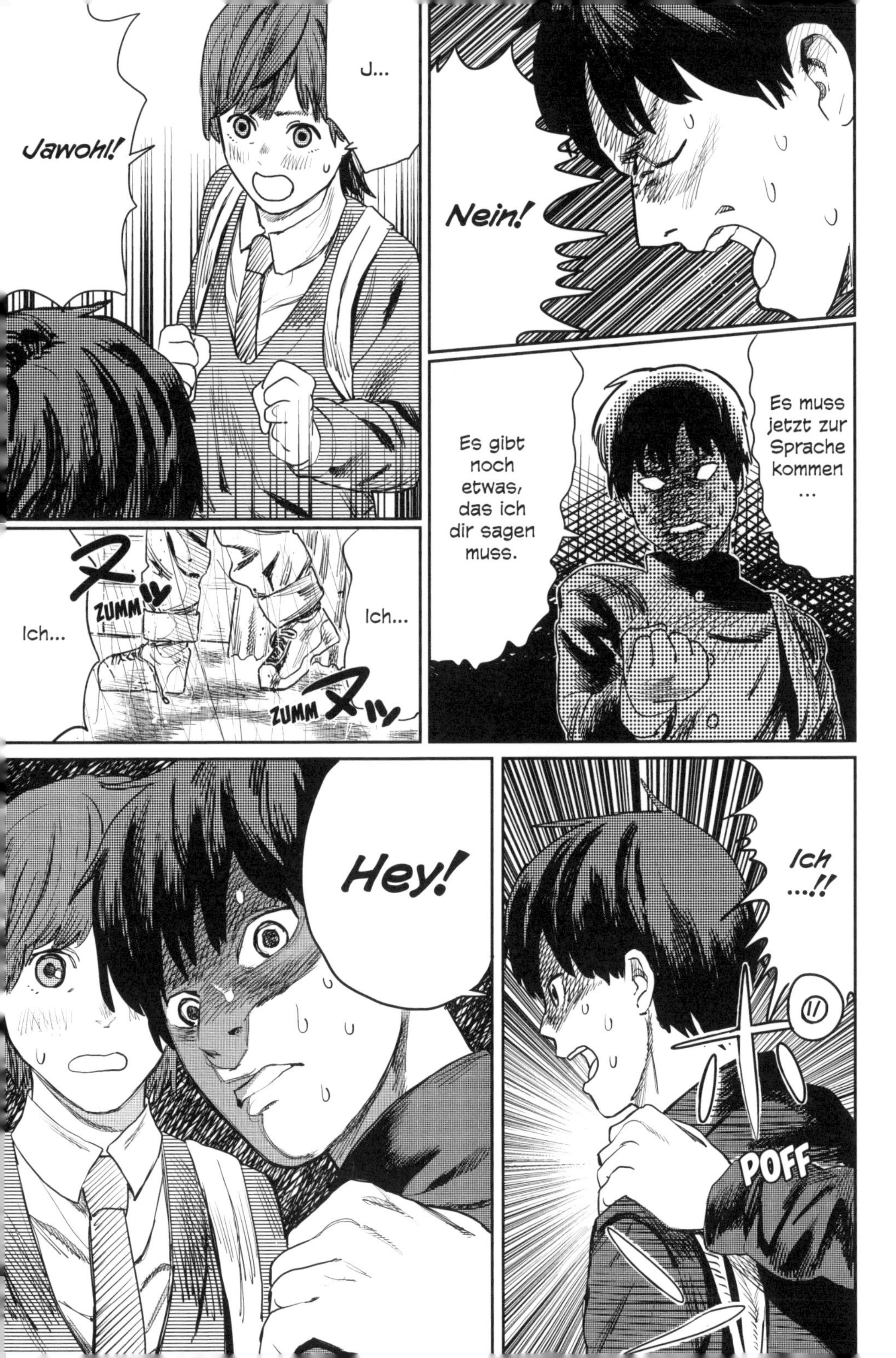
Nein!
J...
Jawohl!
Es muss jetzt zur Sprache kommen ...
Es gibt noch etwas, das ich dir sagen muss.
Ich...
ZUMM
Ich...
ZUMM
Ich ...!!
POFF
Hey!

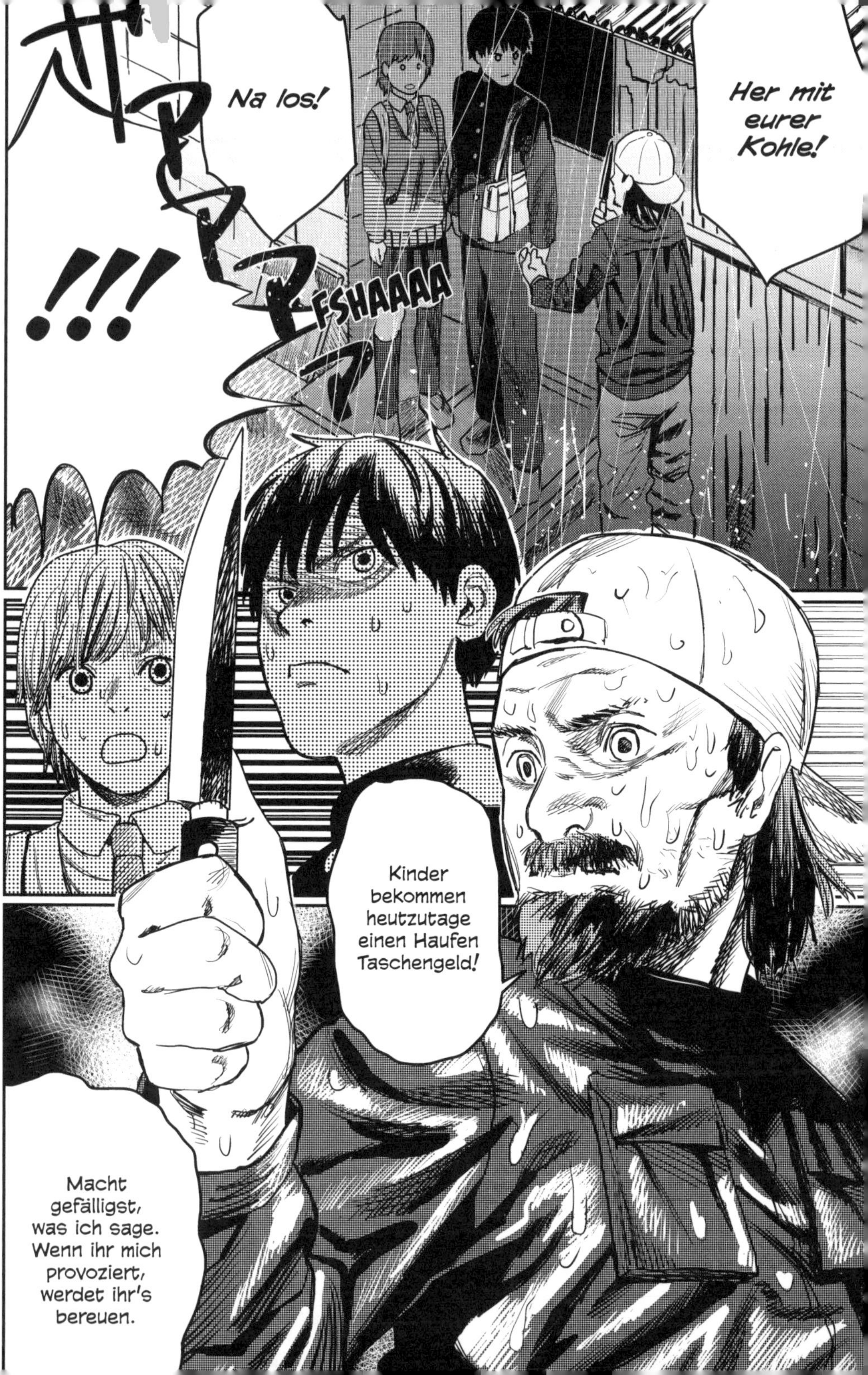
Her mit eurer Kohle!
Na los!
!!!
FSHAAAA
Kinder bekommen heutzutage einen Haufen Taschengeld!
Macht gefälligst, was ich sage. Wenn ihr mich provoziert, werdet ihr's bereuen.

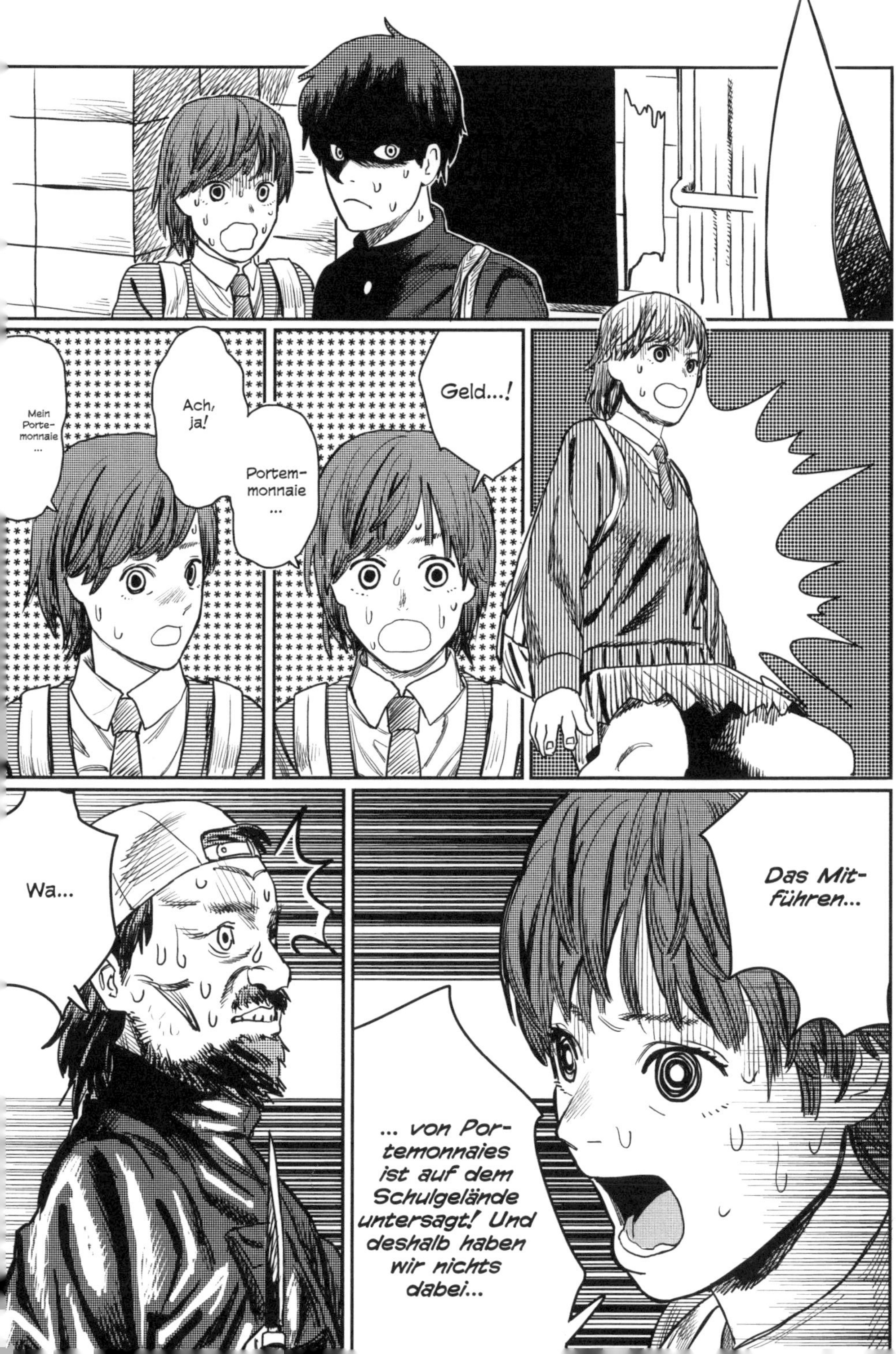
Geld...!
Ach, ja!
Portemmonnaie ...
Mein Portemonnaie ...
Das Mitführen...
... von Portemonnaies ist auf dem Schulgelände untersagt! Und deshalb haben wir nichts dabei...
Wa...

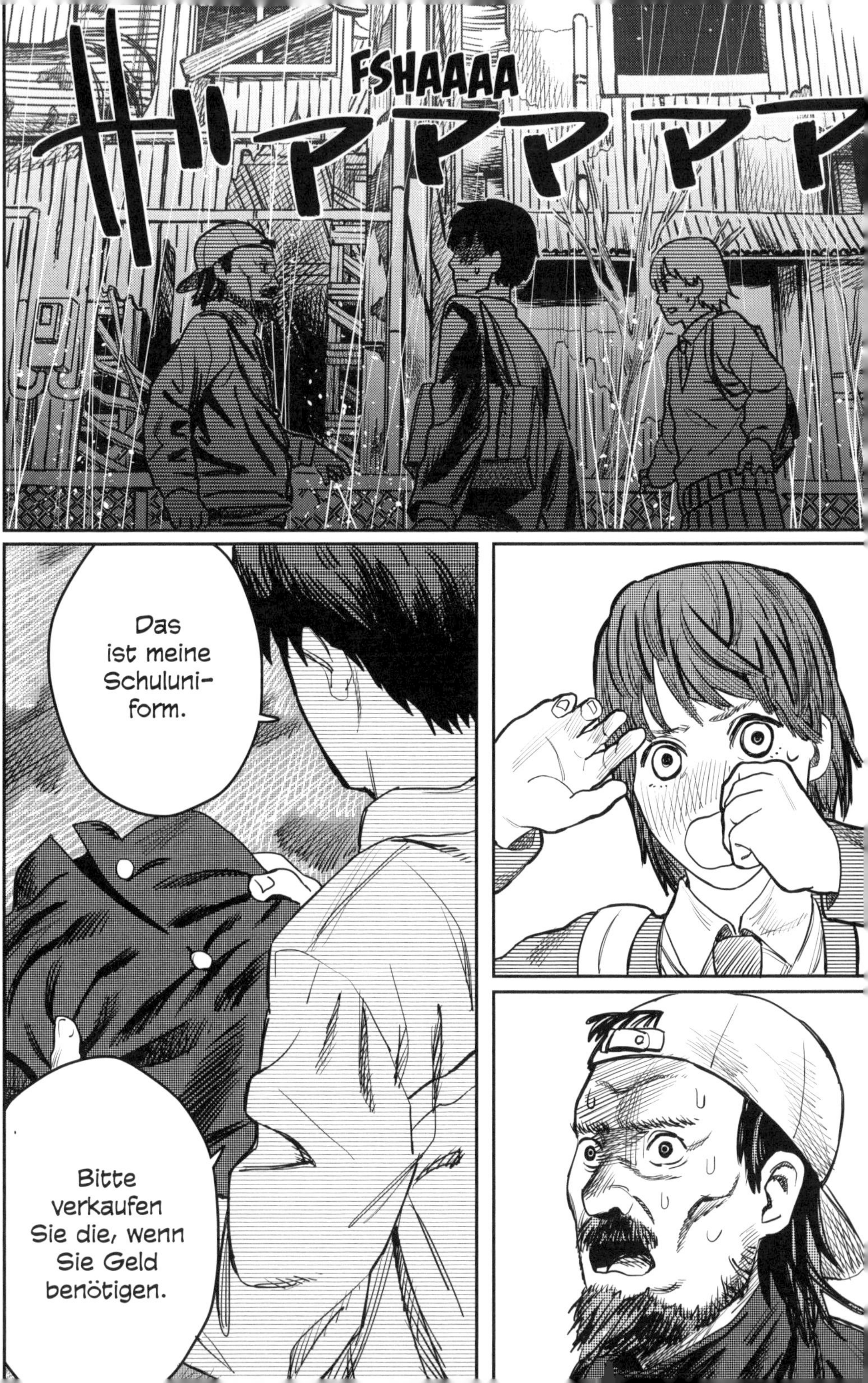
FSHAAAA
Das ist meine Schuluniform.
Bitte verkaufen Sie die, wenn Sie Geld benötigen.

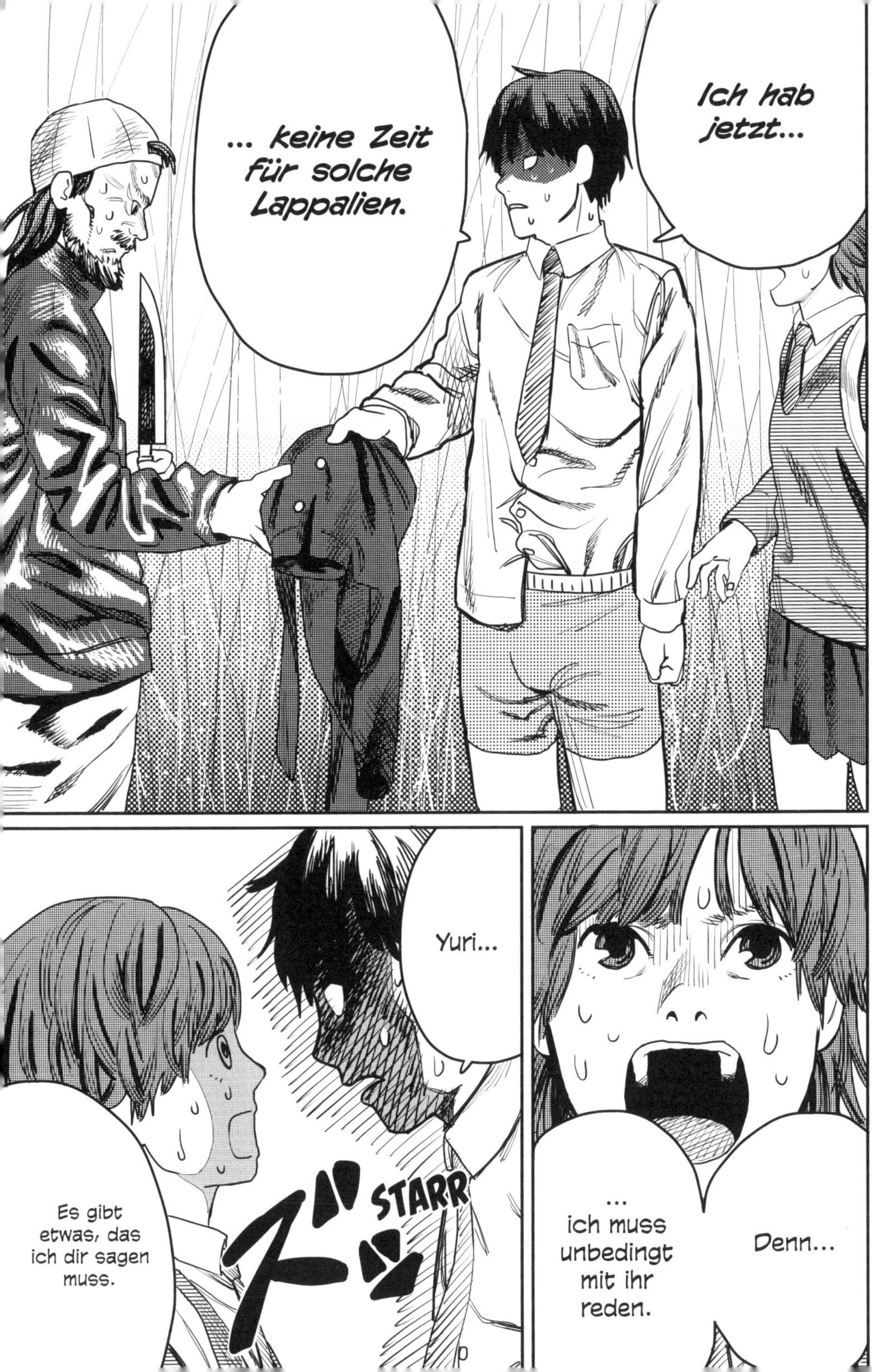
Ich hab jetzt...
... keine Zeit für solche Lappalien.
Denn...
... ich muss unbedingt mit ihr reden.
Yuri...
STARR
Es gibt etwas, das ich dir sagen muss.

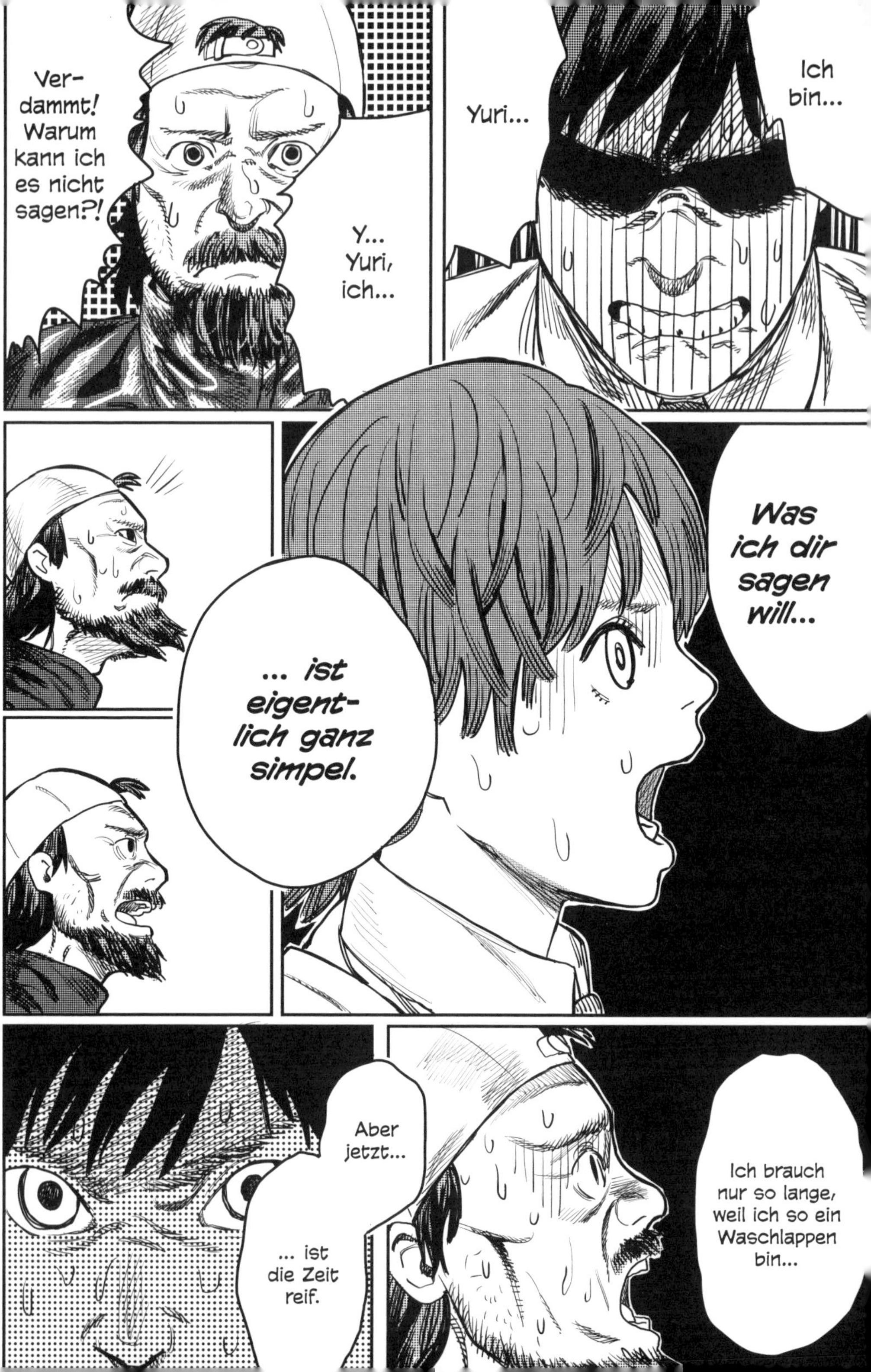
Ich bin...
Yuri...
Y... Yuri, ich...
Ver-dammt! Warum kann ich es nicht sagen?!
Was ich dir sagen will...
... ist eigent-lich ganz simpel.
Ich brauch nur so lange, weil ich so ein Waschlappen bin...
Aber jetzt...
... ist die Zeit reif.

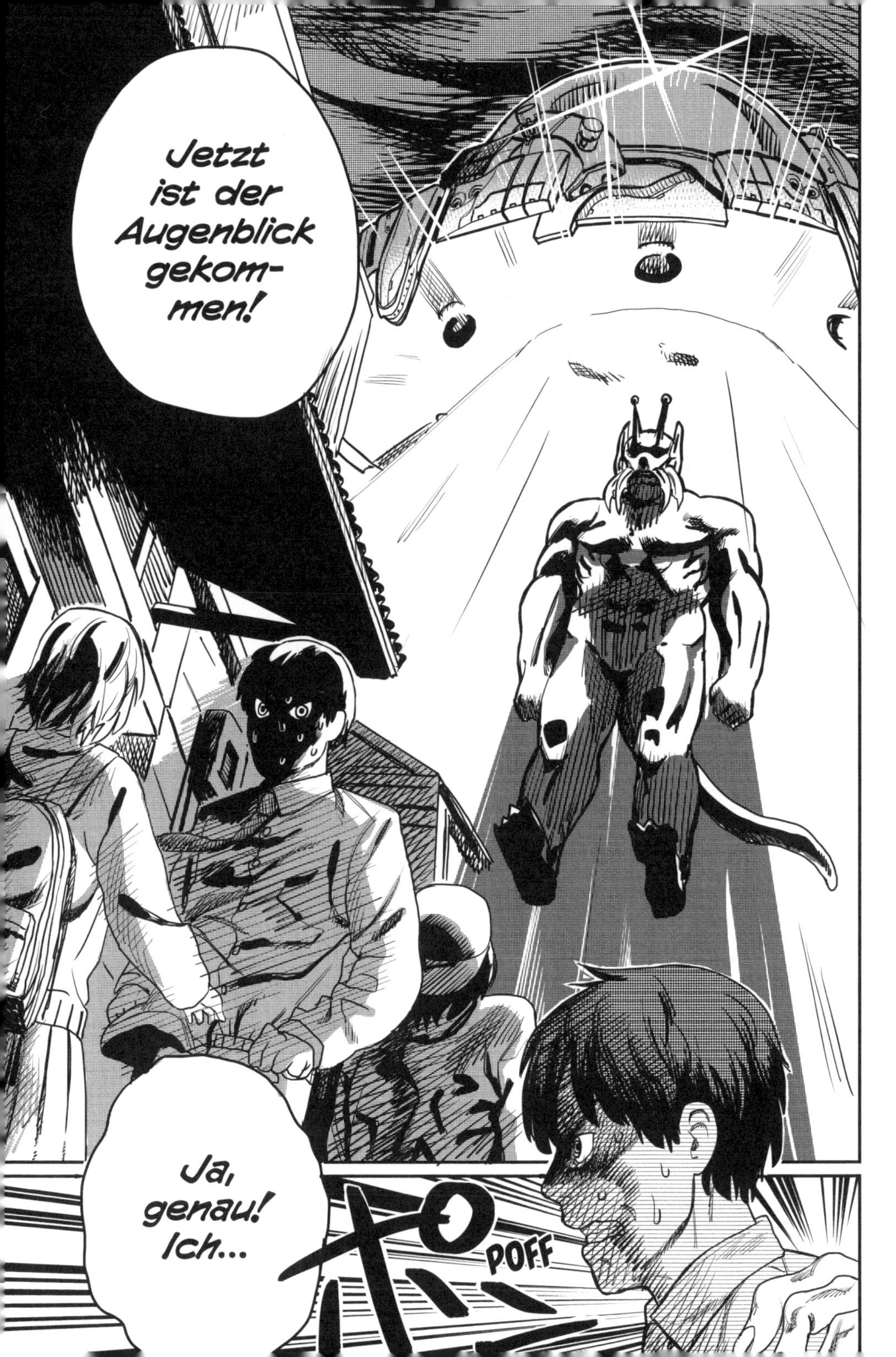
Jetzt ist der Augenblick gekom- men!
Ja, genau! Ich...
POFF

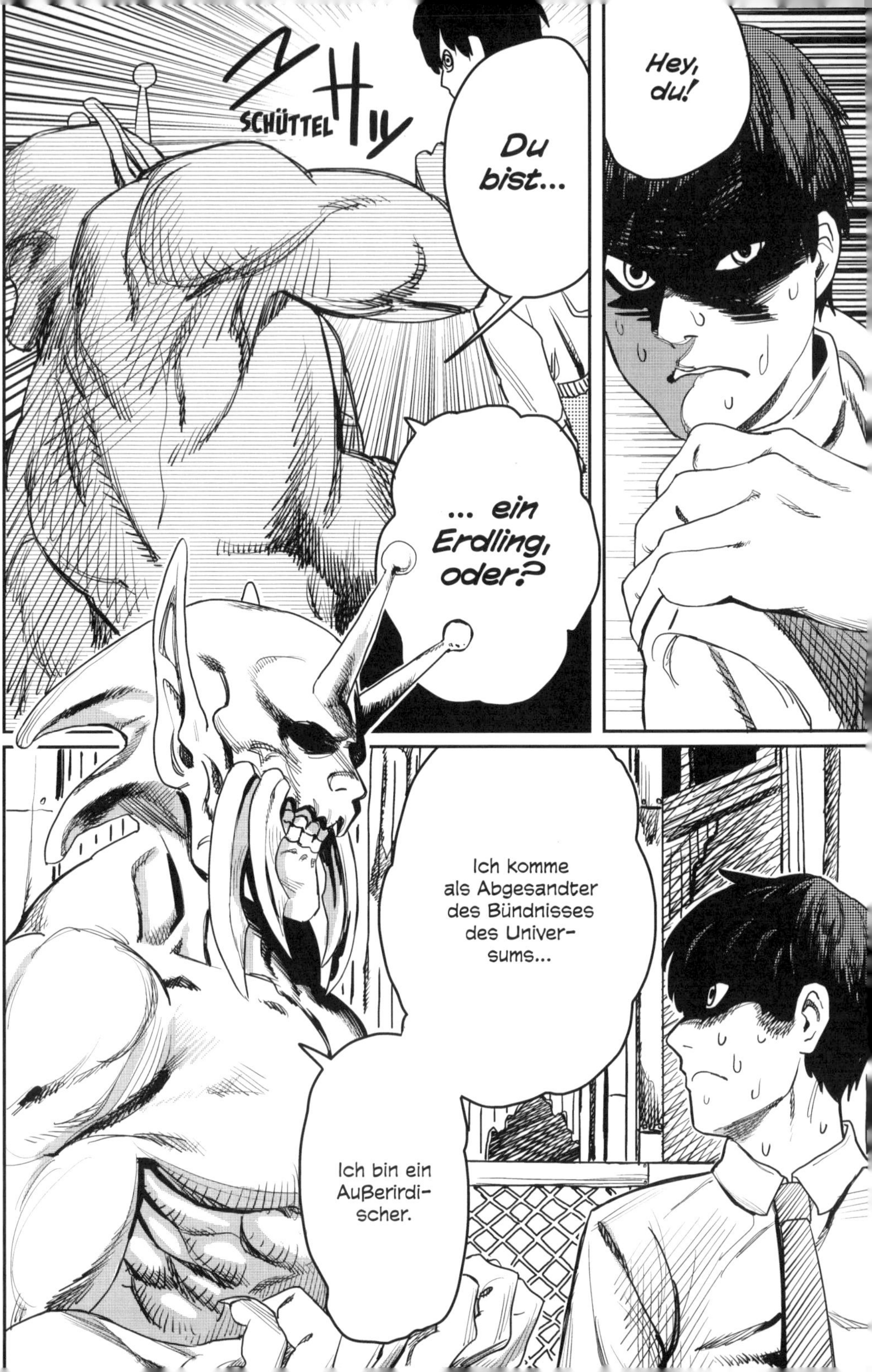
Hey, du!
SCHÜTTEL
Du bist...
... ein Erdling, oder?
Ich komme als Abgesandter des Bündnisses des Universums...
Ich bin ein Außerirdischer.

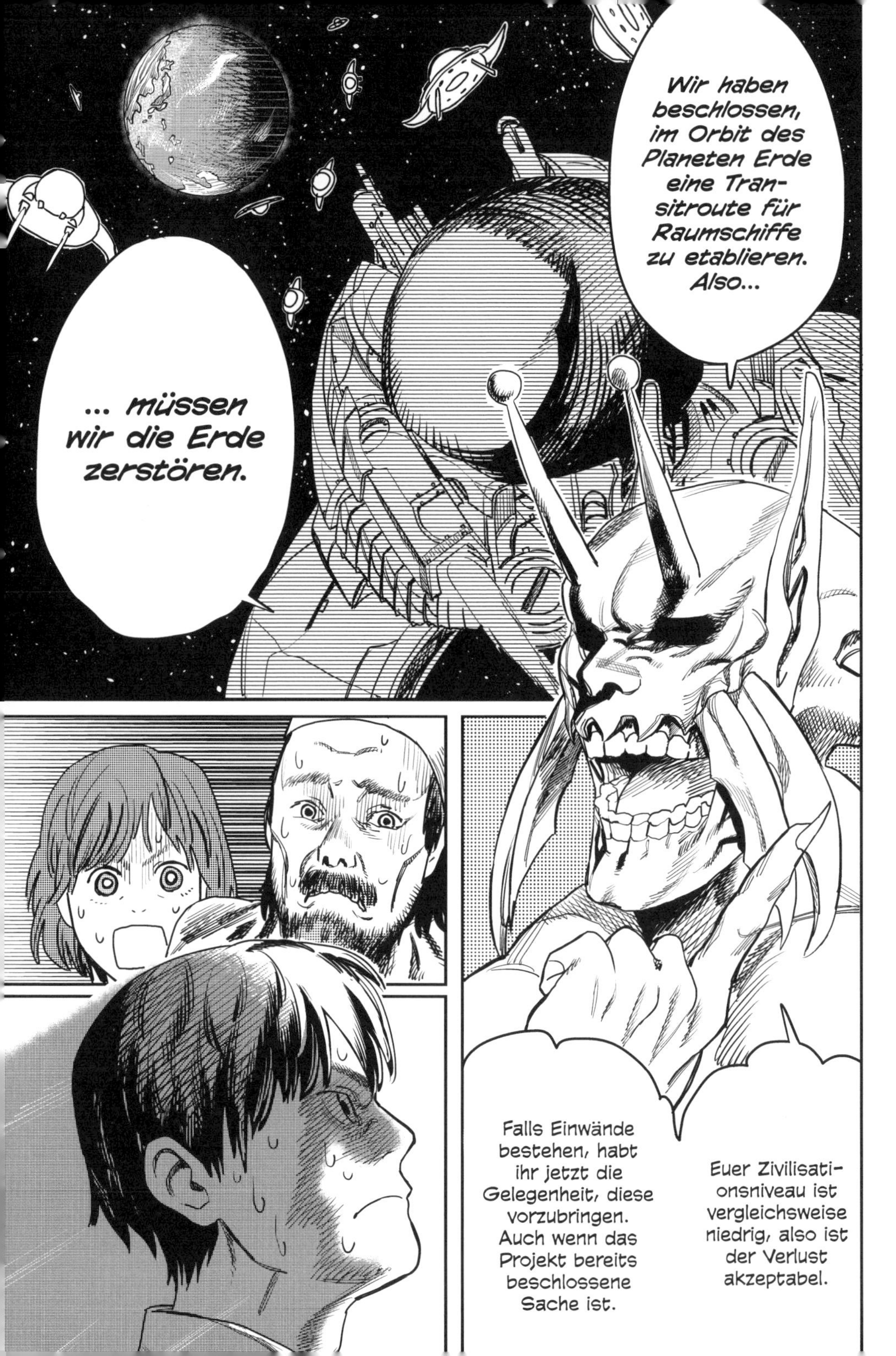
Wir haben beschlossen, im Orbit des Planeten Erde eine Transitroute für Raumschiffe zu etablieren. Also...
... müssen wir die Erde zerstören.
Euer Zivilisati-onsniveau ist vergleichsweise niedrig, also ist der Verlust akzeptabel.
Falls Einwände bestehen, habt ihr jetzt die Gelegenheit, diese vorzubringen. Auch wenn das Projekt bereits beschlossene Sache ist.

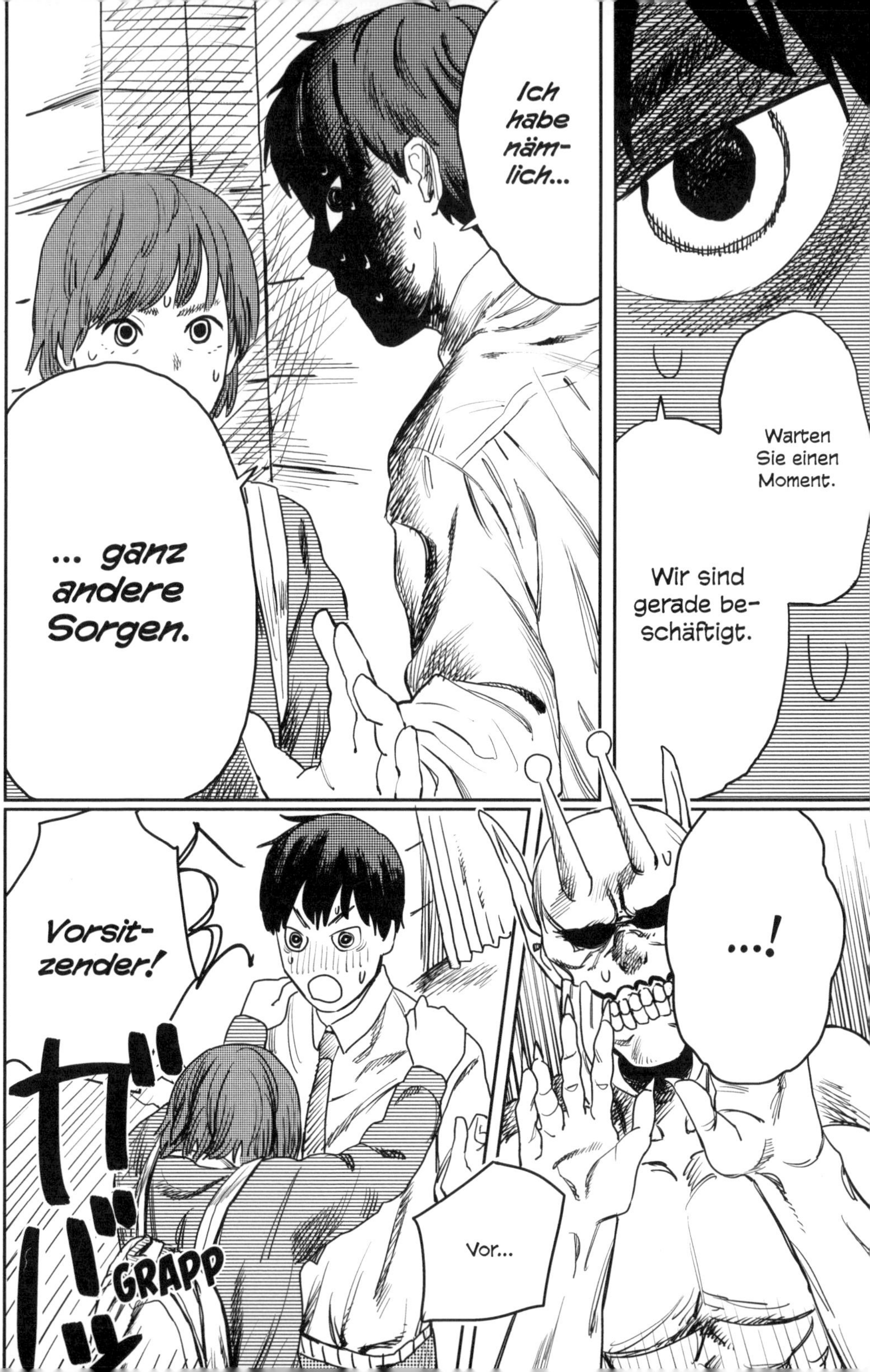
Warten Sie einen Moment.
Wir sind gerade beschäftigt.
Ich habe nämlich...
... ganz andere Sorgen.
...!
Vor...
Vorsitzender!
GRAPP

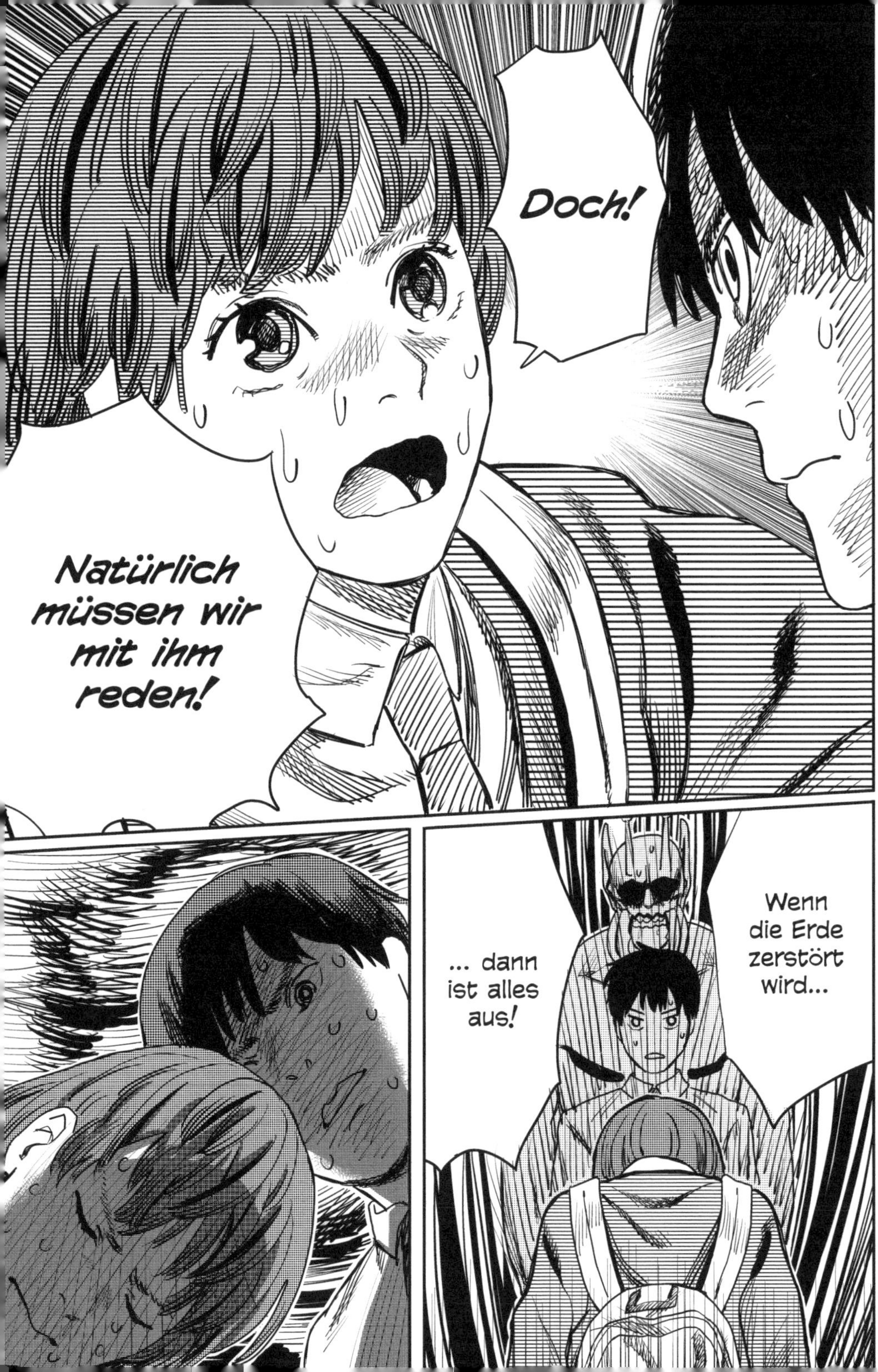
Doch!
Natürlich müssen wir mit ihm reden!
Wenn die Erde zerstört wird...
... dann ist alles aus!

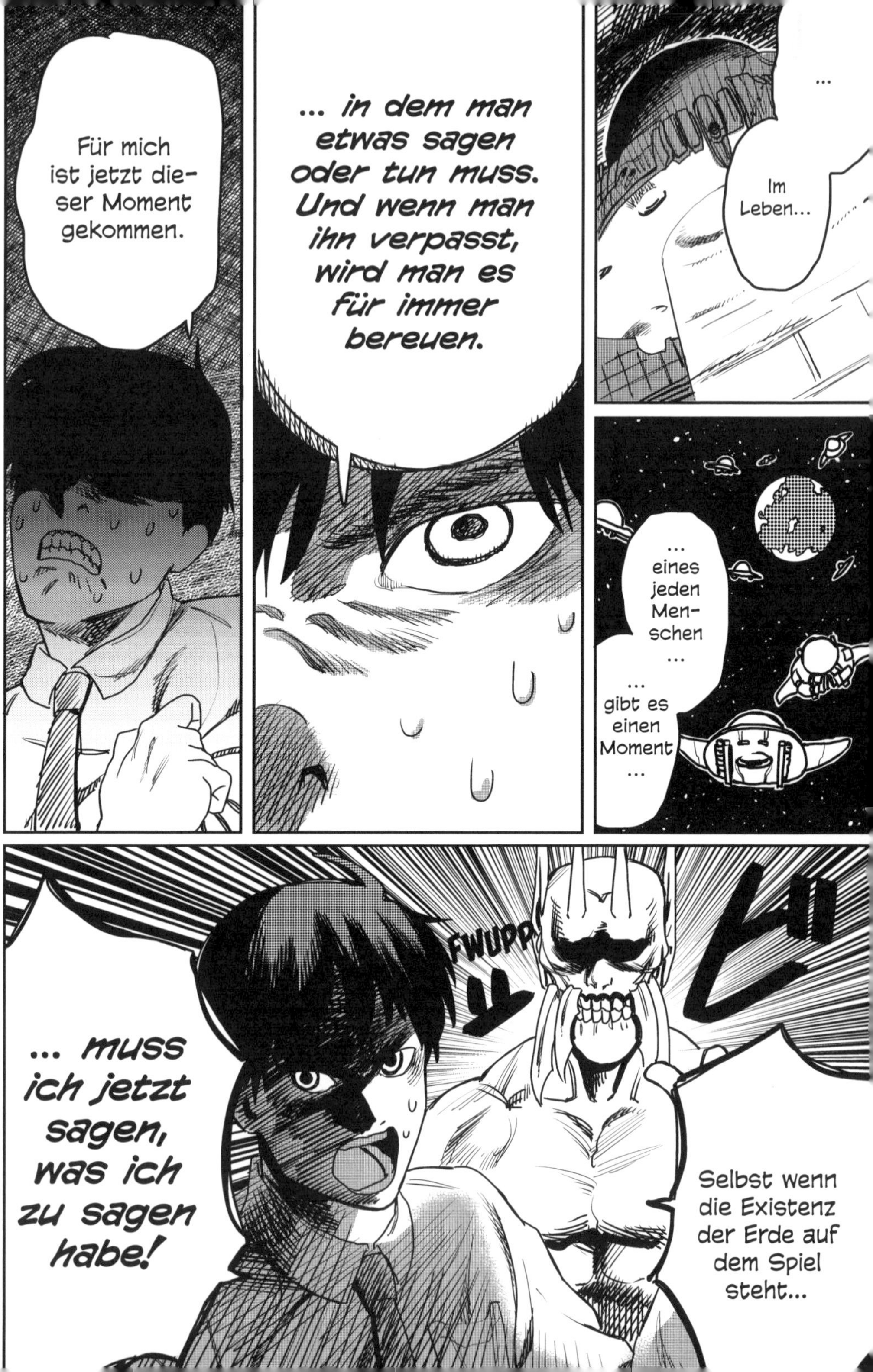
...
Im Leben...
... eines jeden Menschen ...
... gibt es einen Moment ...
... in dem man etwas sagen oder tun muss. Und wenn man ihn verpasst, wird man es für immer bereuen.
Für mich ist jetzt dieser Moment gekommen.
Selbst wenn die Existenz der Erde auf dem Spiel steht...
FWUPP
... muss ich jetzt sagen, was ich zu sagen habe!

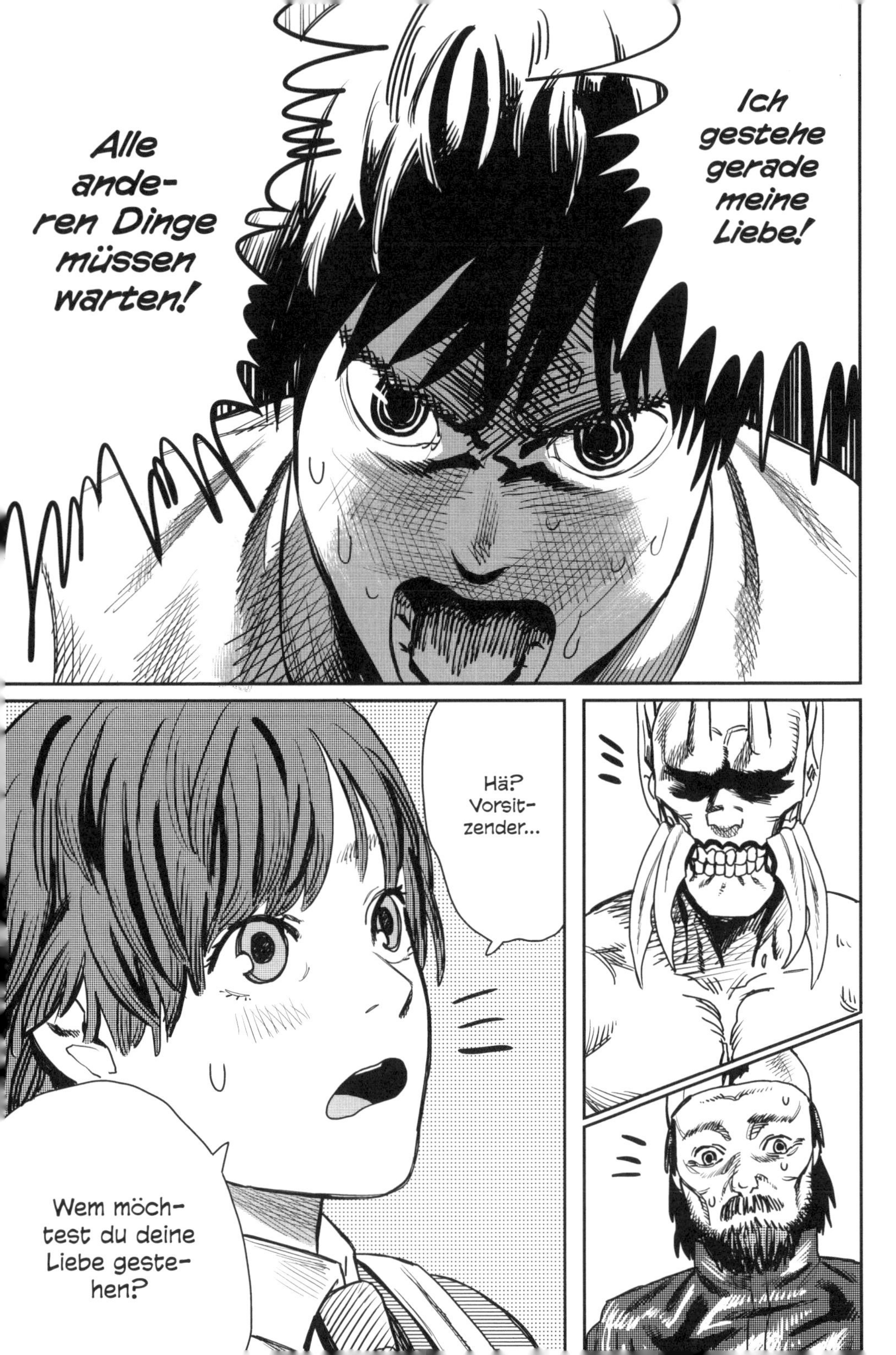
Ich gestehe gerade meine Liebe!
Alle anderen Dinge müssen warten!
Hä? Vorsitzender...
Wem möchtest du deine Liebe gestehen?

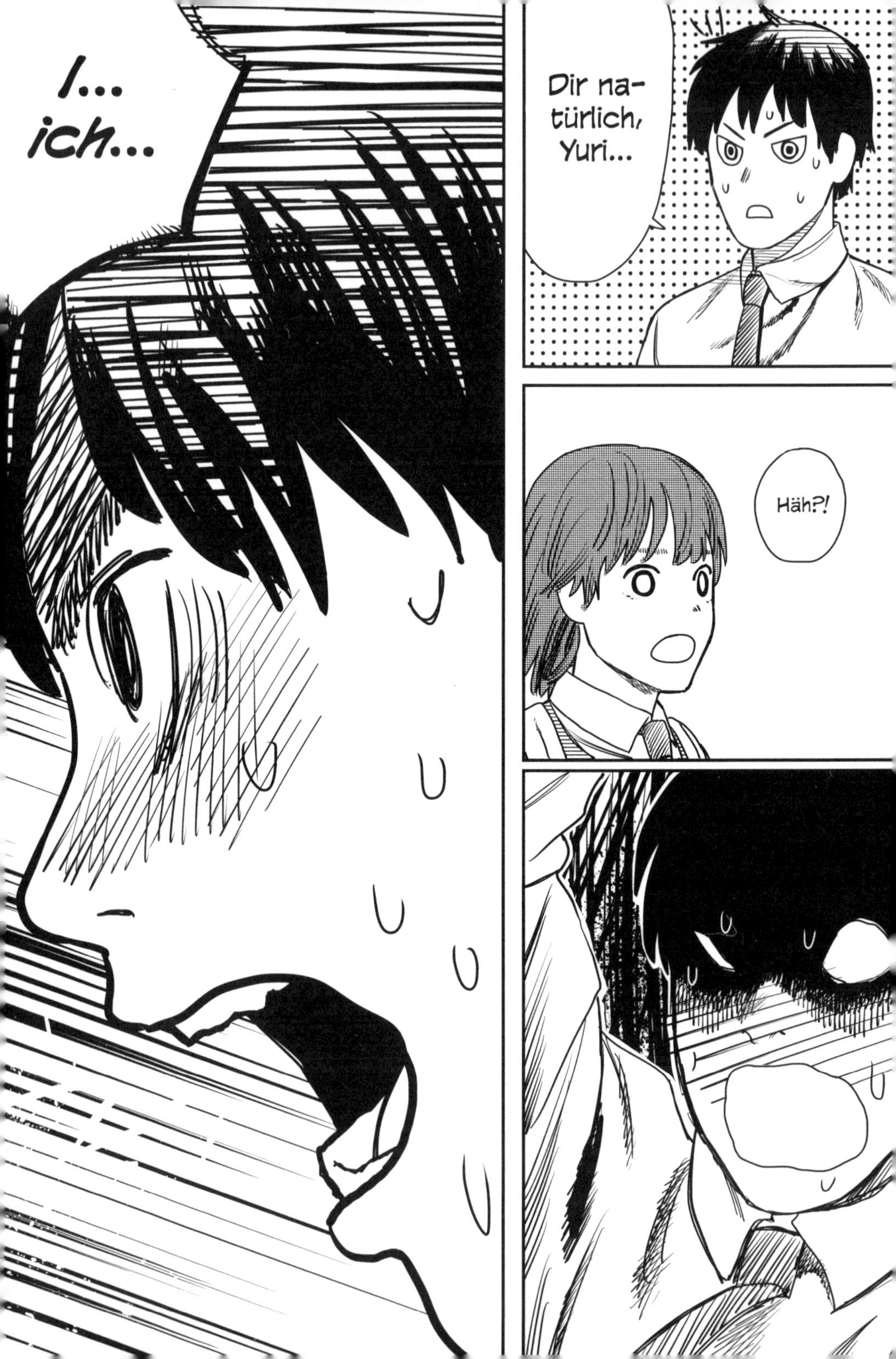
Dir natürlich, Yuri...
Häh?!
I... ich...

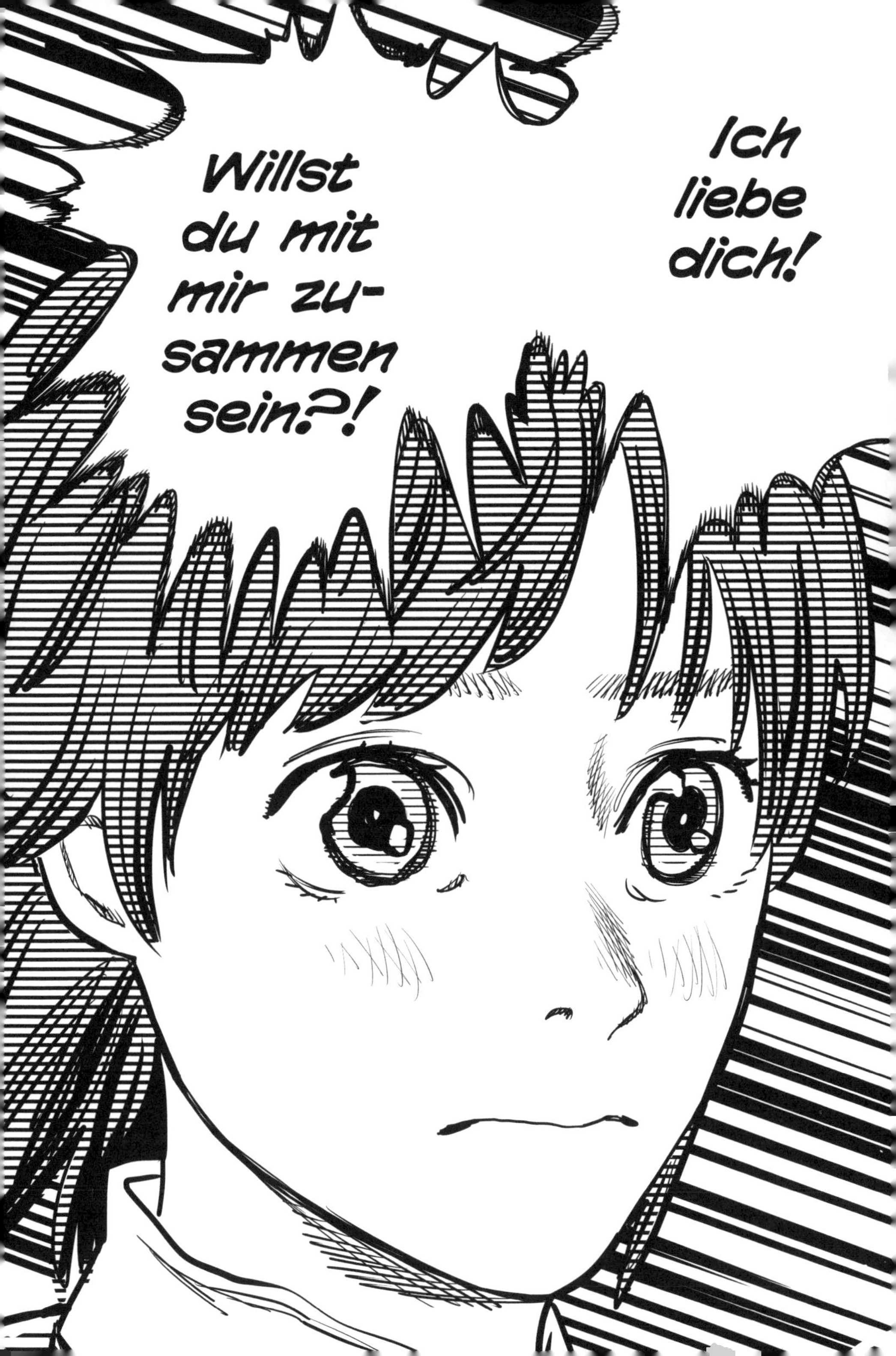
Ich liebe dich!
Willst du mit mir zusammen sein?!

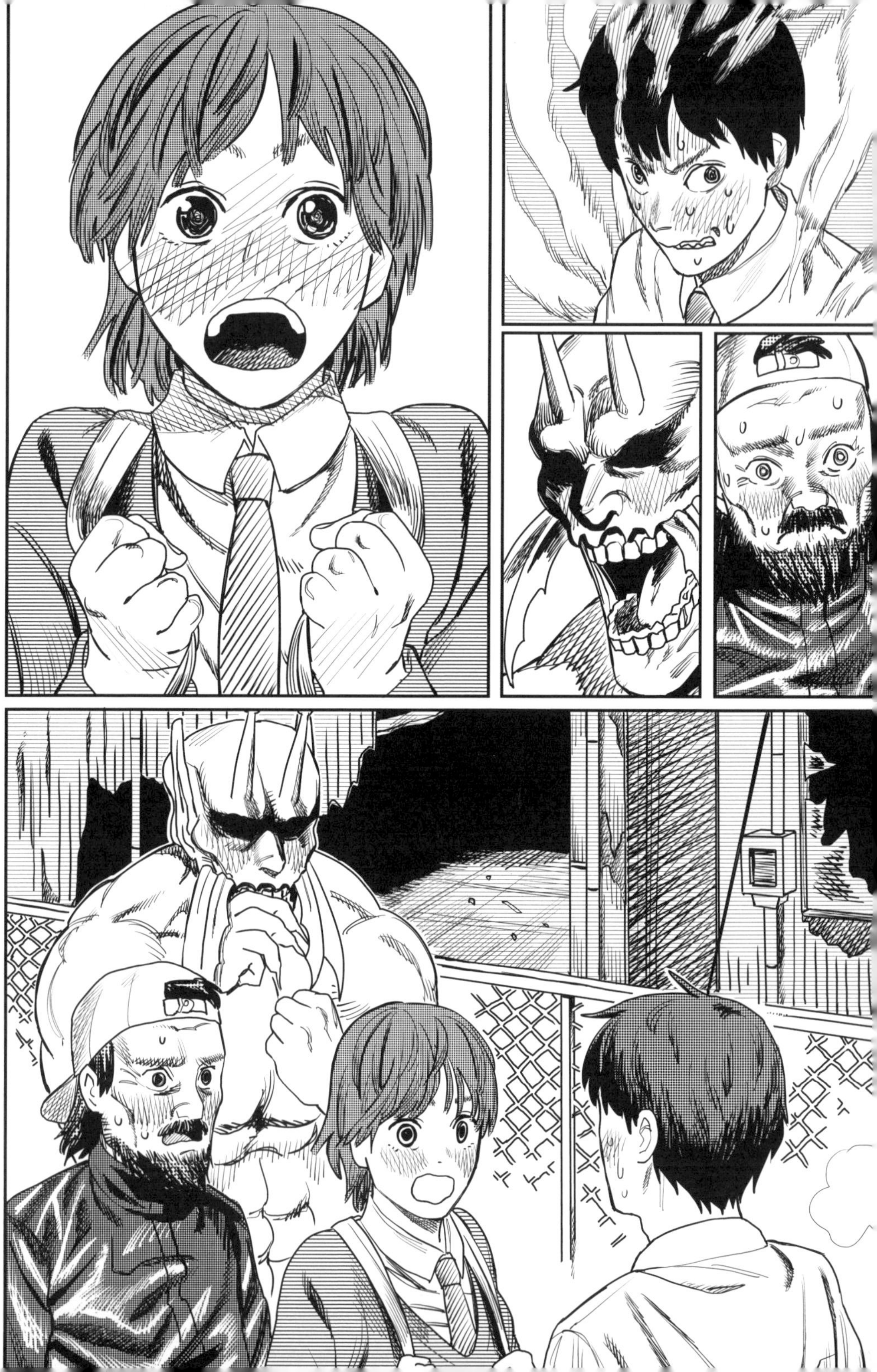

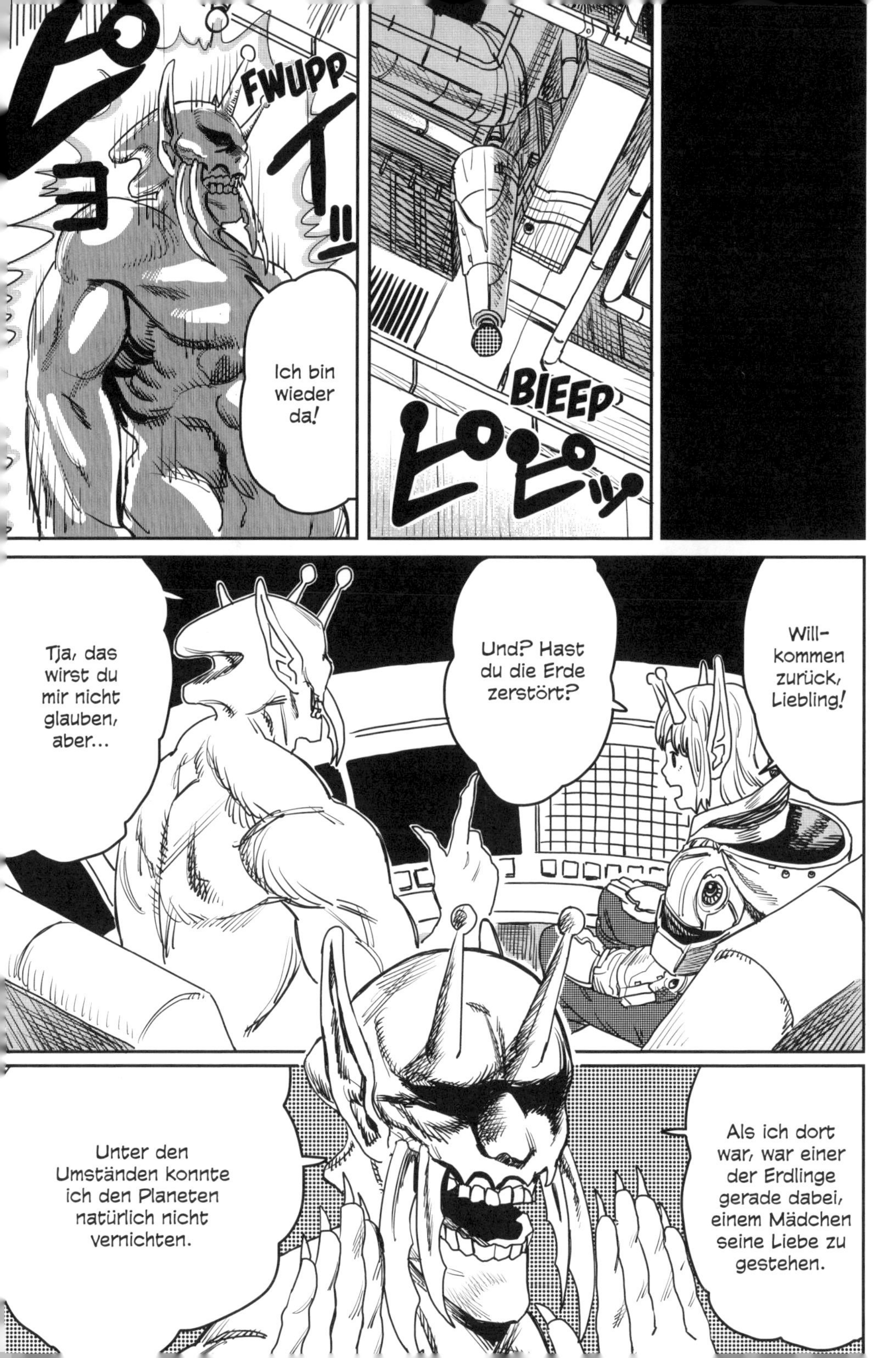
BIEEP
ピピッ
FWUPP
ピョイーッ
Ich bin wieder da!
Will-kommen zurück, Liebling!
Und? Hast du die Erde zerstört?
Tja, das wirst du mir nicht glauben, aber…
Als ich dort war, war einer der Erdlinge gerade dabei, einem Mädchen seine Liebe zu gestehen.
Unter den Umständen konnte ich den Planeten natürlich nicht vernichten.

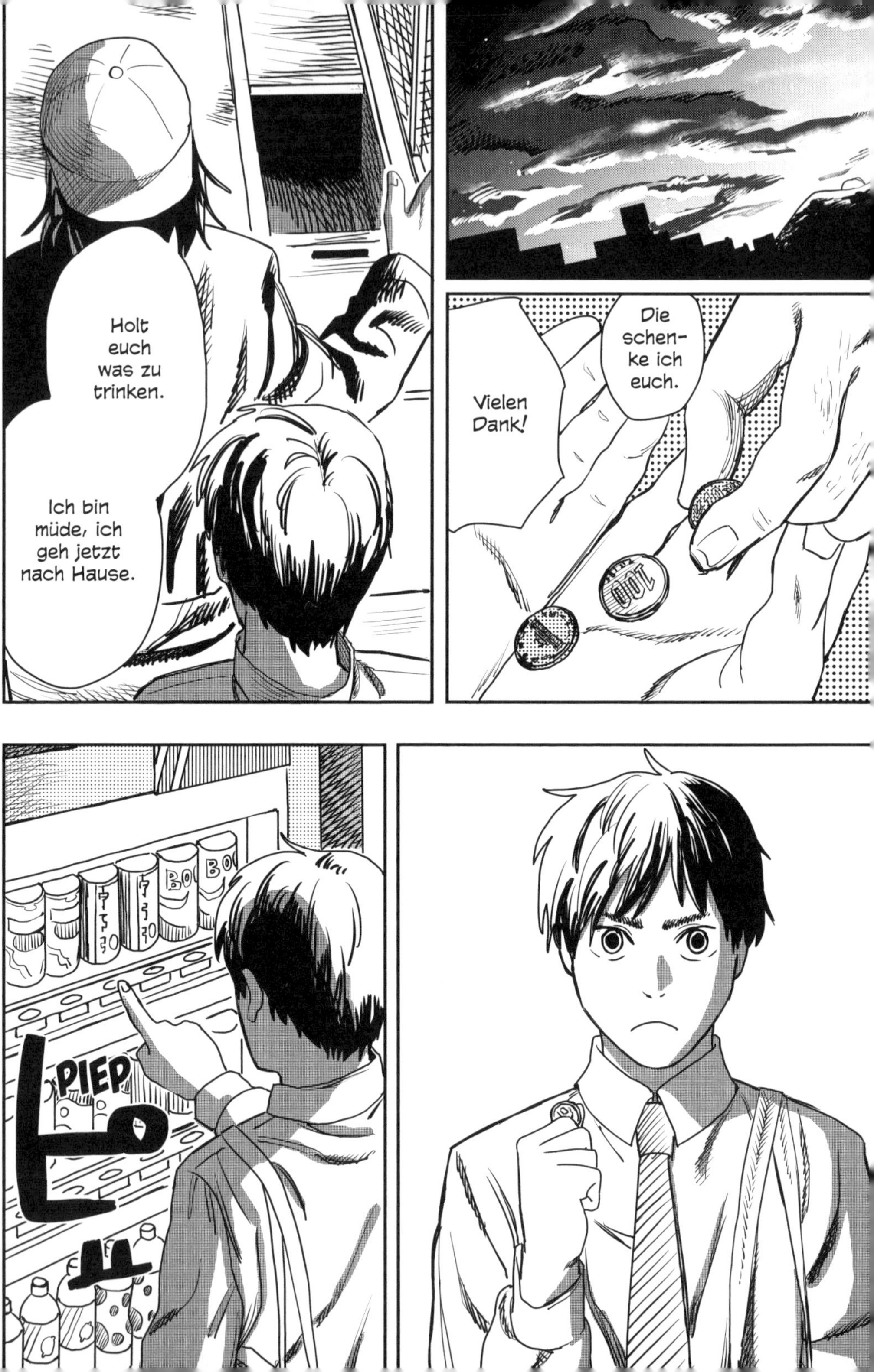
Die schenke ich euch.
Vielen Dank!
Holt euch was zu trinken.
Ich bin müde, ich geh jetzt nach Hause.
PIEP

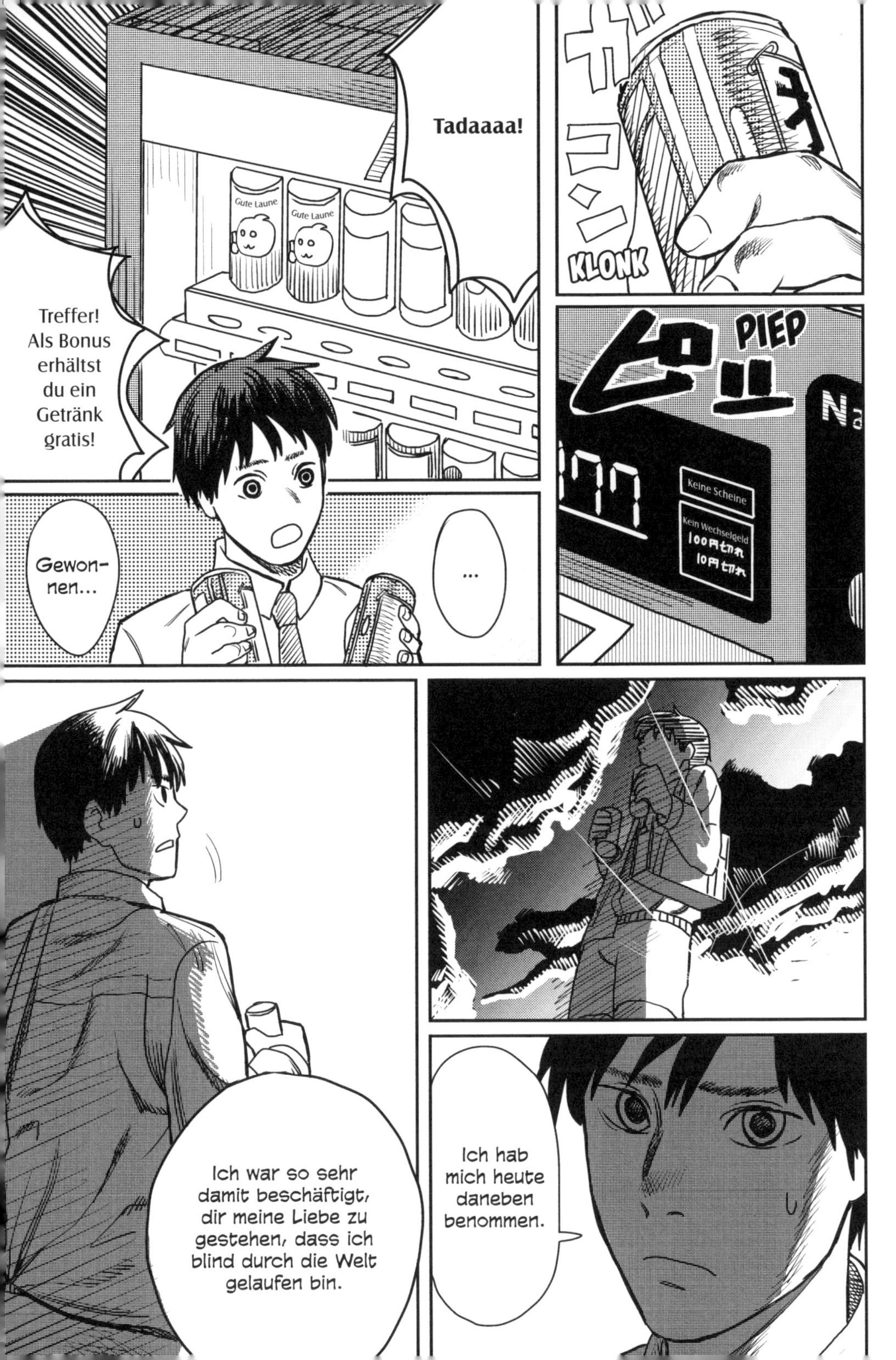
KLONK
Tadaaaa!
Treffer! Als Bonus erhältst du ein Getränk gratis!
PIEP
Keine Scheine
Kein Wechselgeld
100円切れ
10円切れ
...
Gewon-nen...
Ich hab mich heute daneben benommen.
Ich war so sehr damit beschäftigt, dir meine Liebe zu gestehen, dass ich blind durch die Welt gelaufen bin.

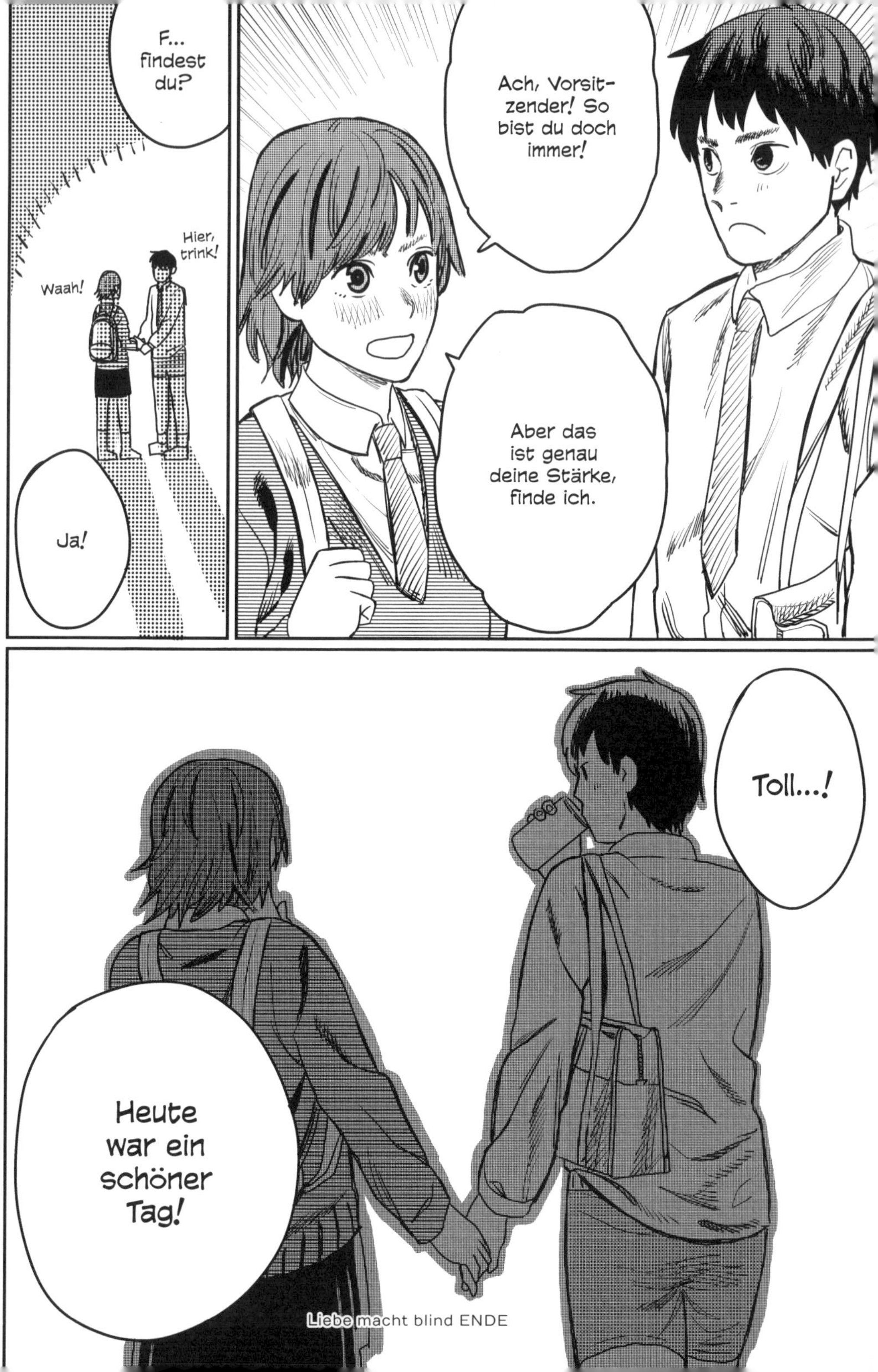
Ach, Vorsit-zender! So bist du doch immer!
Aber das ist genau deine Stärke, finde ich.
F... findest du?
Hier, trink!
Waah!
Ja!
Toll...!
Heute war ein schöner Tag!
Liebe macht blind ENDE

[Liebe macht blind]

Als ich meinem Redakteur von Jump-Square den Entwurf für diese Geschichte zeigte, meinte er: „Du brauchst 31 Seiten für eine Story, die man auf 16 Seiten unterbringen kann. Bitte kürzen."

Allerdings glaube ich, dass in all meinen Werken auf 31 Seiten etwas erzählt wird, das man auch in 16 Seiten verpacken könnte.

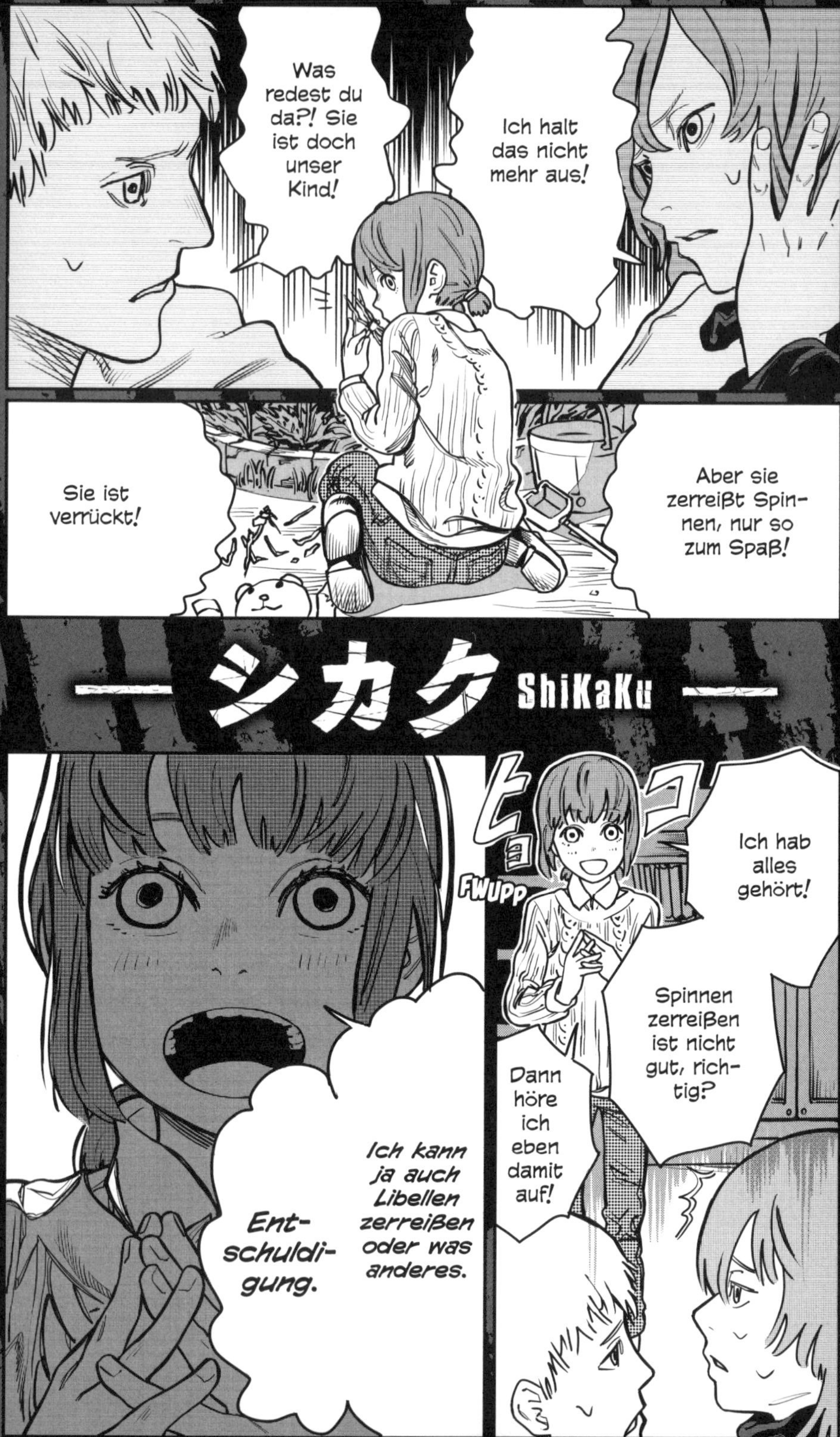
Ich halt das nicht mehr aus!
Was redest du da?! Sie ist doch unser Kind!
Aber sie zerreißt Spinnen, nur so zum Spaß!
Sie ist verrückt!
シカク ShiKaKu
Ich hab alles gehört!
ヒョコ
FWUPP
Spinnen zerreißen ist nicht gut, richtig?
Dann höre ich eben damit auf!
Ich kann ja auch Libellen zerreißen oder was anderes.
Entschuldigung.

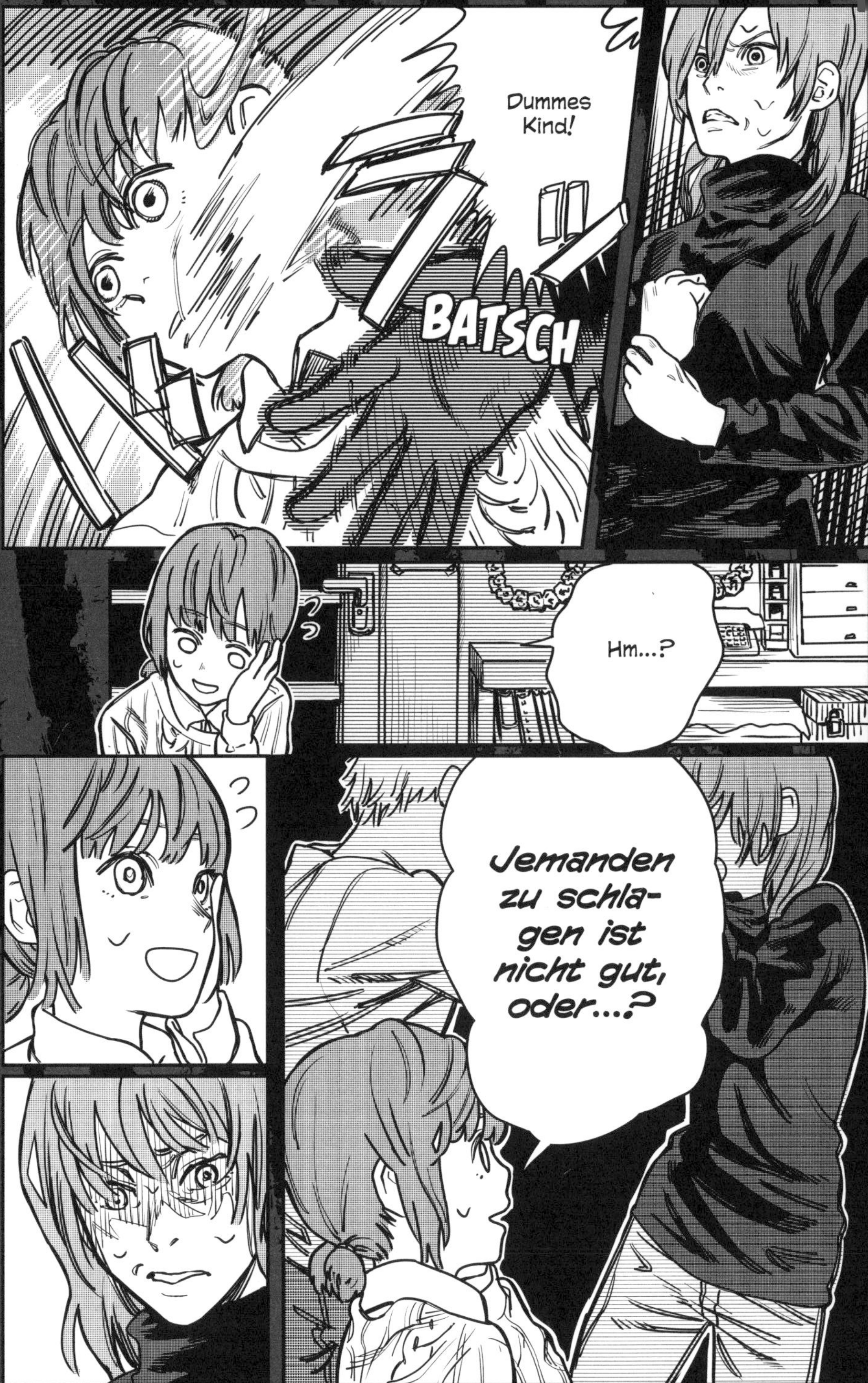
Dummes Kind!
BATSCH
Hm...?
Jemanden zu schla-gen ist nicht gut, oder...?

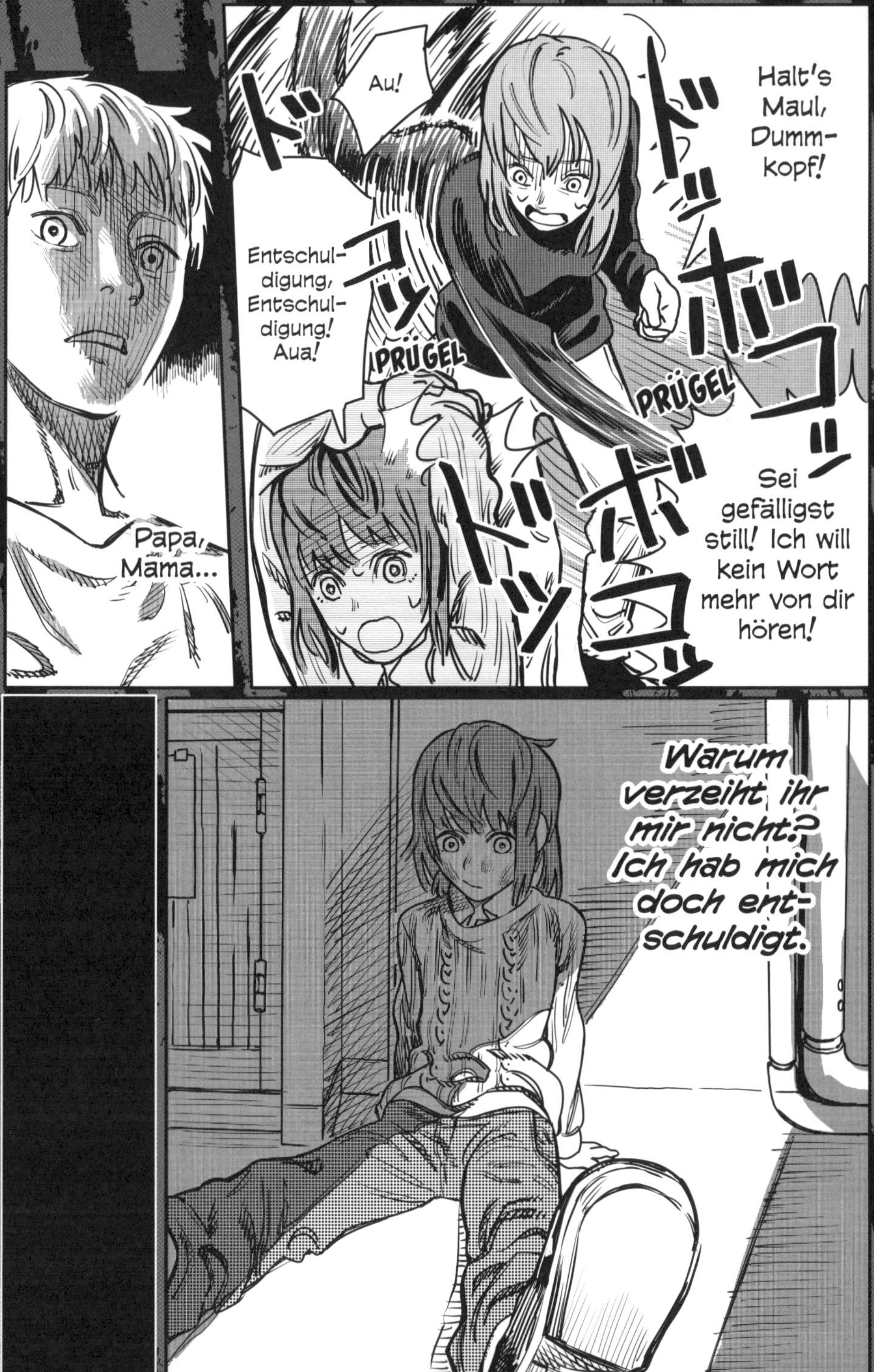
Halt's Maul, Dumm-kopf!
Au!
Entschul-digung, Entschul-digung! Aua!
PRÜGEL
PRÜGEL
Sei gefälligst still! Ich will kein Wort mehr von dir hören!
Papa, Mama...
Warum verzeiht ihr mir nicht? Ich hab mich doch ent-schuldigt.

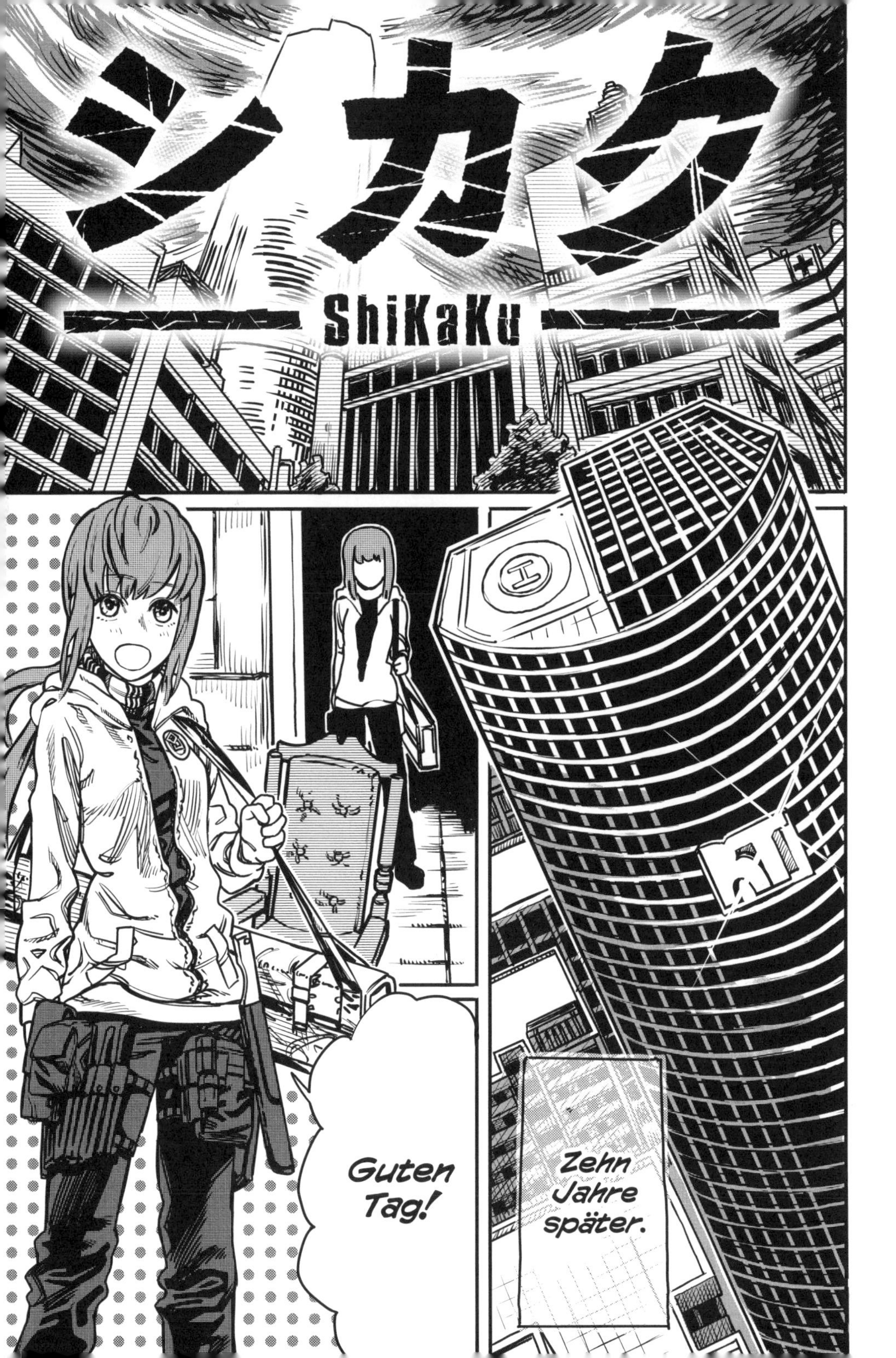
シカク
ShiKaKu
Zehn Jahre später.
Guten Tag!

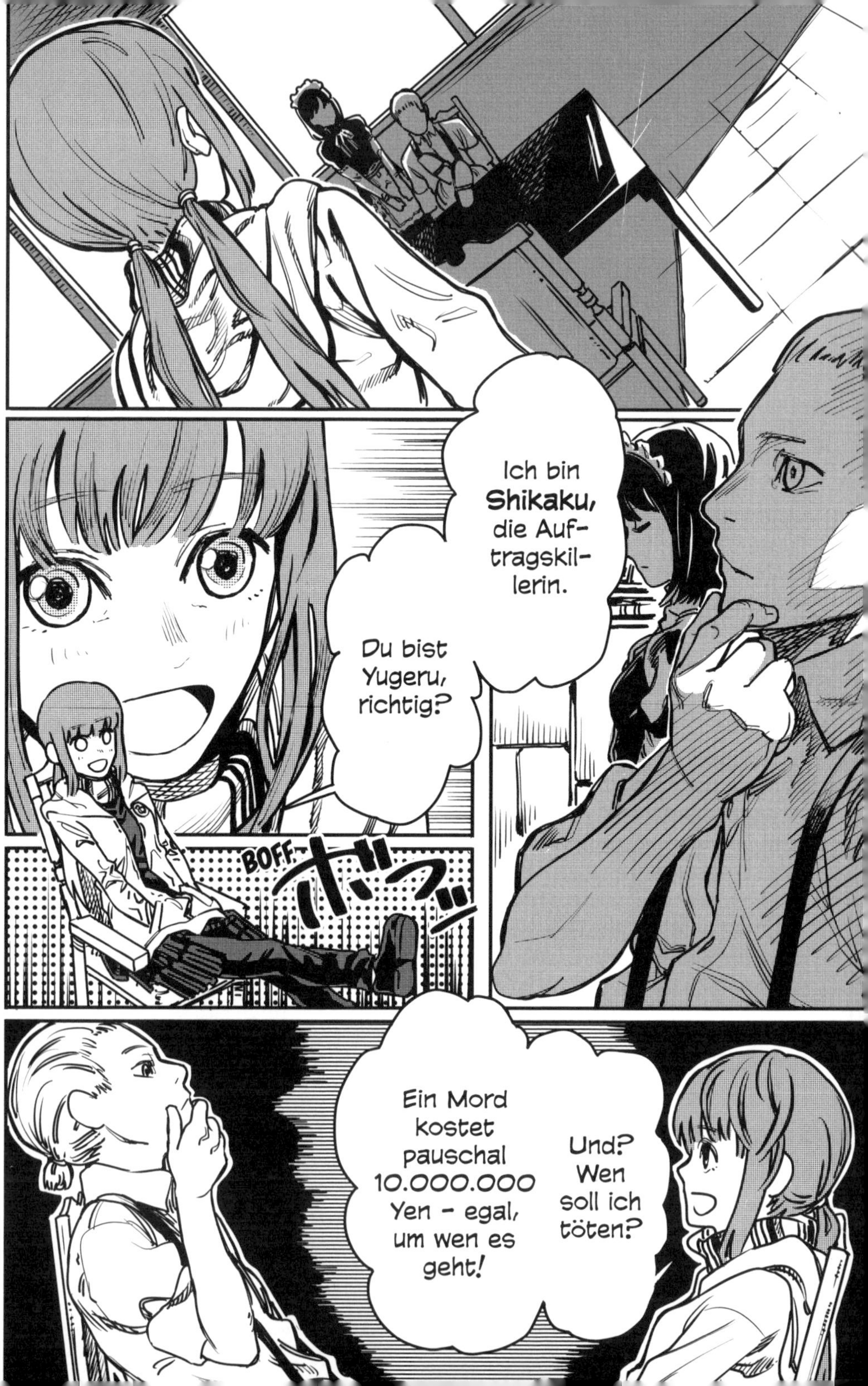
Ich bin Shikaku, die Auftragskillerin.
Du bist Yugeru, richtig?
BOFF
Und? Wen soll ich töten?
Ein Mord kostet pauschal 10.000.000 Yen - egal, um wen es geht!

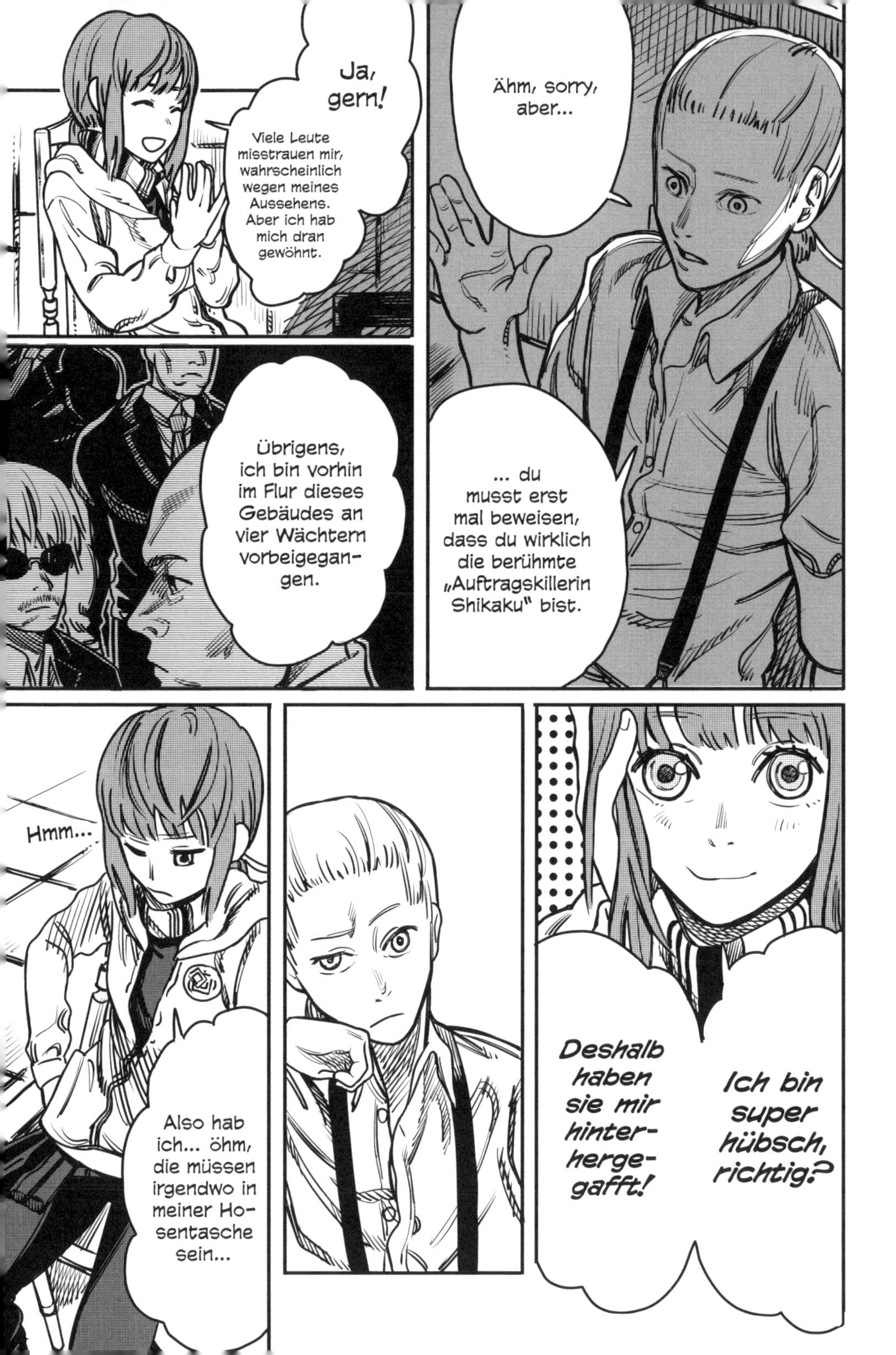
Ähm, sorry, aber...
... du musst erst mal beweisen, dass du wirklich die berühmte „Auftragskillerin Shikaku" bist.
Ja, gern!
Viele Leute misstrauen mir, wahrscheinlich wegen meines Aussehens. Aber ich hab mich dran gewöhnt.
Übrigens, ich bin vorhin im Flur dieses Gebäudes an vier Wächtern vorbeigegangen.
Ich bin super hübsch, richtig?
Deshalb haben sie mir hinterhergegafft!
Hmm...
Also hab ich... öhm, die müssen irgendwo in meiner Hosentasche sein...

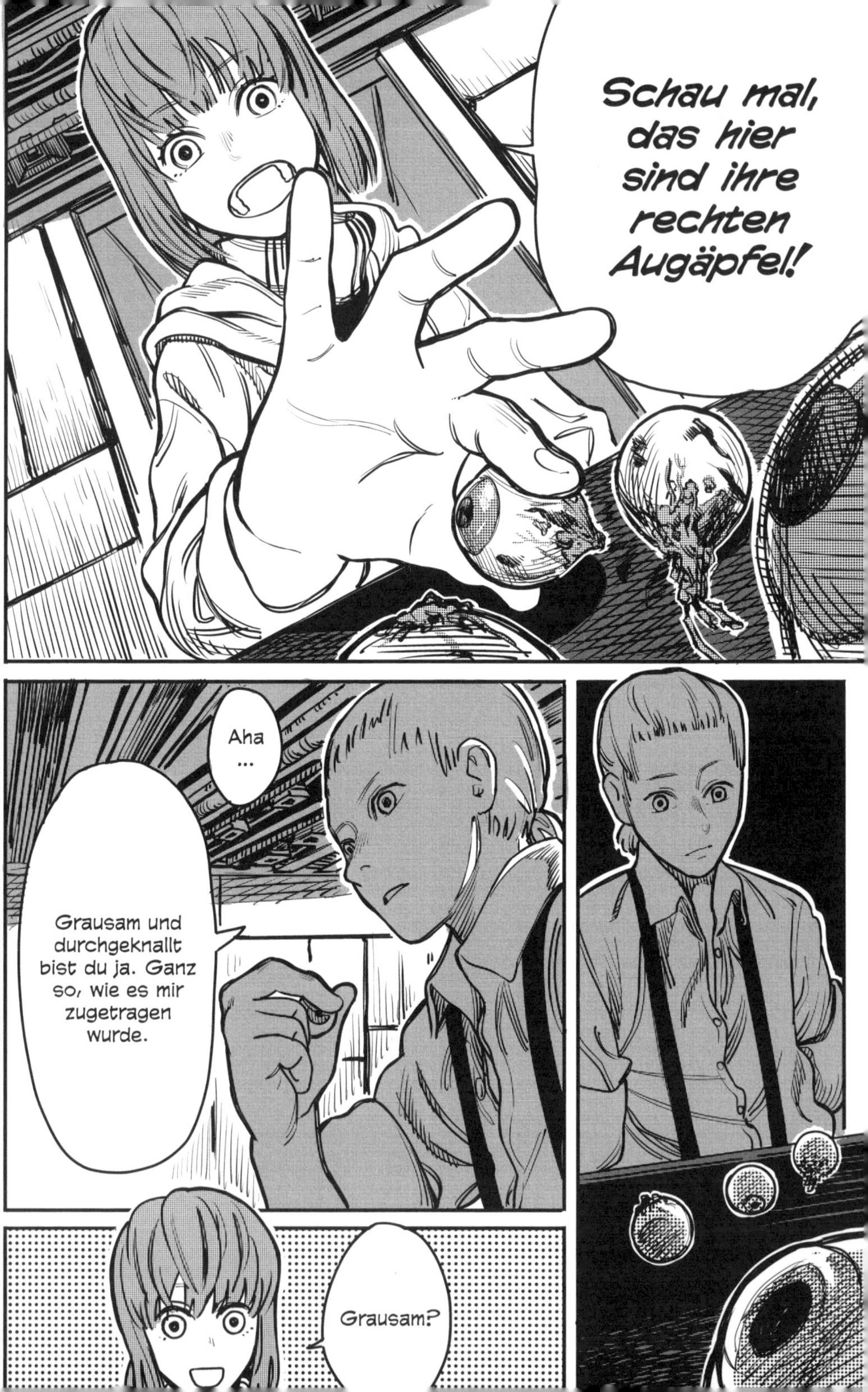
Schau mal, das hier sind ihre rechten Augäpfel!
Aha ...
Grausam und durchgeknallt bist du ja. Ganz so, wie es mir zugetragen wurde.
Grausam?

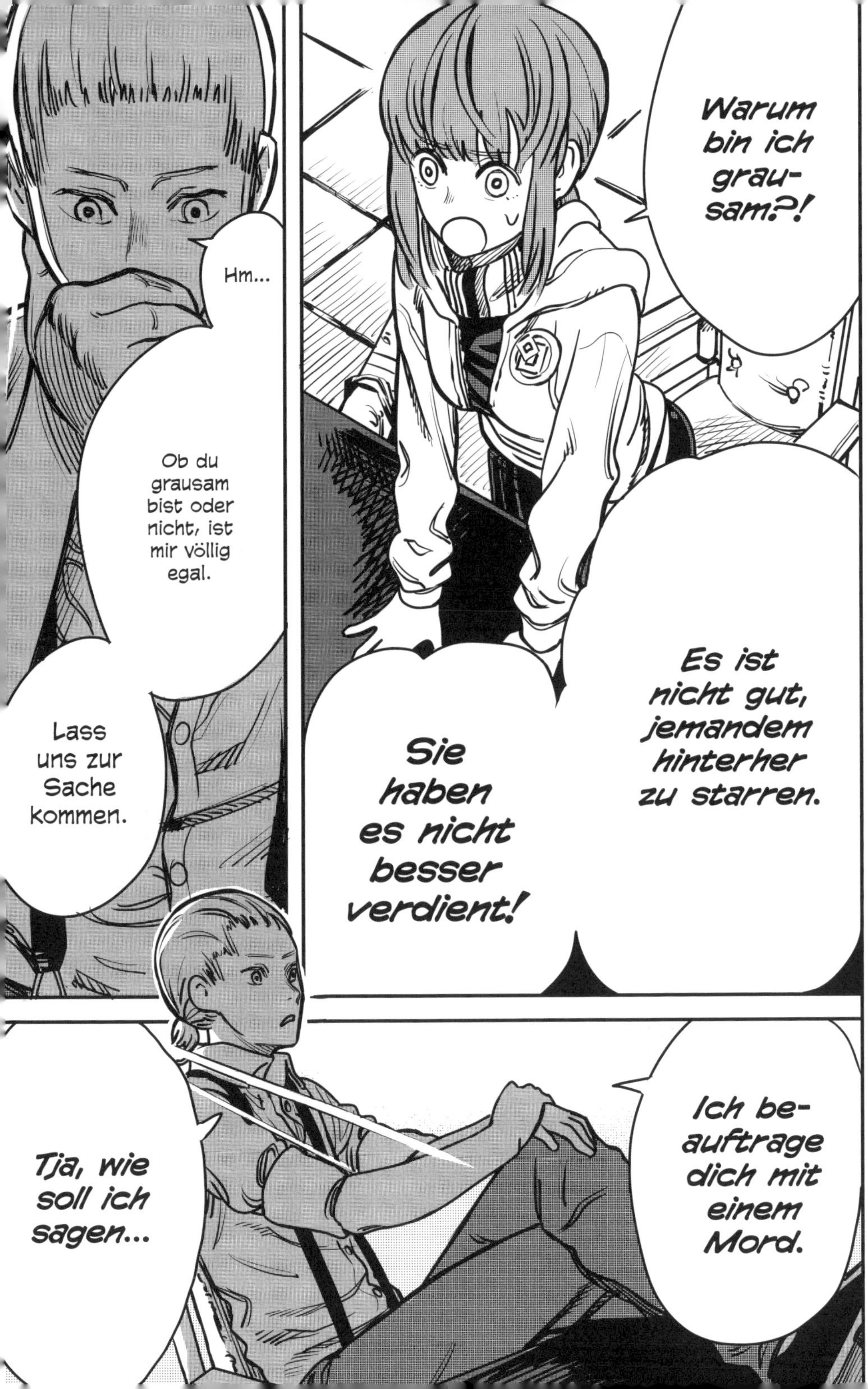
Warum bin ich grau-sam?!
Es ist nicht gut, jemandem hinterher zu starren.
Sie haben es nicht besser verdient!
Hm...
Ob du grausam bist oder nicht, ist mir völlig egal.
Lass uns zur Sache kommen.
Ich be-auftrage dich mit einem Mord.
Tja, wie soll ich sagen...

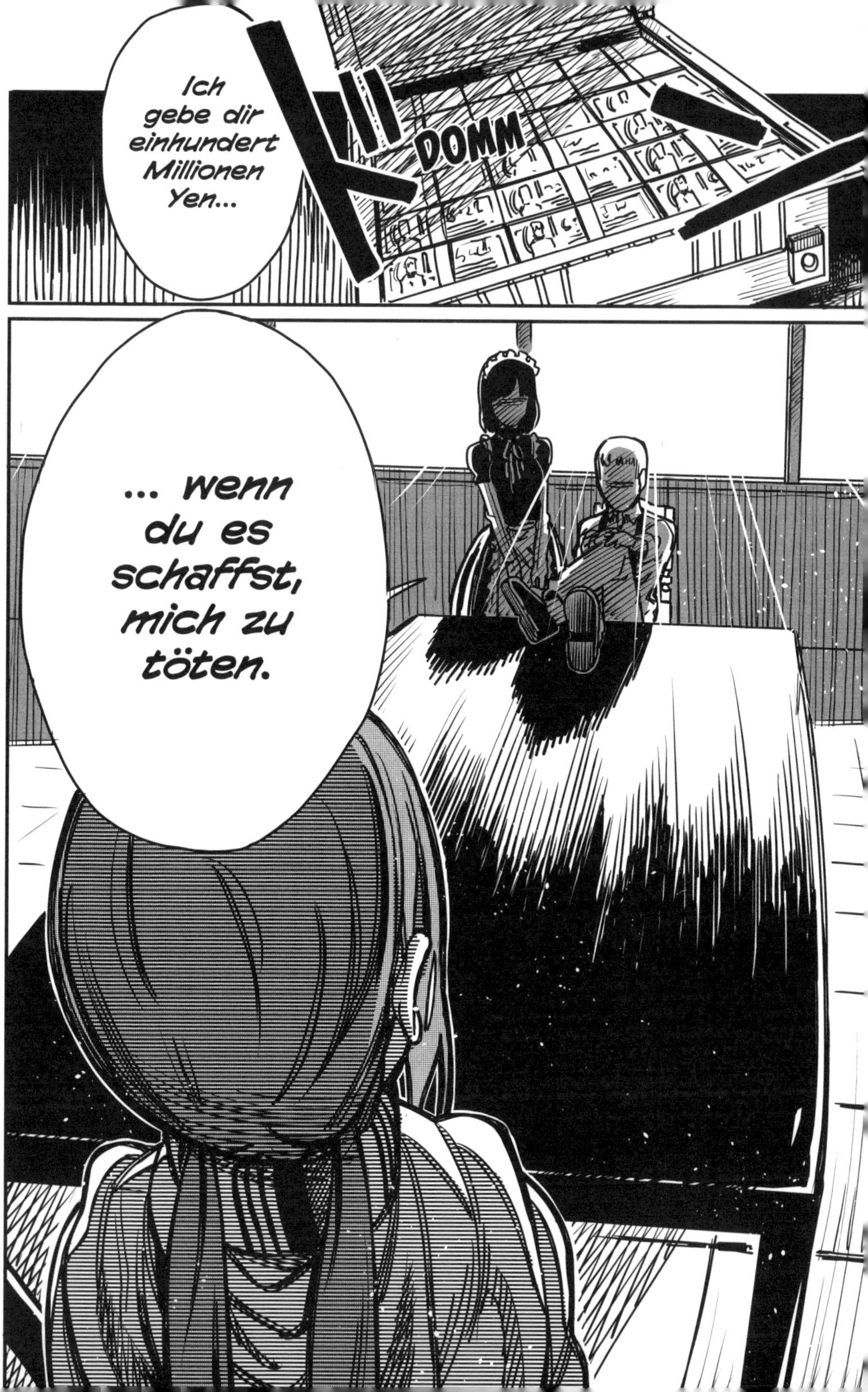
Ich gebe dir einhundert Millionen Yen...
DOMM
... wenn du es schaffst, mich zu töten.

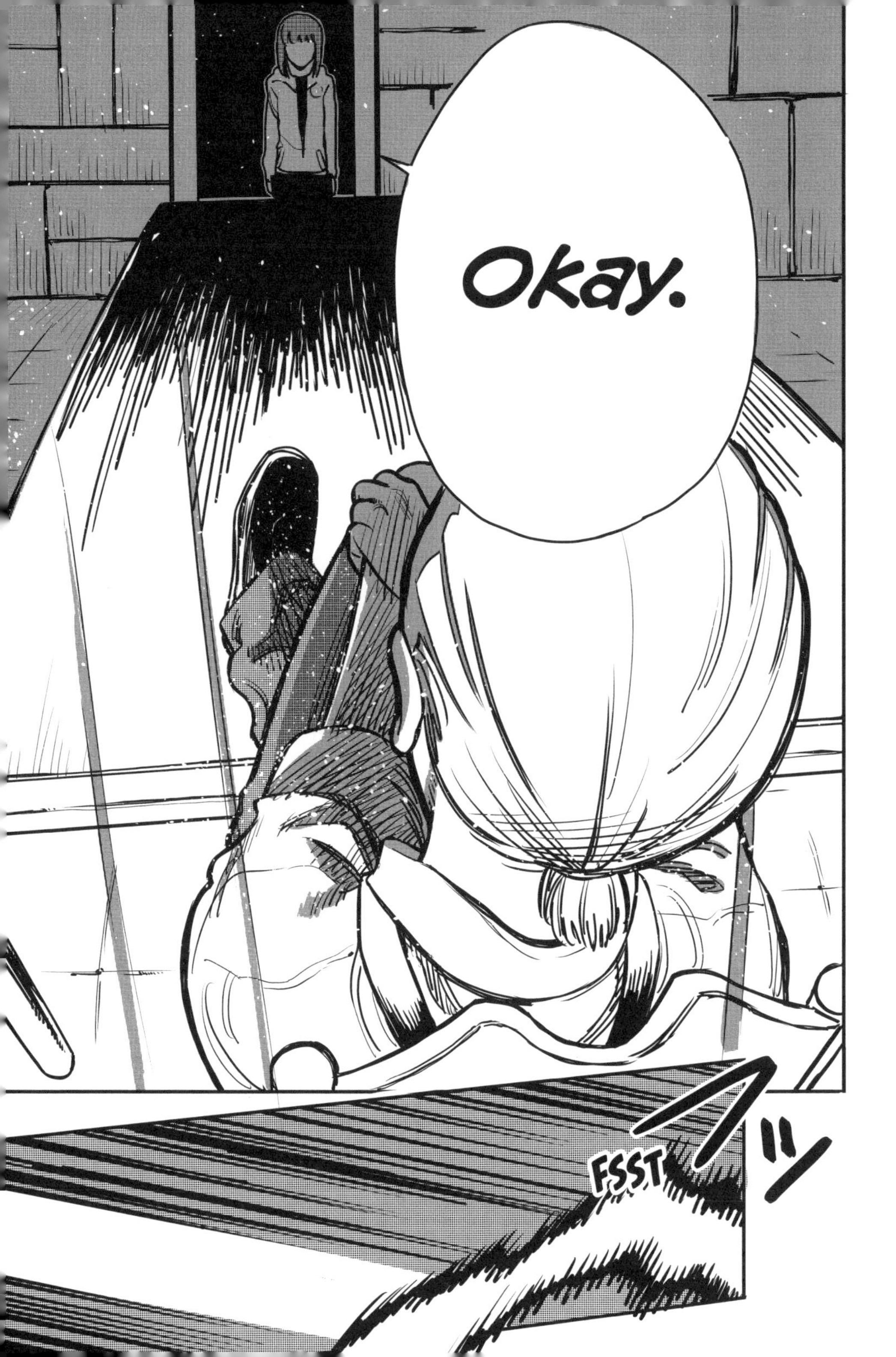
Okay.
FSST

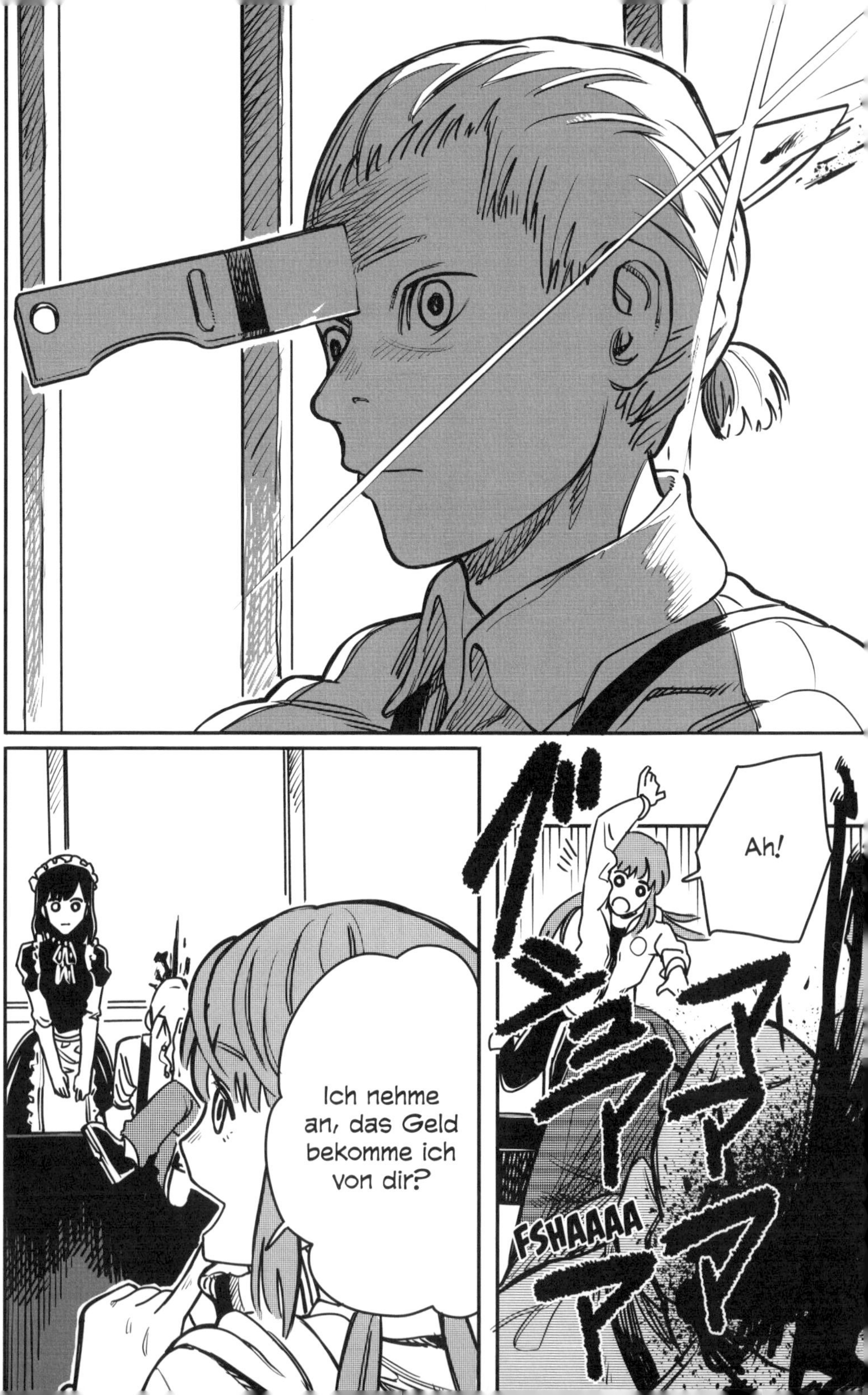
Ah!
FSHAAAA
Ich nehme an, das Geld bekomme ich von dir?

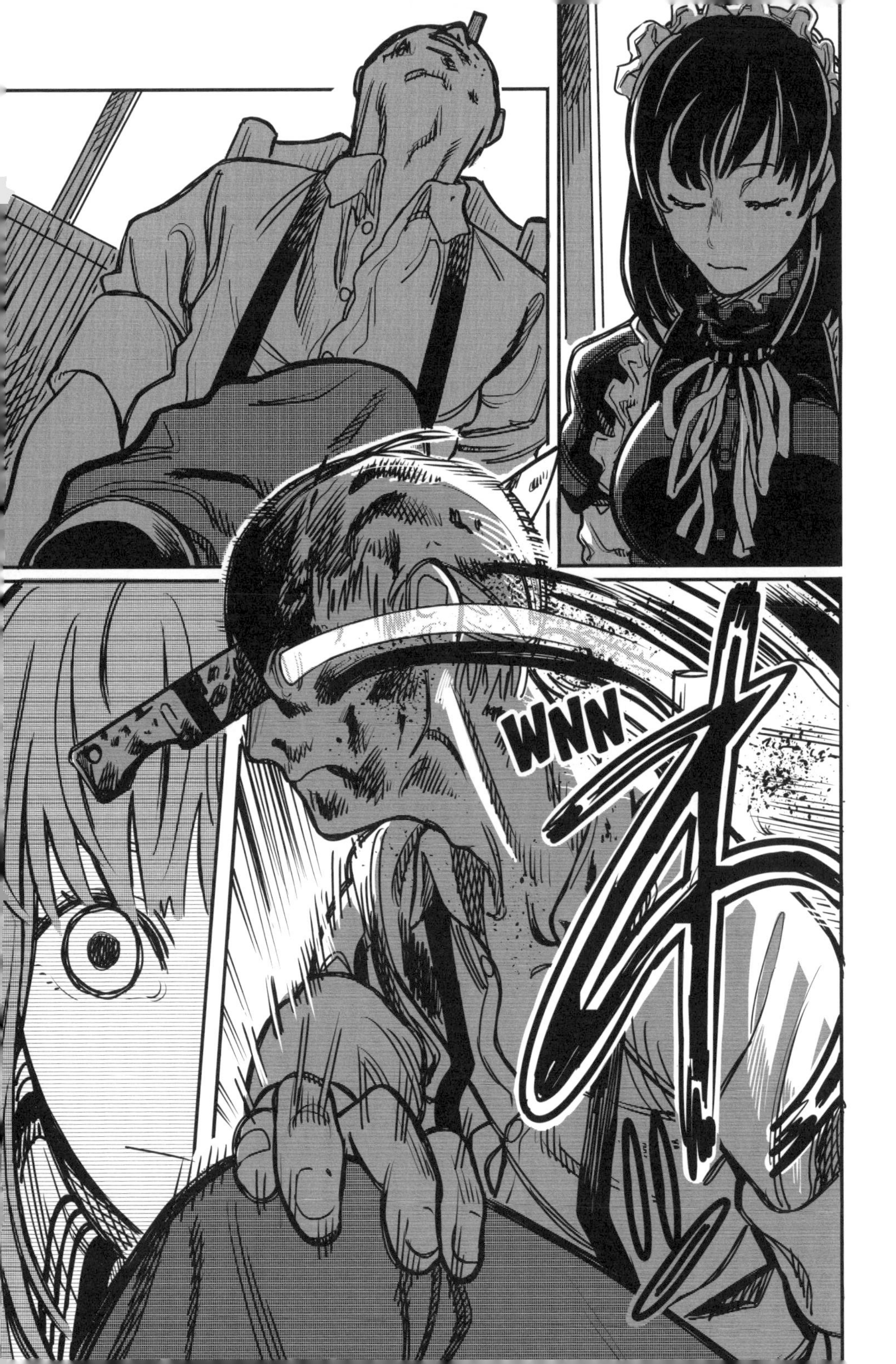
WNN

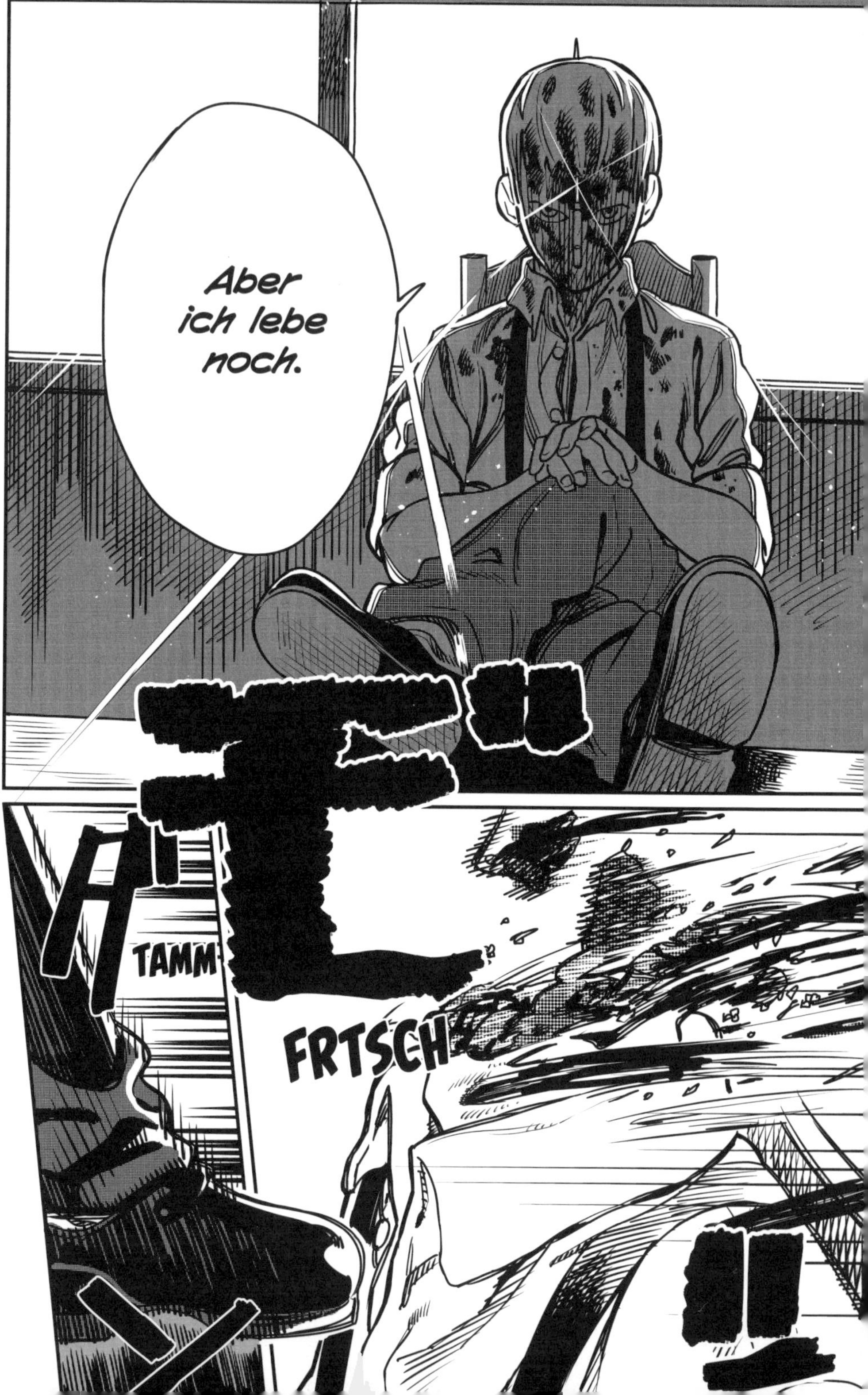
Aber ich lebe noch.
TAMM
FRTSCH

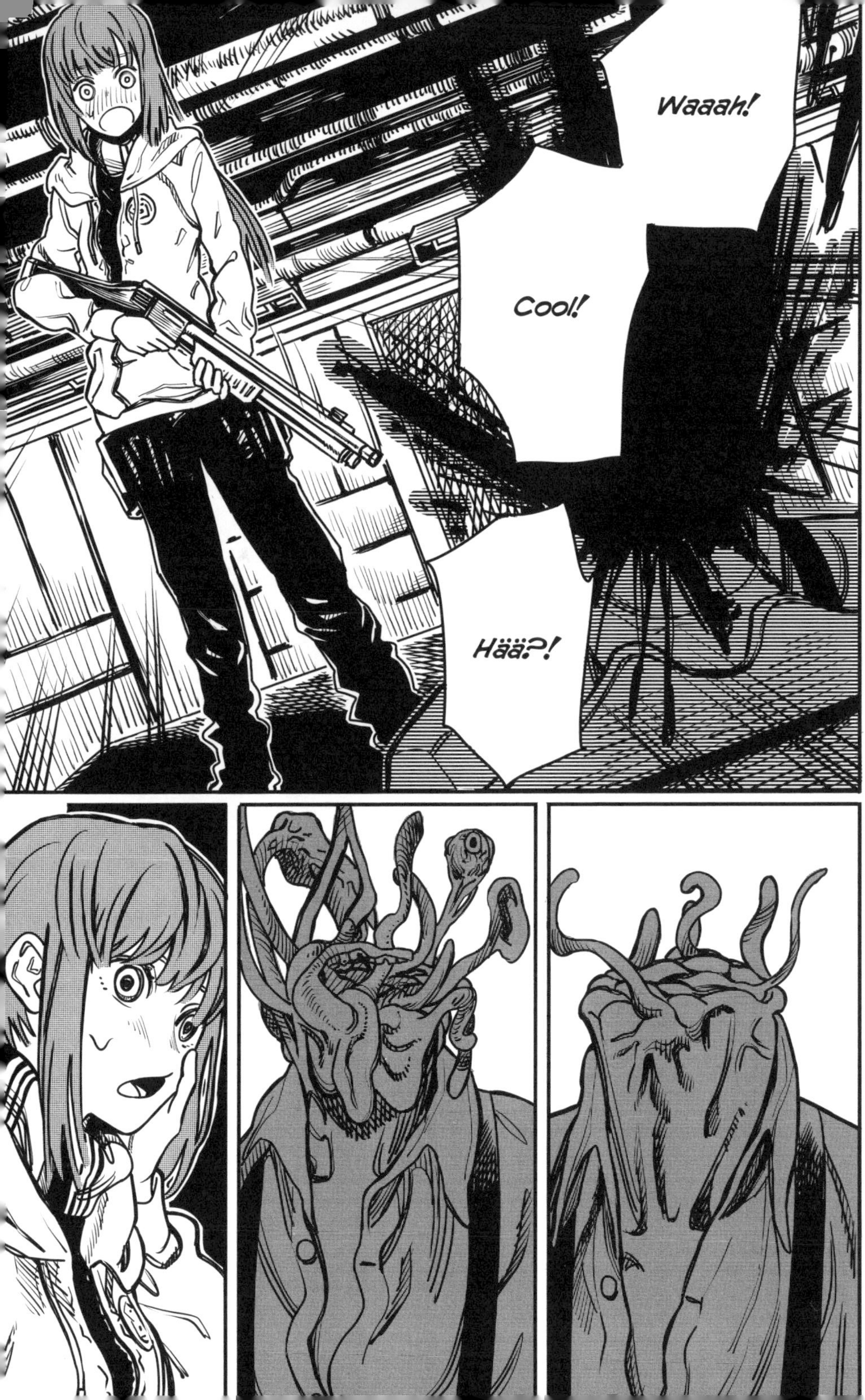
Waaah!
Cool!
Hää?!

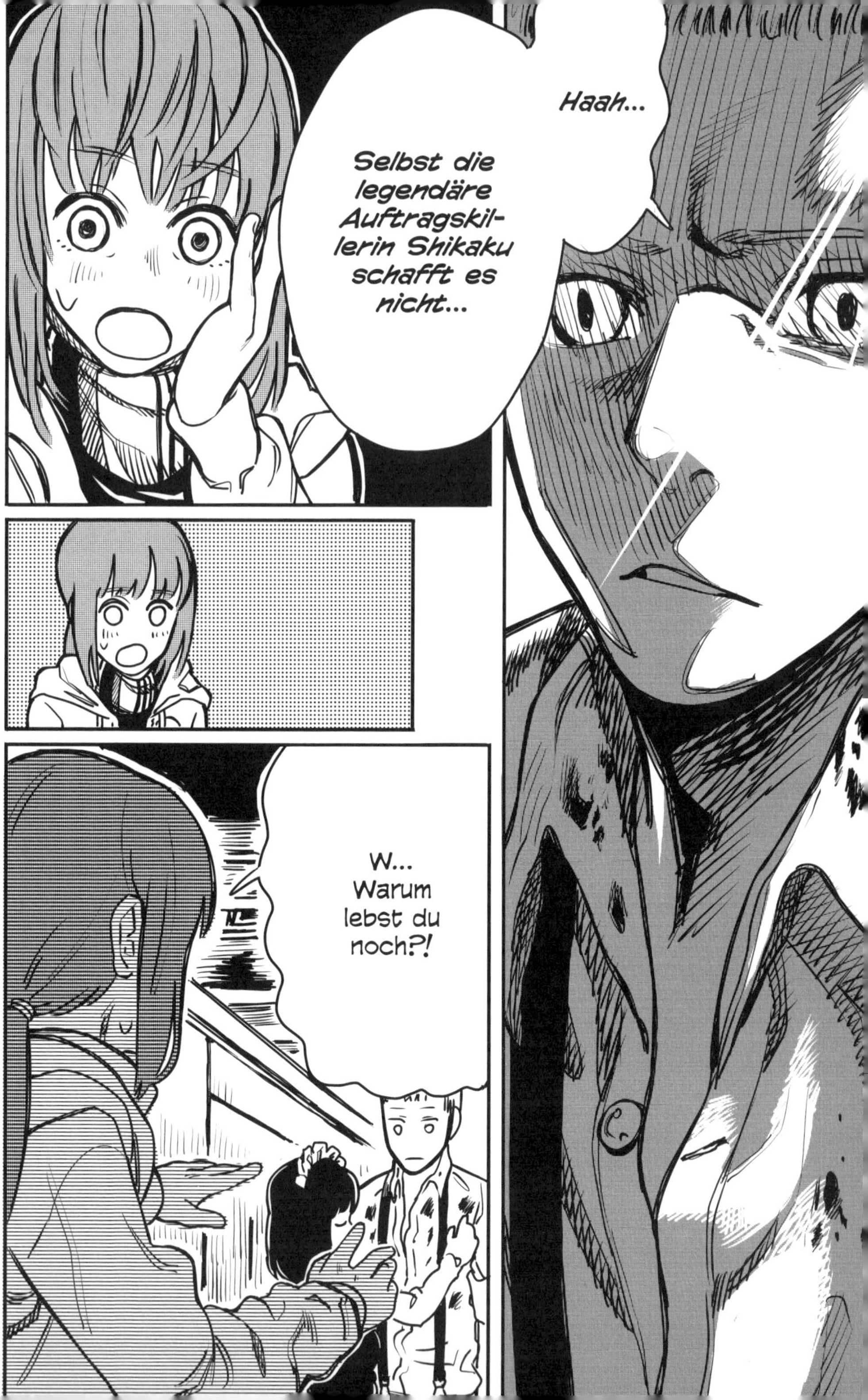
Haah...
Selbst die legendäre Auftragskil-lerin Shikaku schafft es nicht...
W... Warum lebst du noch?!

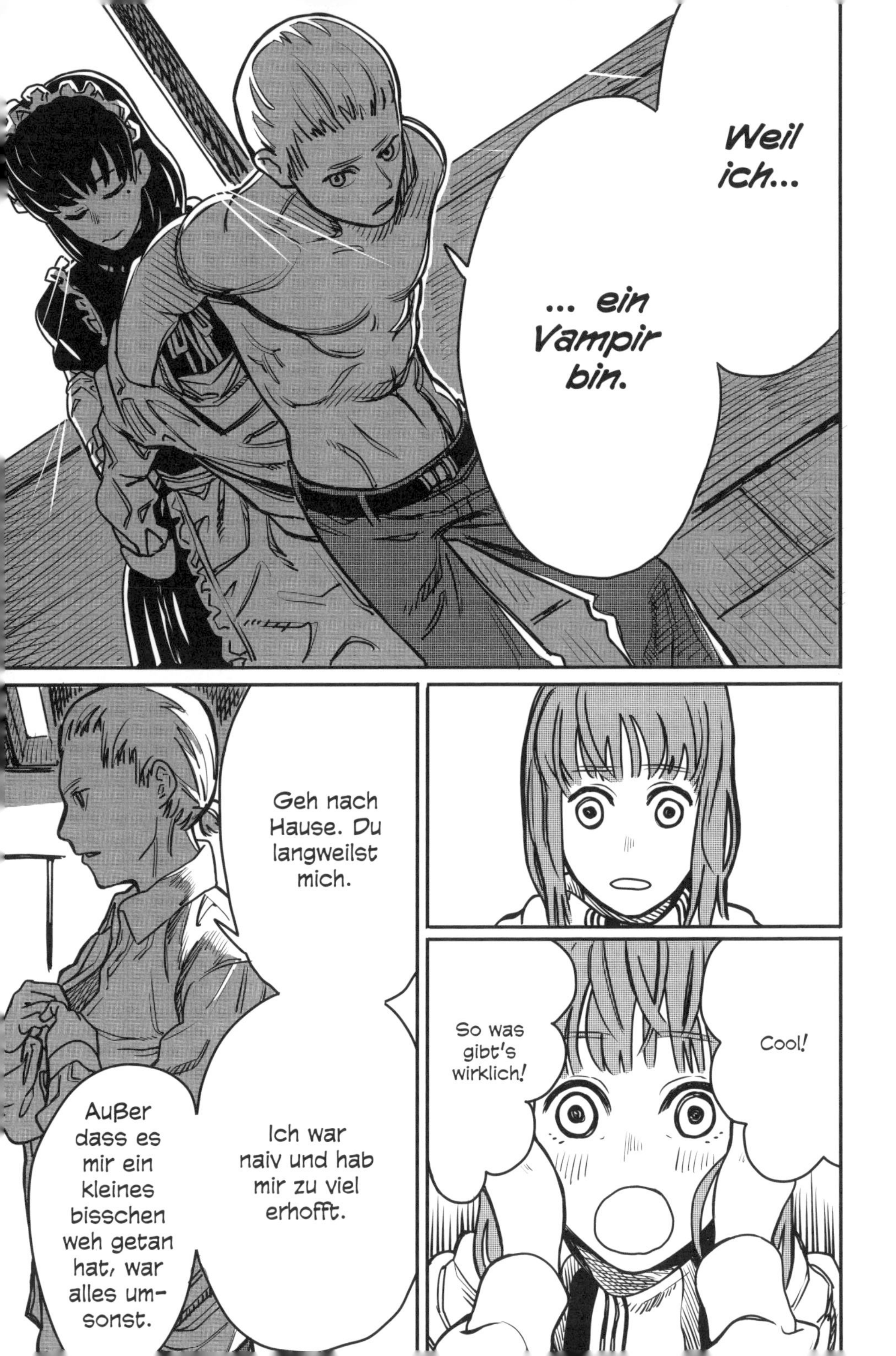
Weil ich...
... ein Vampir bin.
Cool!
So was gibt's wirklich!
Geh nach Hause. Du langweilst mich.
Ich war naiv und hab mir zu viel erhofft.
Außer dass es mir ein kleines bisschen weh getan hat, war alles umsonst.

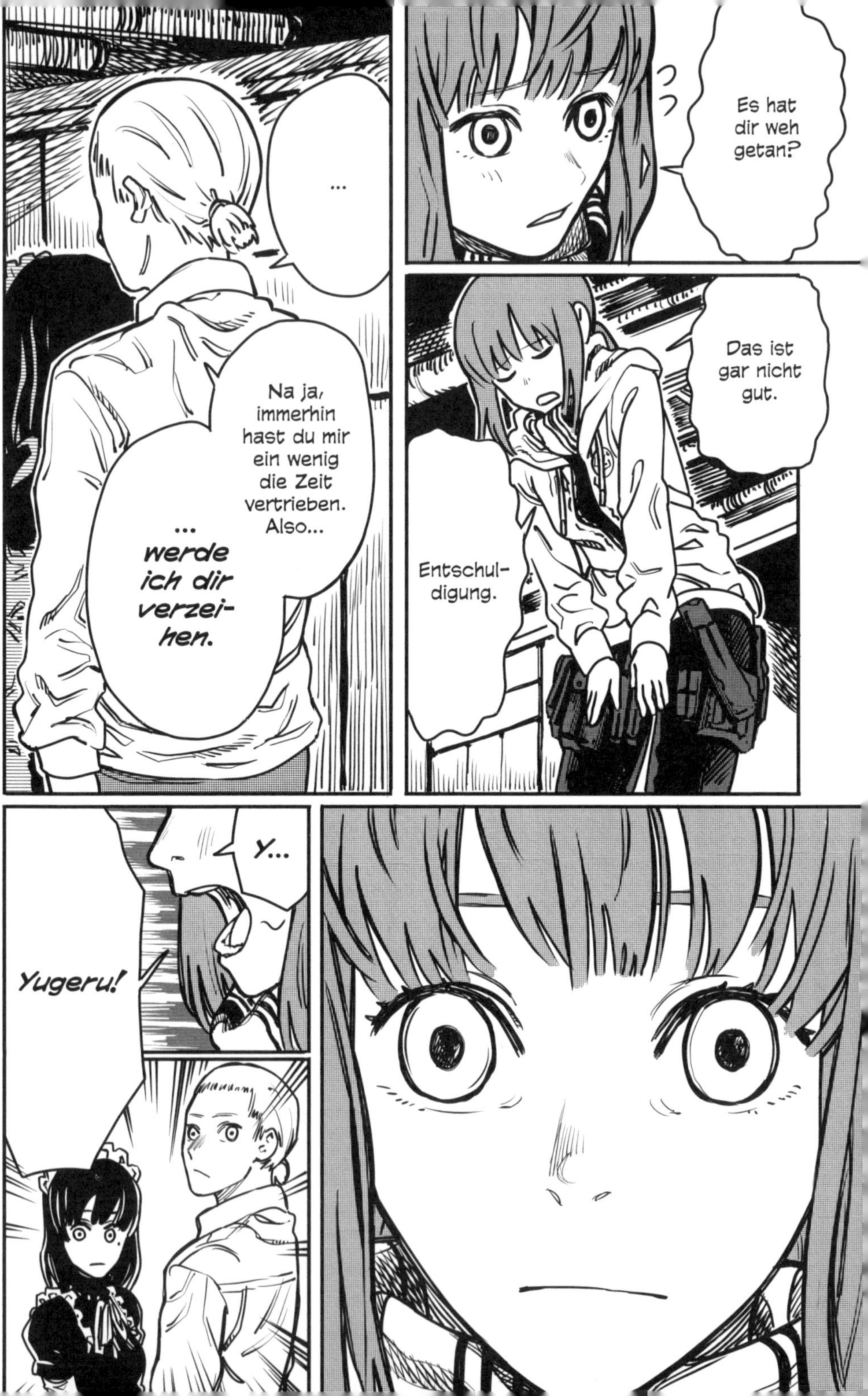
Es hat dir weh getan?
...
Das ist gar nicht gut.
Entschuldigung.
Na ja, immerhin hast du mir ein wenig die Zeit vertrieben. Also...
... werde ich dir verzeihen.
Y...
Yugeru!

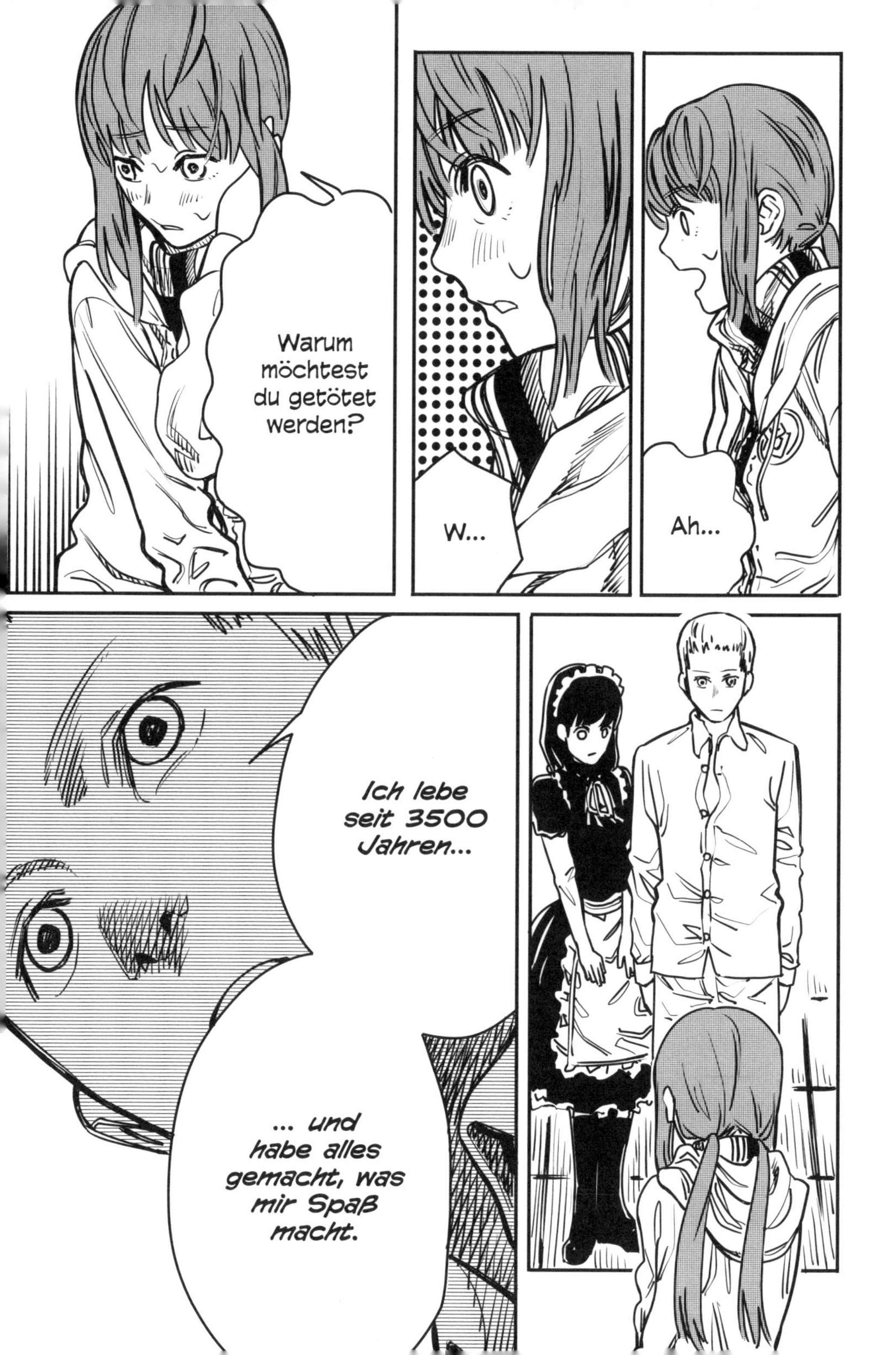
Ah...
W...
Warum möchtest du getötet werden?
Ich lebe seit 3500 Jahren...
... und habe alles gemacht, was mir Spaß macht.

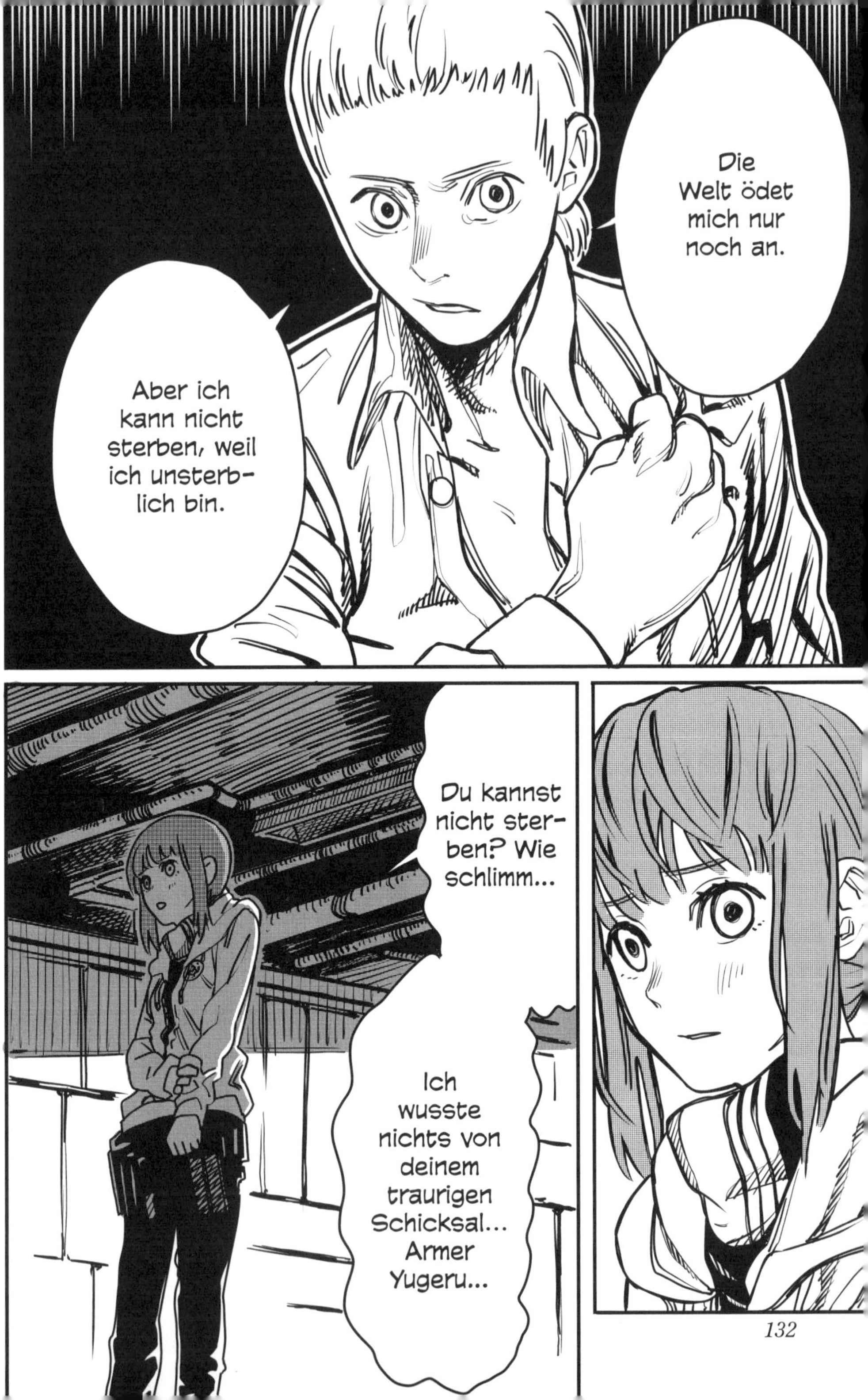
Die Welt ödet mich nur noch an.
Aber ich kann nicht sterben, weil ich unsterblich bin.
Du kannst nicht sterben? Wie schlimm...
Ich wusste nichts von deinem traurigen Schicksal... Armer Yugeru...

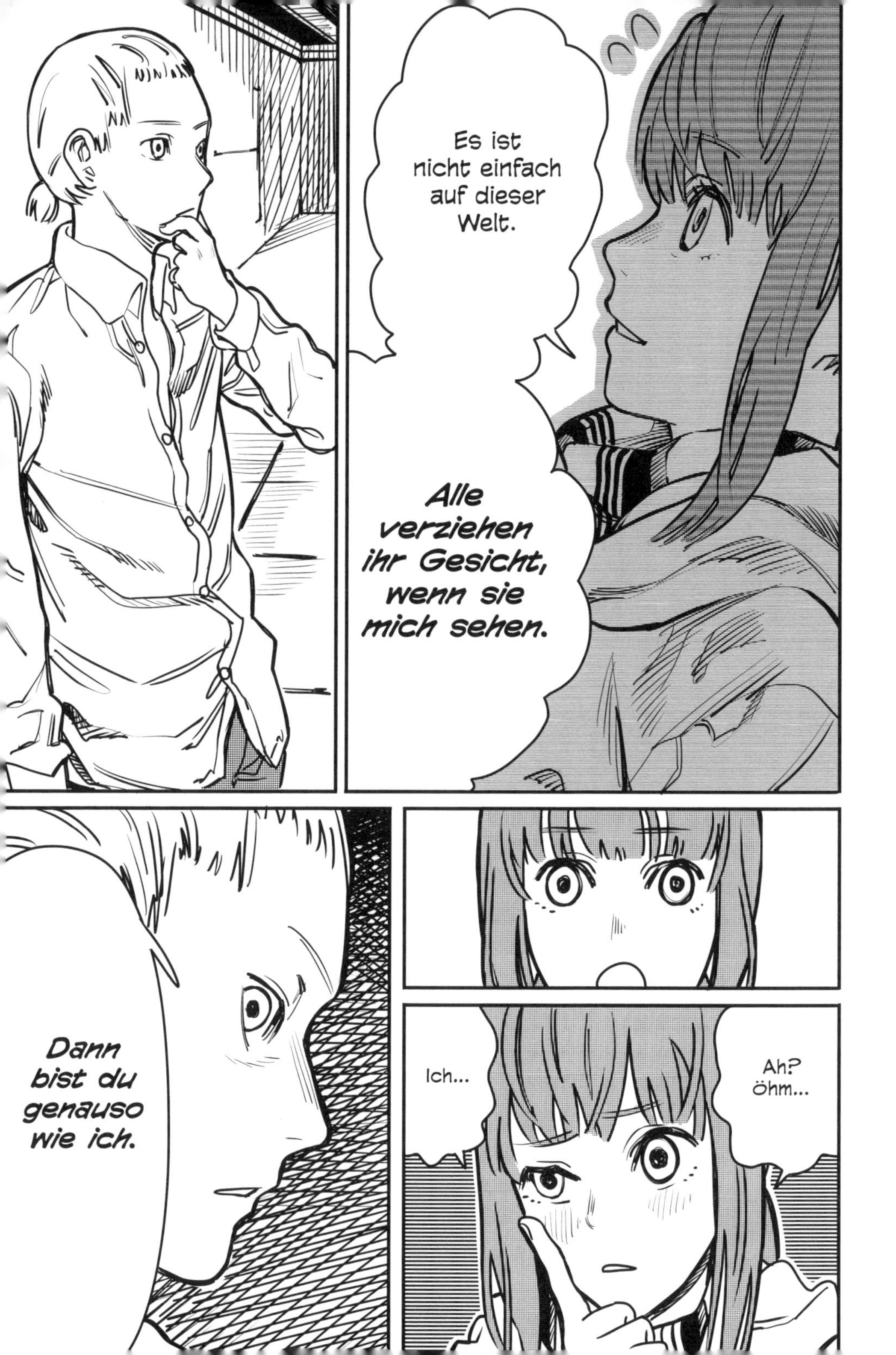
Es ist nicht einfach auf dieser Welt.
Alle verziehen ihr Gesicht, wenn sie mich sehen.
Ah? öhm...
Ich...
Dann bist du genauso wie ich.

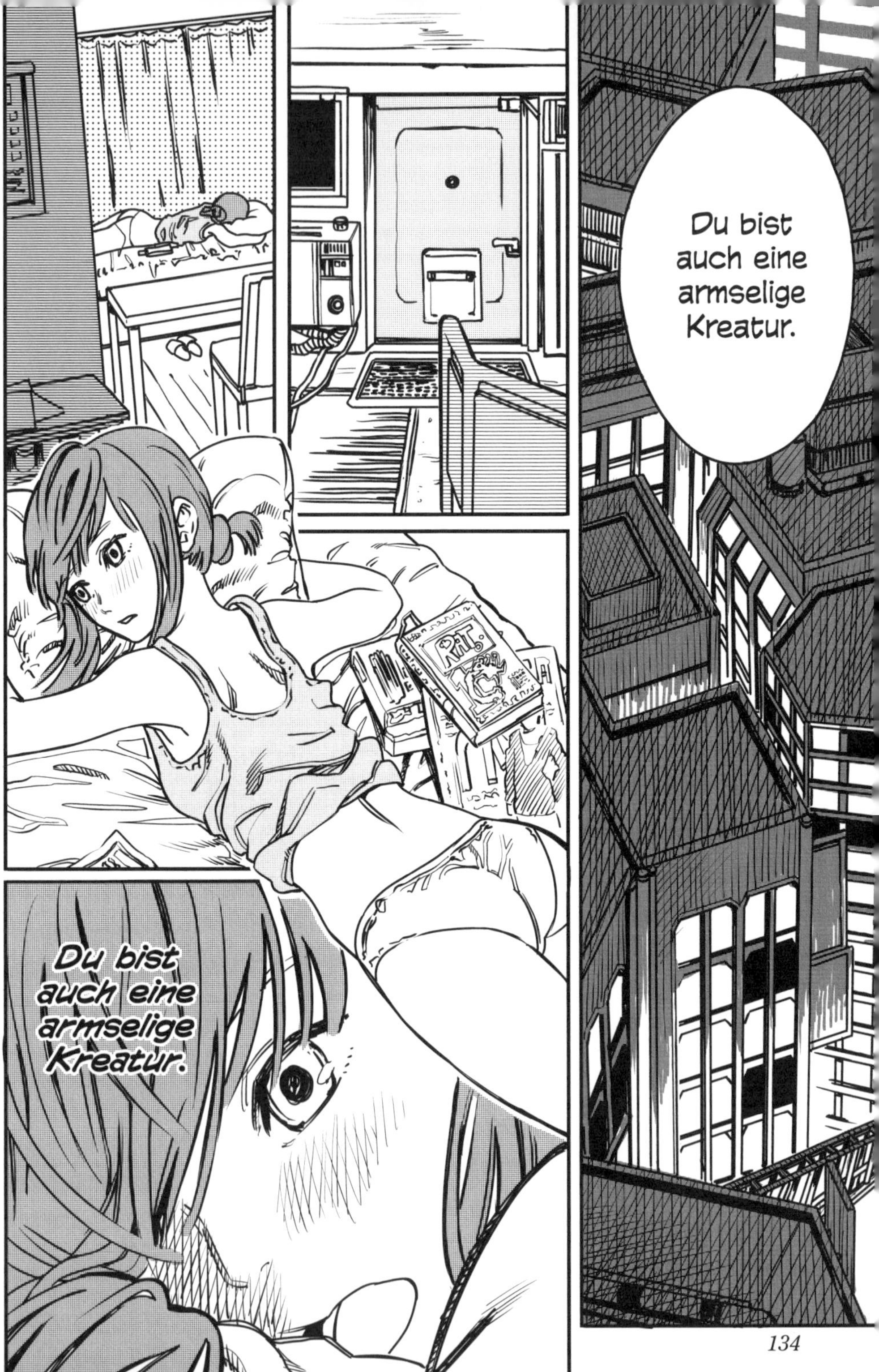
Du bist auch eine armselige Kreatur.
Du bist auch eine armselige Kreatur.

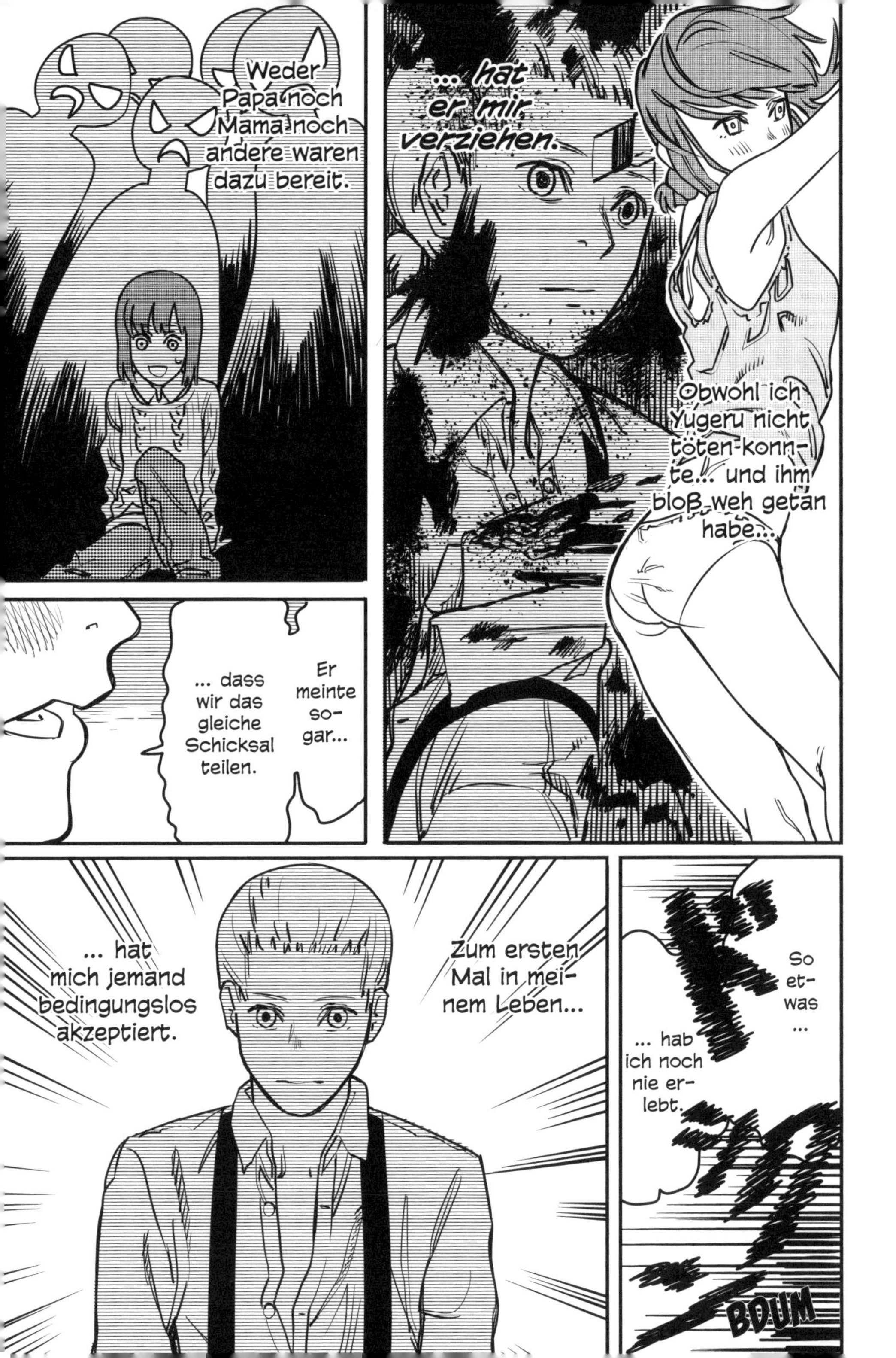
Obwohl ich Yugeru nicht töten konnte... und ihm bloß weh getan habe...
... hat er mir verziehen.
Weder Papa noch Mama noch andere waren dazu bereit.
Er meinte sogar...
... dass wir das gleiche Schicksal teilen.
So etwas ...
... hab ich noch nie erlebt.
BDUM
Zum ersten Mal in meinem Leben...
... hat mich jemand bedingungslos akzeptiert.

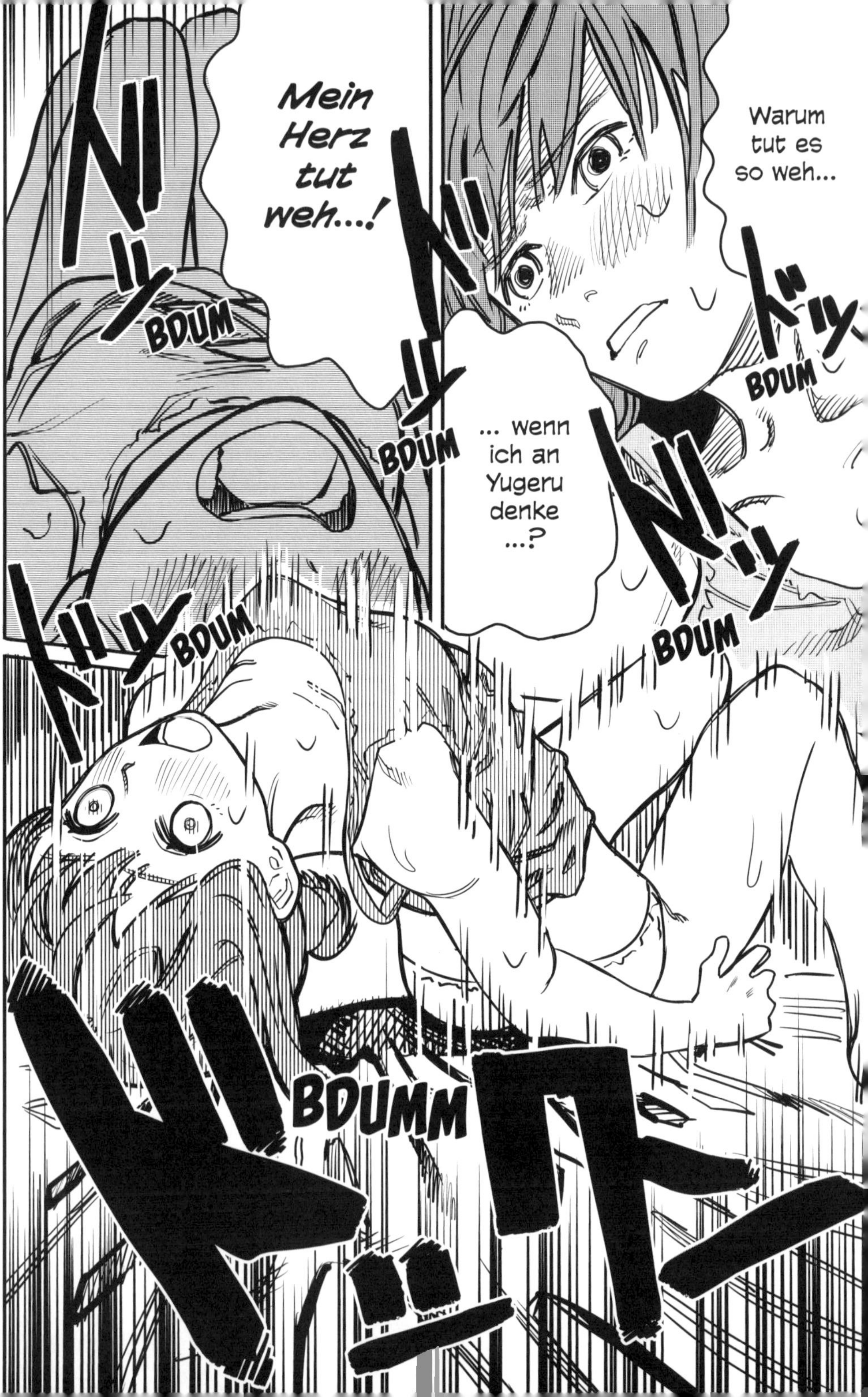
Warum tut es so weh...
BDUM
Mein Herz tut weh...!
BDUM
... wenn ich an Yugeru denke ...?
BDUM
BDUM
BDUM
BDUMM

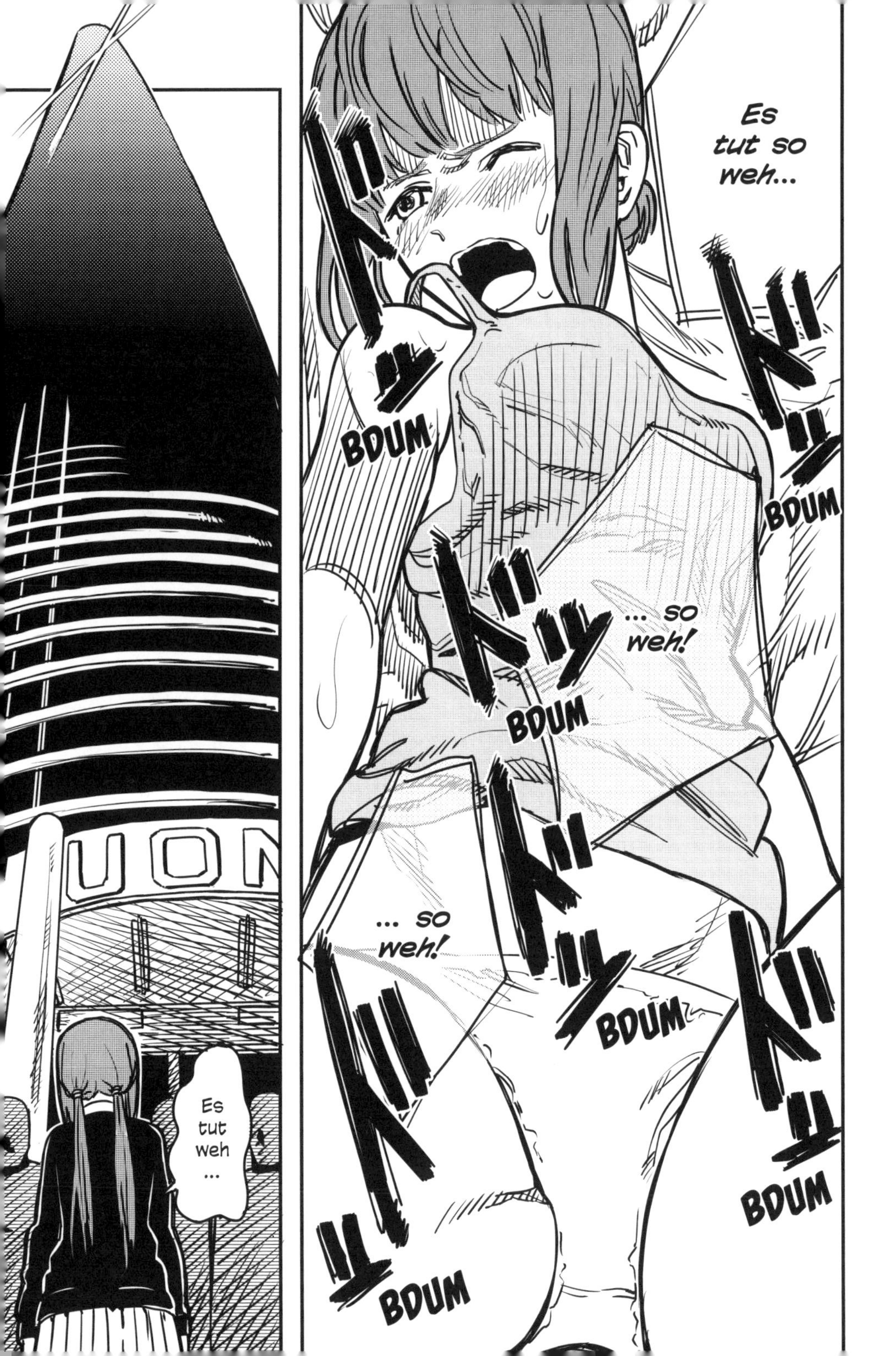
Es tut so weh...
BDUM
BDUM
... so weh!
BDUM
... so weh!
BDUM
BDUM
BDUM
UON
Es tut weh ...

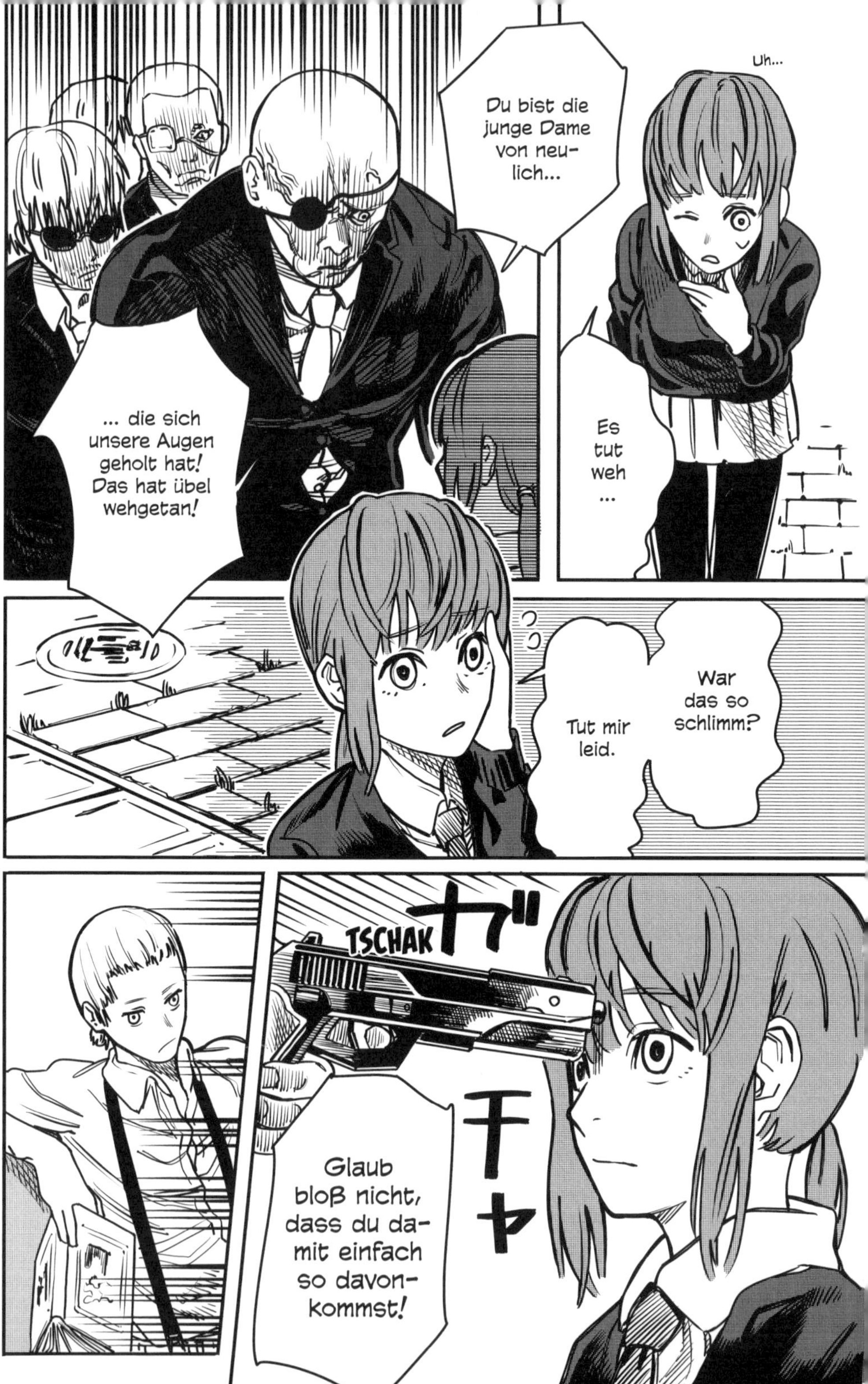
Uh...
Es tut weh ...
Du bist die junge Dame von neulich...
... die sich unsere Augen geholt hat! Das hat übel wehgetan!
War das so schlimm?
Tut mir leid.
TSCHAK
Glaub bloß nicht, dass du damit einfach so davonkommst!

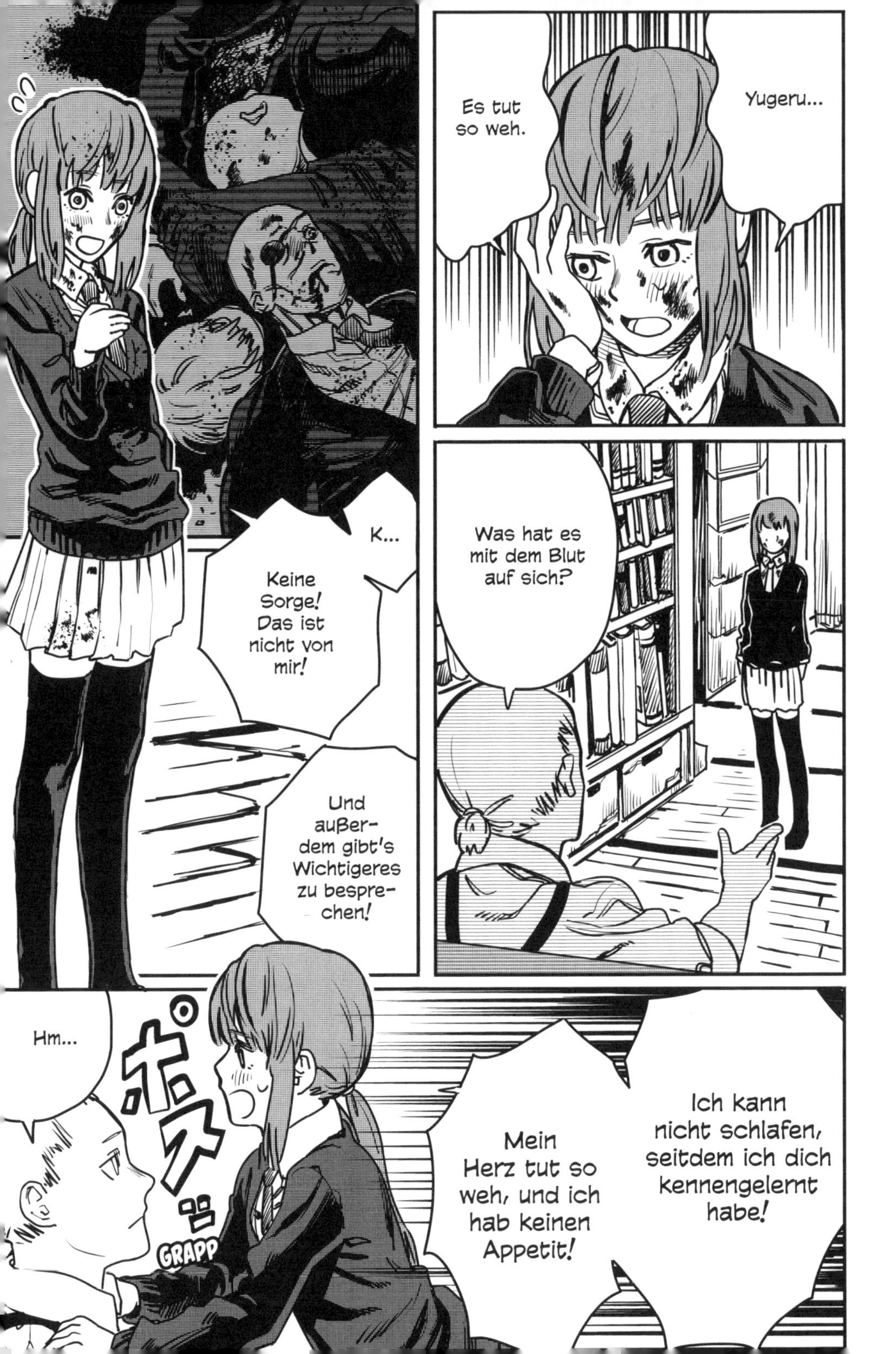
Yugeru...
Es tut so weh.
Was hat es mit dem Blut auf sich?
K...
Keine Sorge! Das ist nicht von mir!
Und außer-dem gibt's Wichtigeres zu bespre-chen!
Ich kann nicht schlafen, seitdem ich dich kennengelernt habe!
Mein Herz tut so weh, und ich hab keinen Appetit!
ポス
GRAPP
Hm...

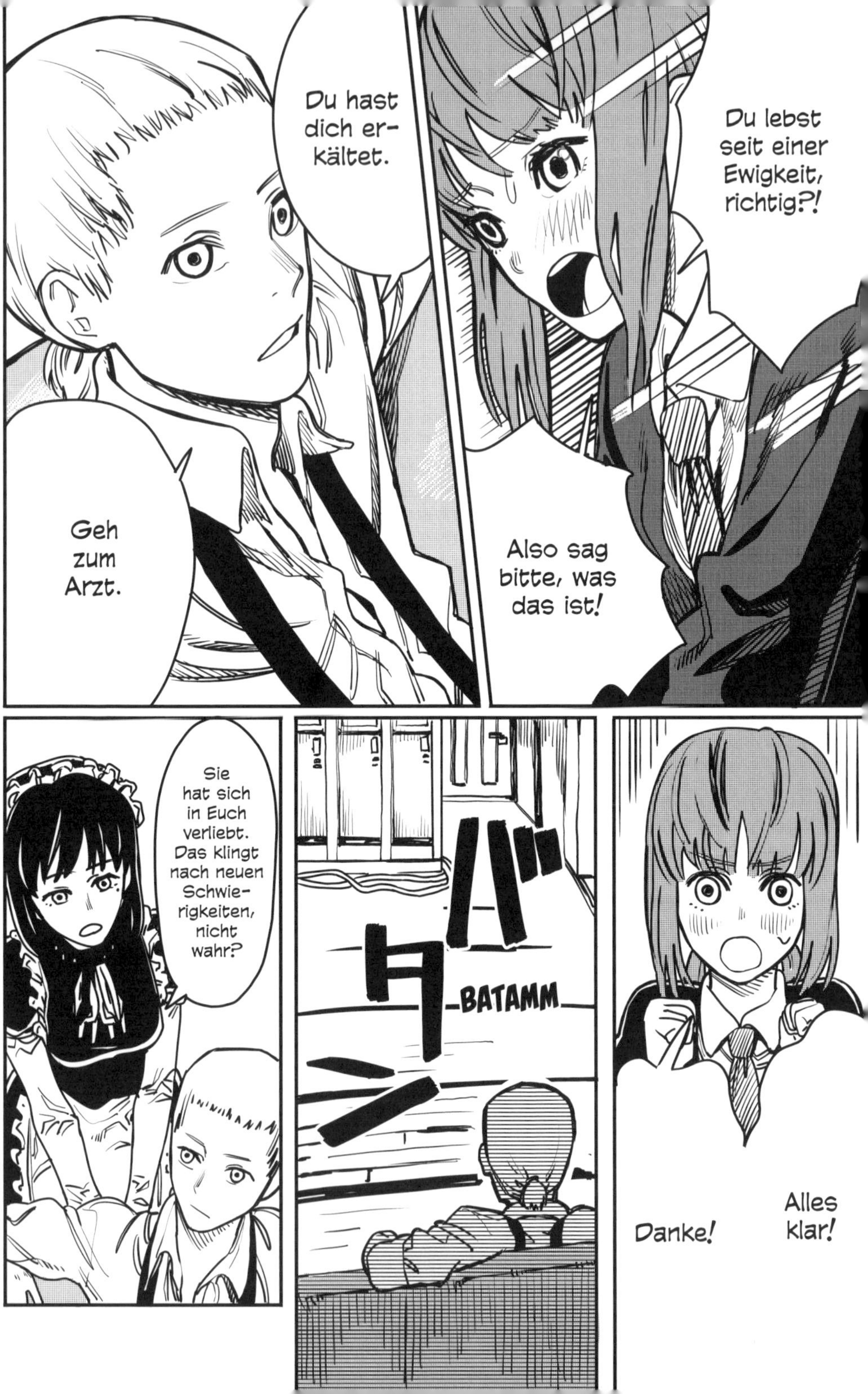
Du lebst seit einer Ewigkeit, richtig?!
Also sag bitte, was das ist!
Du hast dich erkältet.
Geh zum Arzt.
Alles klar!
Danke!
BATAMM
Sie hat sich in Euch verliebt. Das klingt nach neuen Schwierigkeiten, nicht wahr?

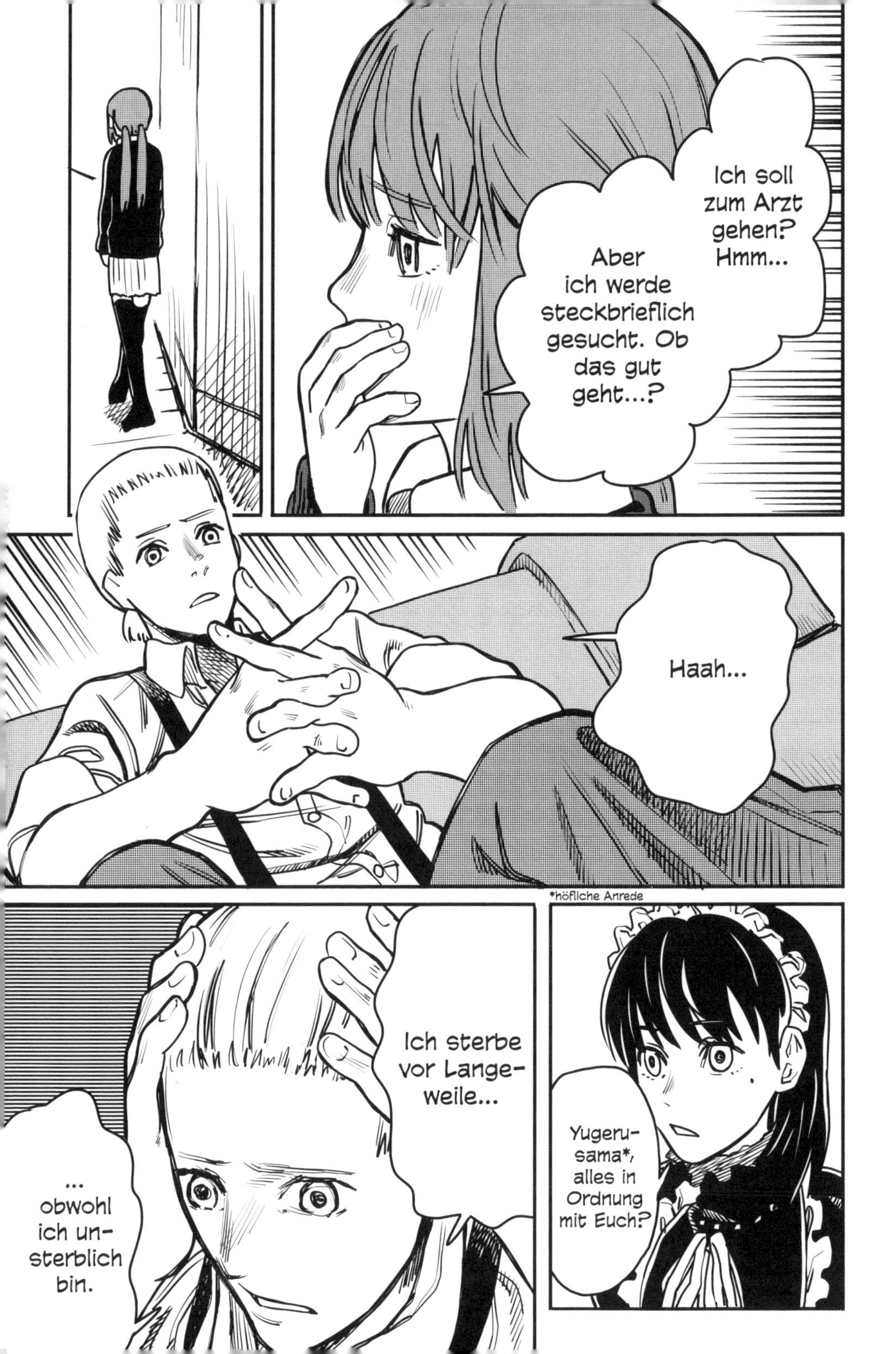

*höfliche Anrede

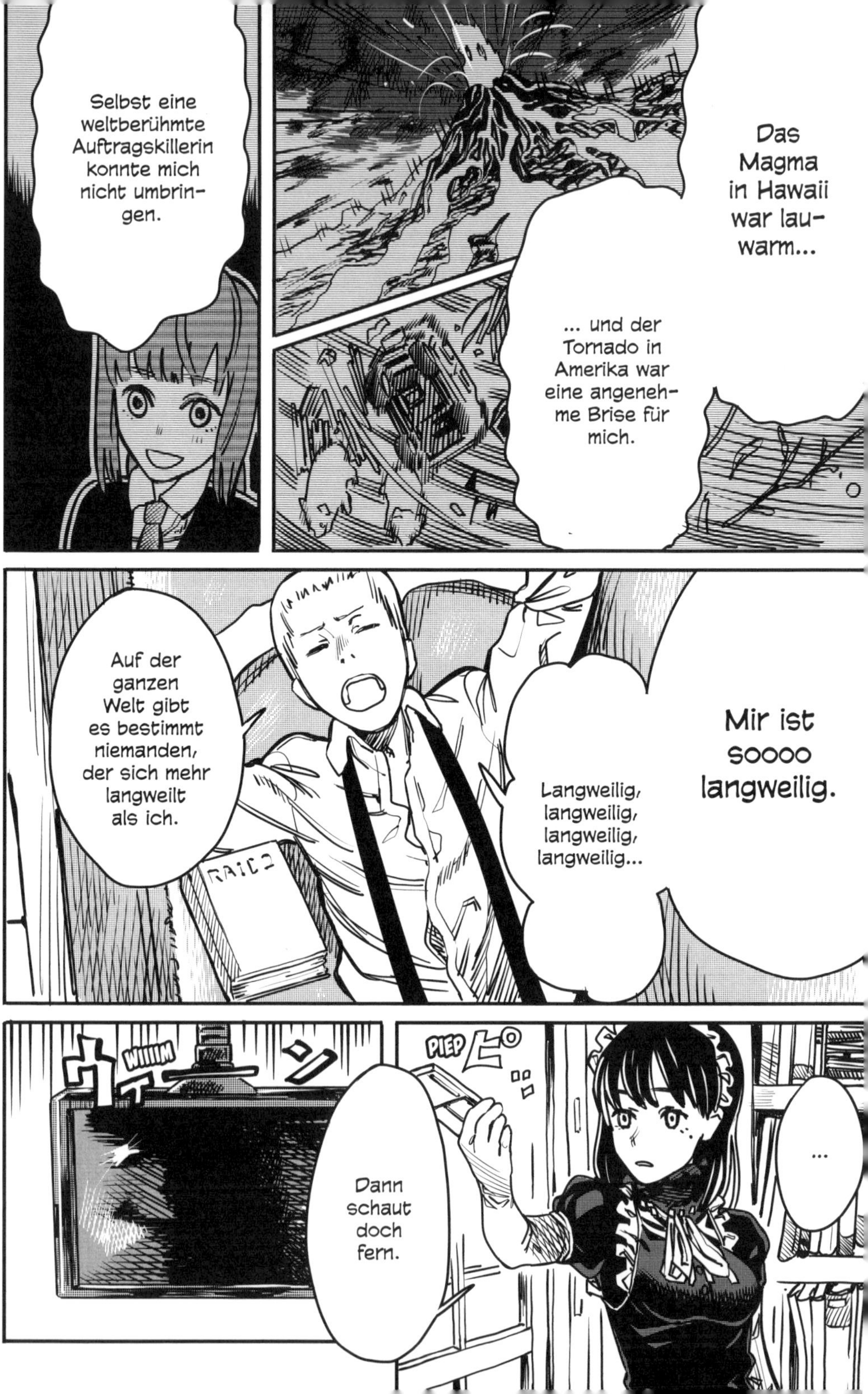
Das Magma in Hawaii war lauwarm...
... und der Tornado in Amerika war eine angenehme Brise für mich.
Selbst eine weltberühmte Auftragskillerin konnte mich nicht umbringen.
Mir ist soooo langweilig.
Langweilig, langweilig, langweilig, langweilig...
Auf der ganzen Welt gibt es bestimmt niemanden, der sich mehr langweilt als ich.
...
PIEP
Dann schaut doch fern.
WIIIIM

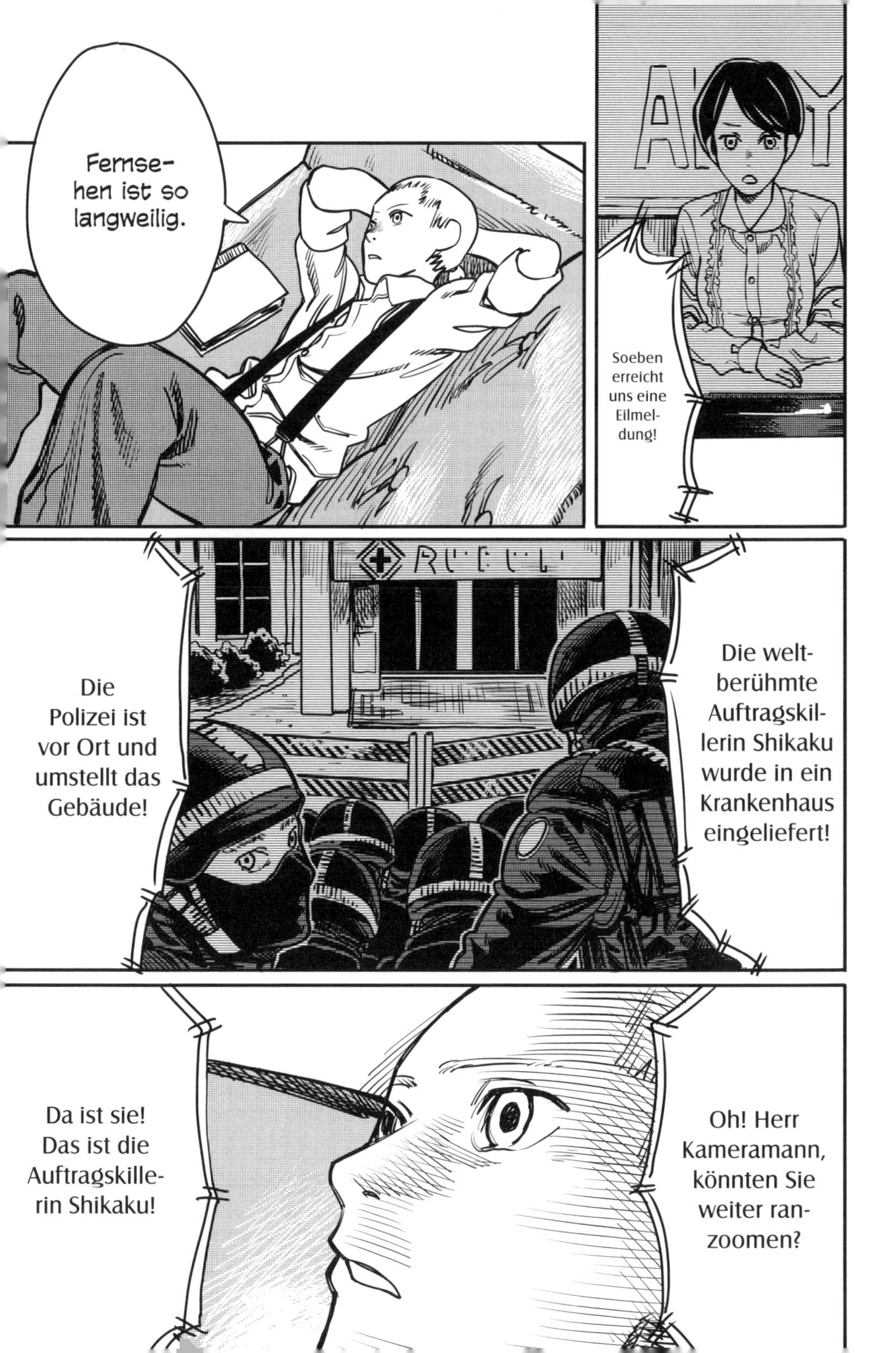
Soeben erreicht uns eine Eilmeldung!
Fernsehen ist so langweilig.
Die weltberühmte Auftragskillerin Shikaku wurde in ein Krankenhaus eingeliefert!
Die Polizei ist vor Ort und umstellt das Gebäude!
Oh! Herr Kameramann, könnten Sie weiter ranzoomen?
Da ist sie! Das ist die Auftragskillerin Shikaku!

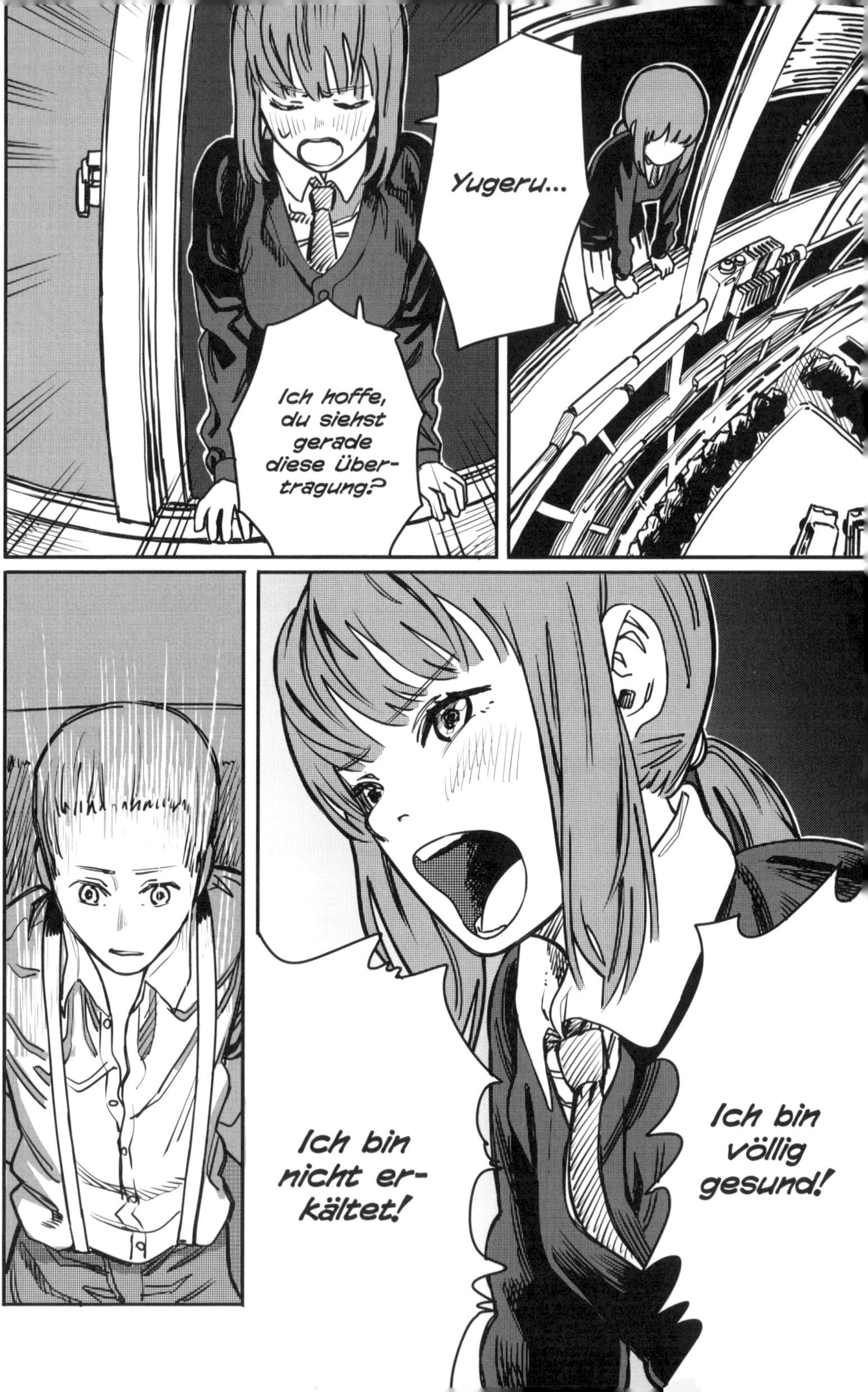
Yugeru...
Ich hoffe, du siehst gerade diese Über-tragung?
Ich bin völlig gesund!
Ich bin nicht er-kältet!

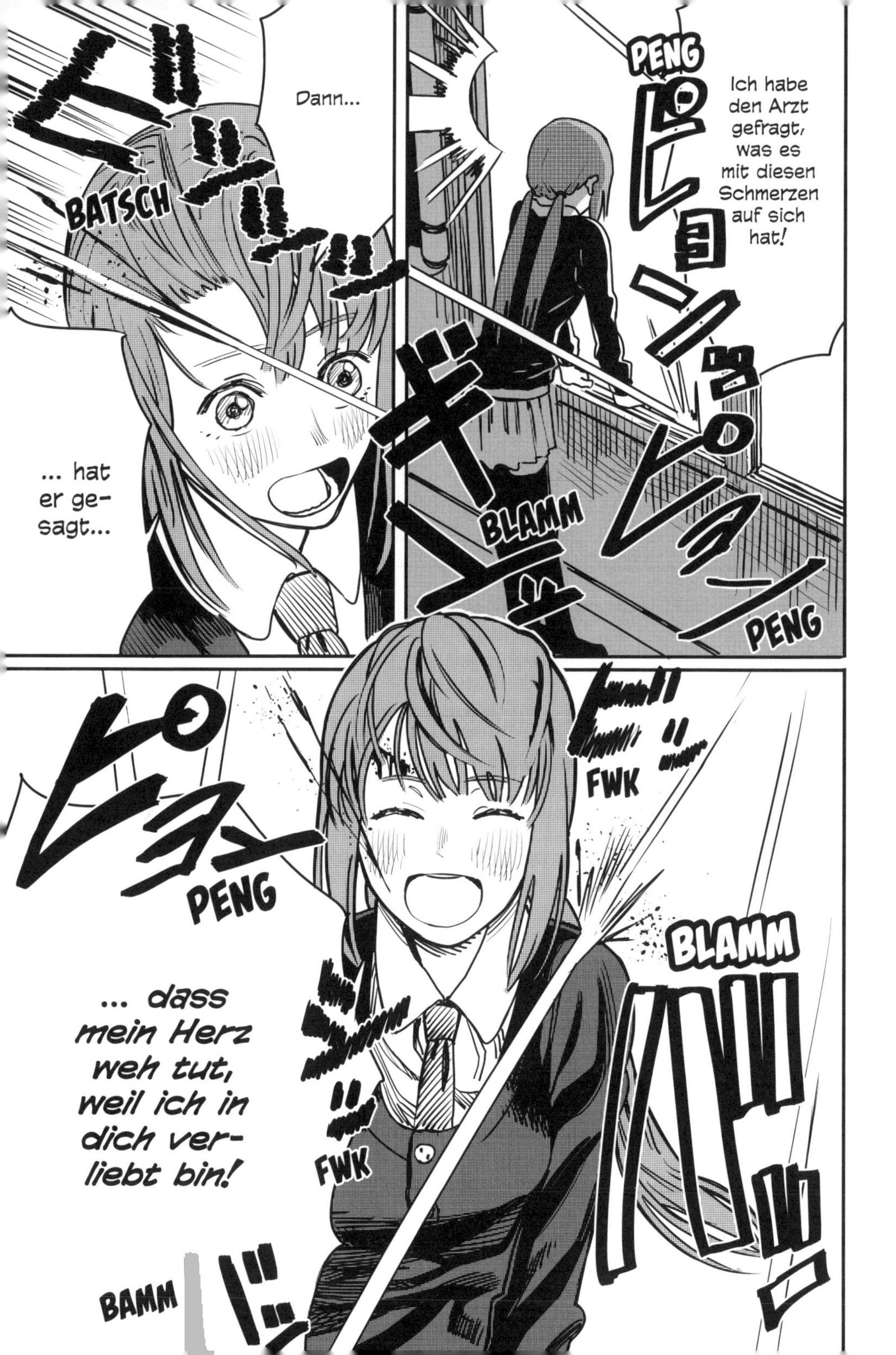
PENG
Ich habe den Arzt gefragt, was es mit diesen Schmerzen auf sich hat!
PENG
BLAMM
Dann...
BATSCH
... hat er gesagt...
FWK
PENG
BLAMM
... dass mein Herz weh tut, weil ich in dich verliebt bin!
FWK
BAMM

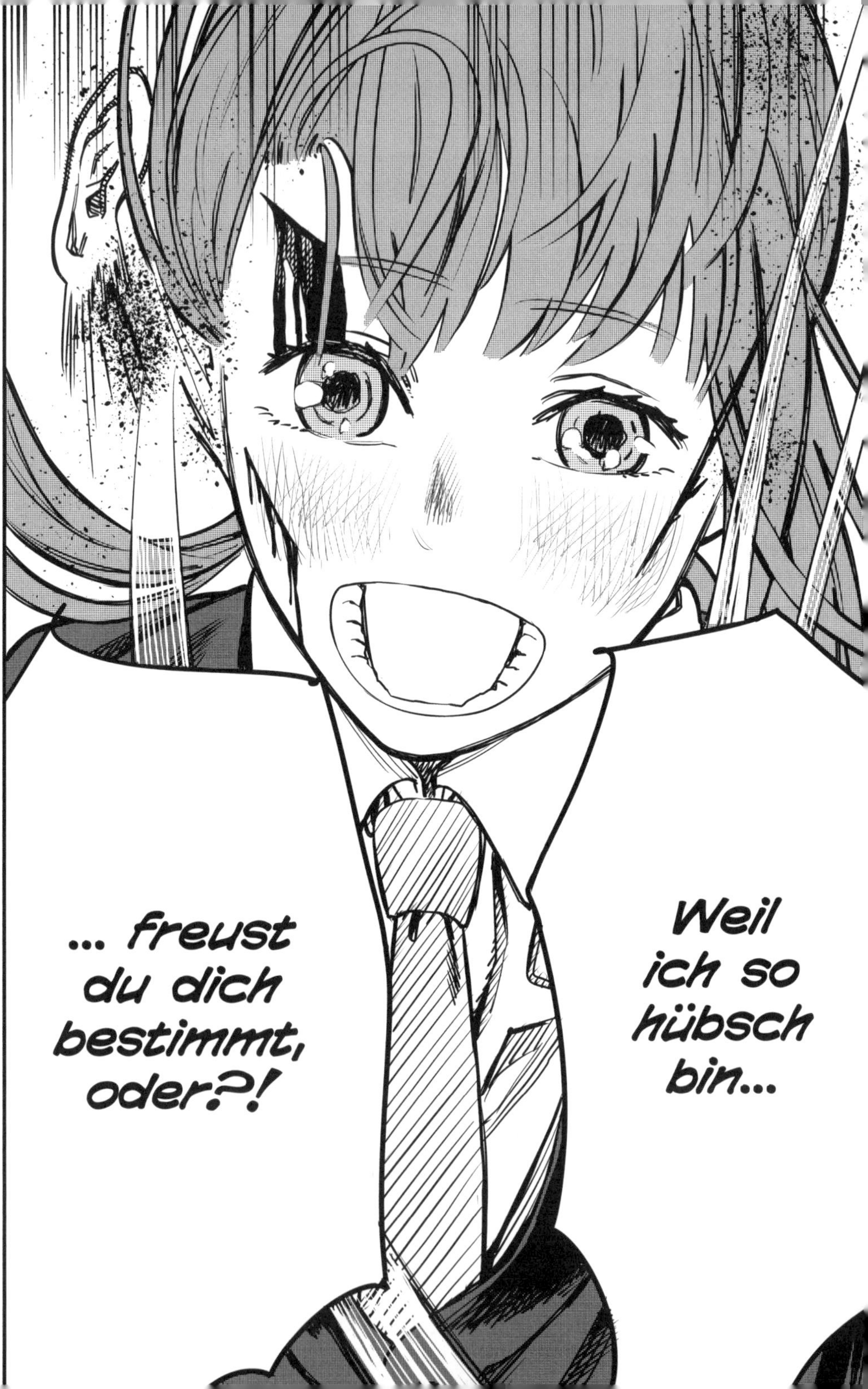
Weil ich so hübsch bin...
... freust du dich bestimmt, oder?!

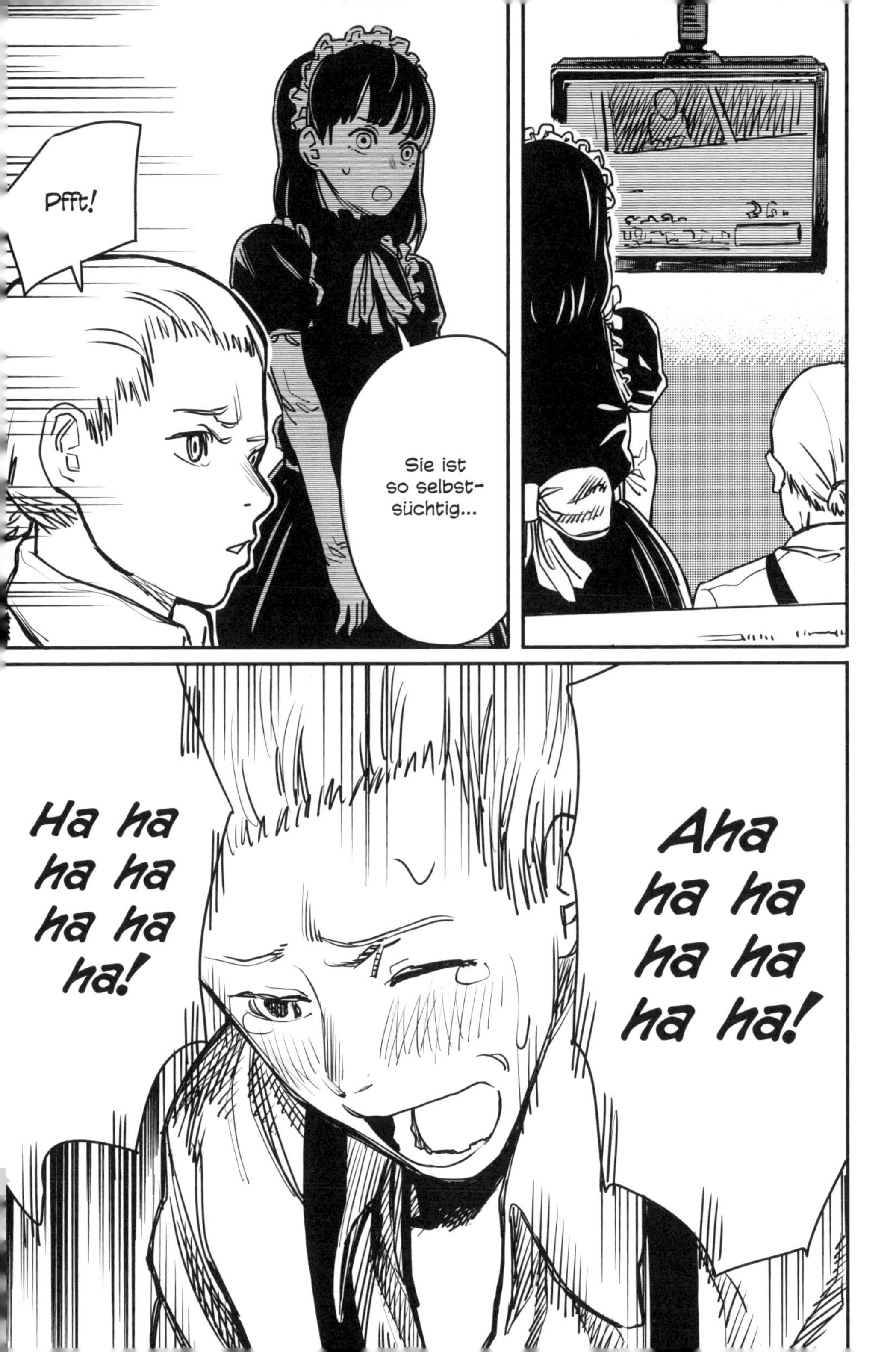
Sie ist so selbst-süchtig...
Pfft!
Aha ha ha ha ha ha ha!
Ha ha ha ha ha ha ha!

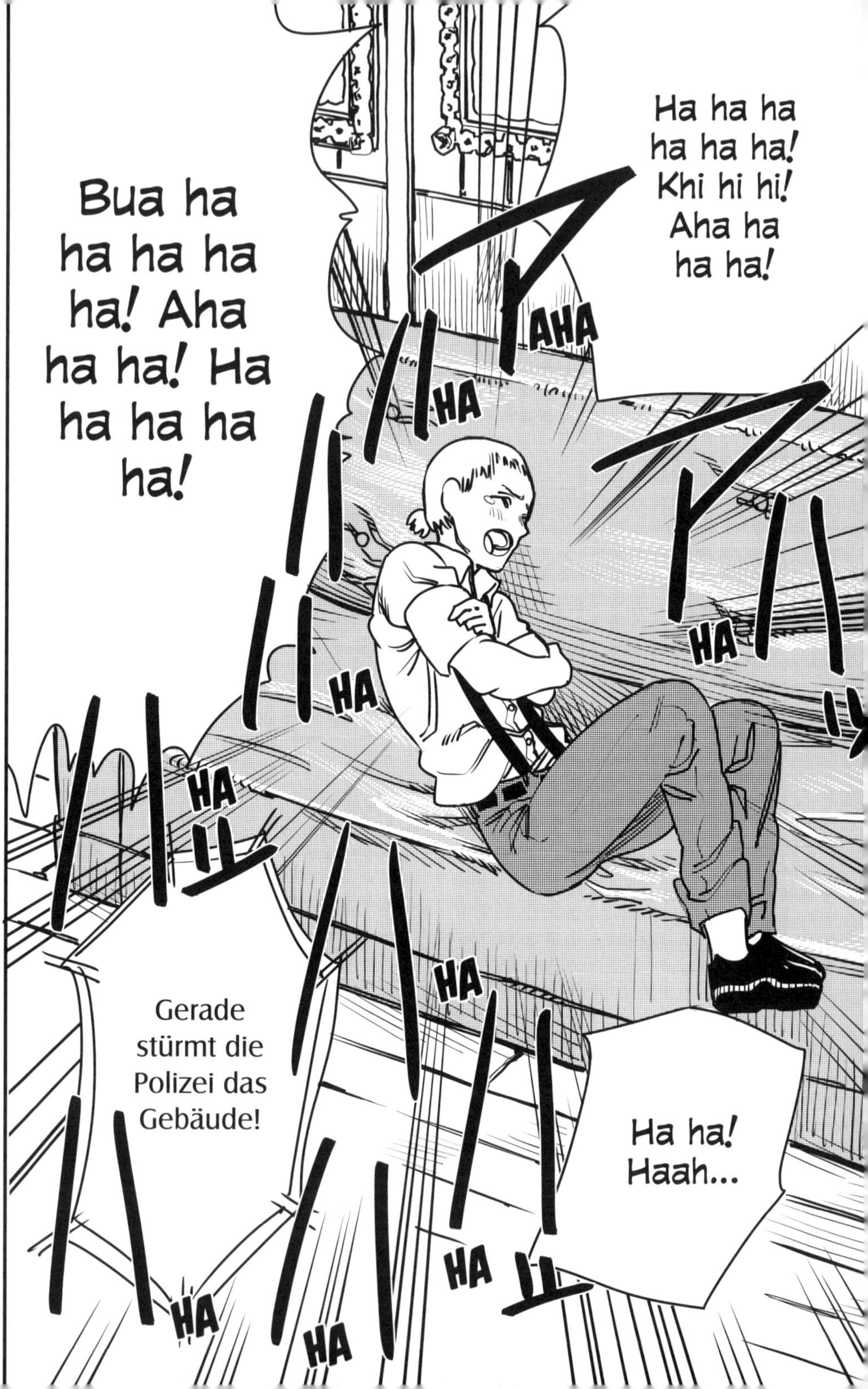
Ha ha ha ha ha ha! Khi hi hi! Aha ha ha ha!
Bua ha ha ha ha ha! Aha ha ha! Ha ha ha ha ha!
AHA
HA
HA
HA
HA
Gerade stürmt die Polizei das Gebäude!
Ha ha! Haah...
HA
HA
HA

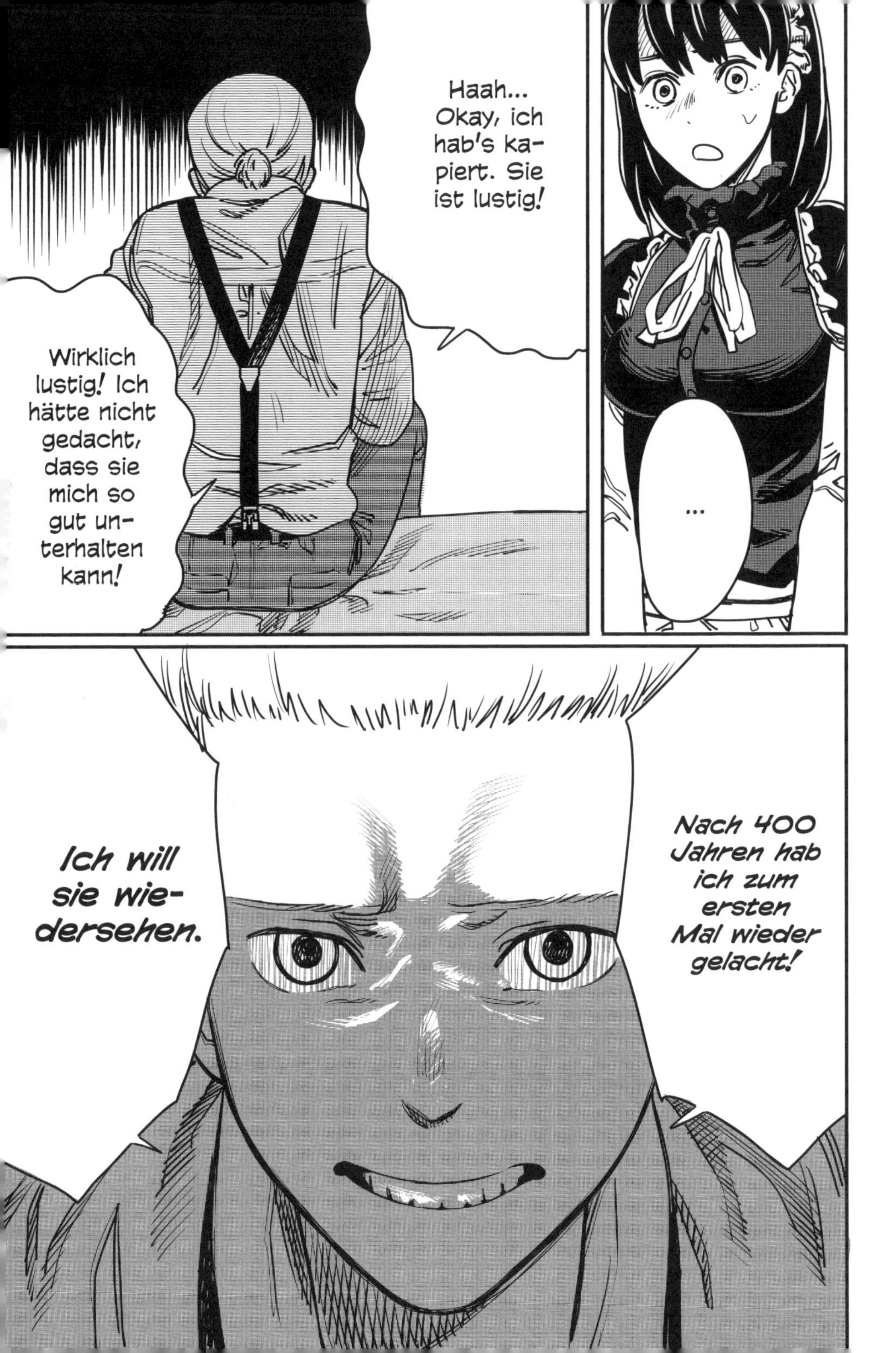
...
Haah... Okay, ich hab's kapiert. Sie ist lustig!
Wirklich lustig! Ich hätte nicht gedacht, dass sie mich so gut unterhalten kann!
Nach 400 Jahren hab ich zum ersten Mal wieder gelacht!
Ich will sie wiedersehen.

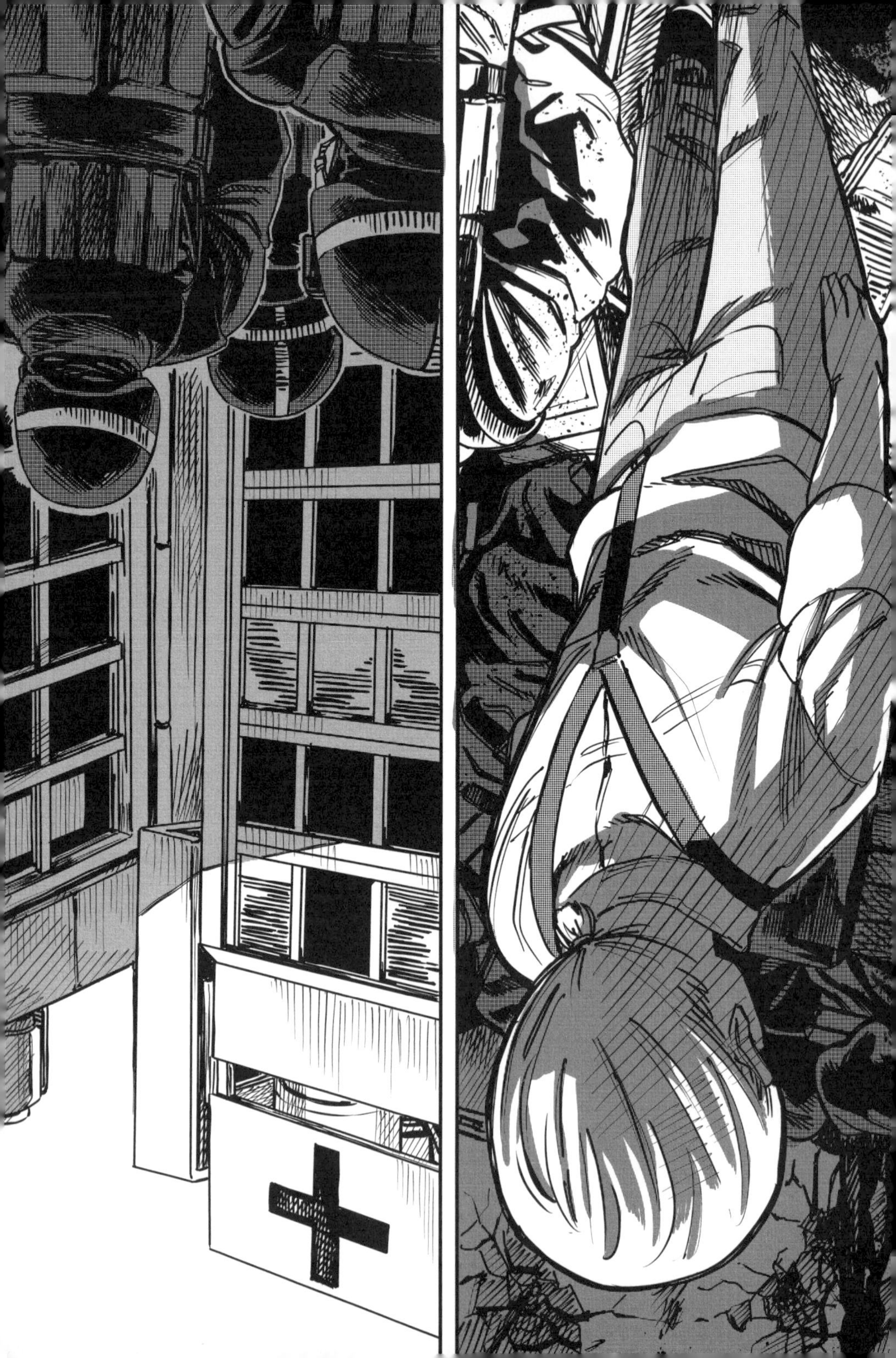

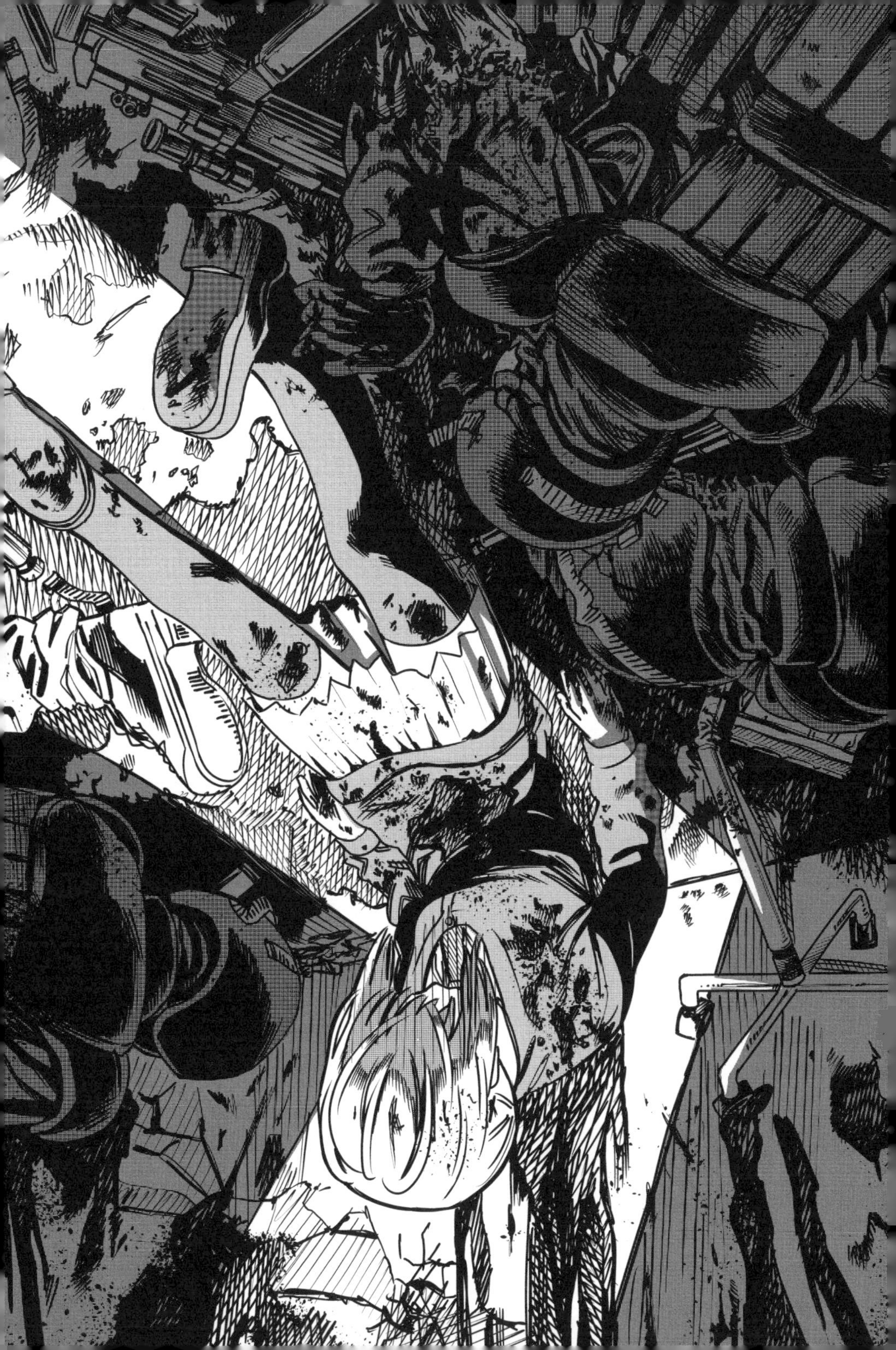

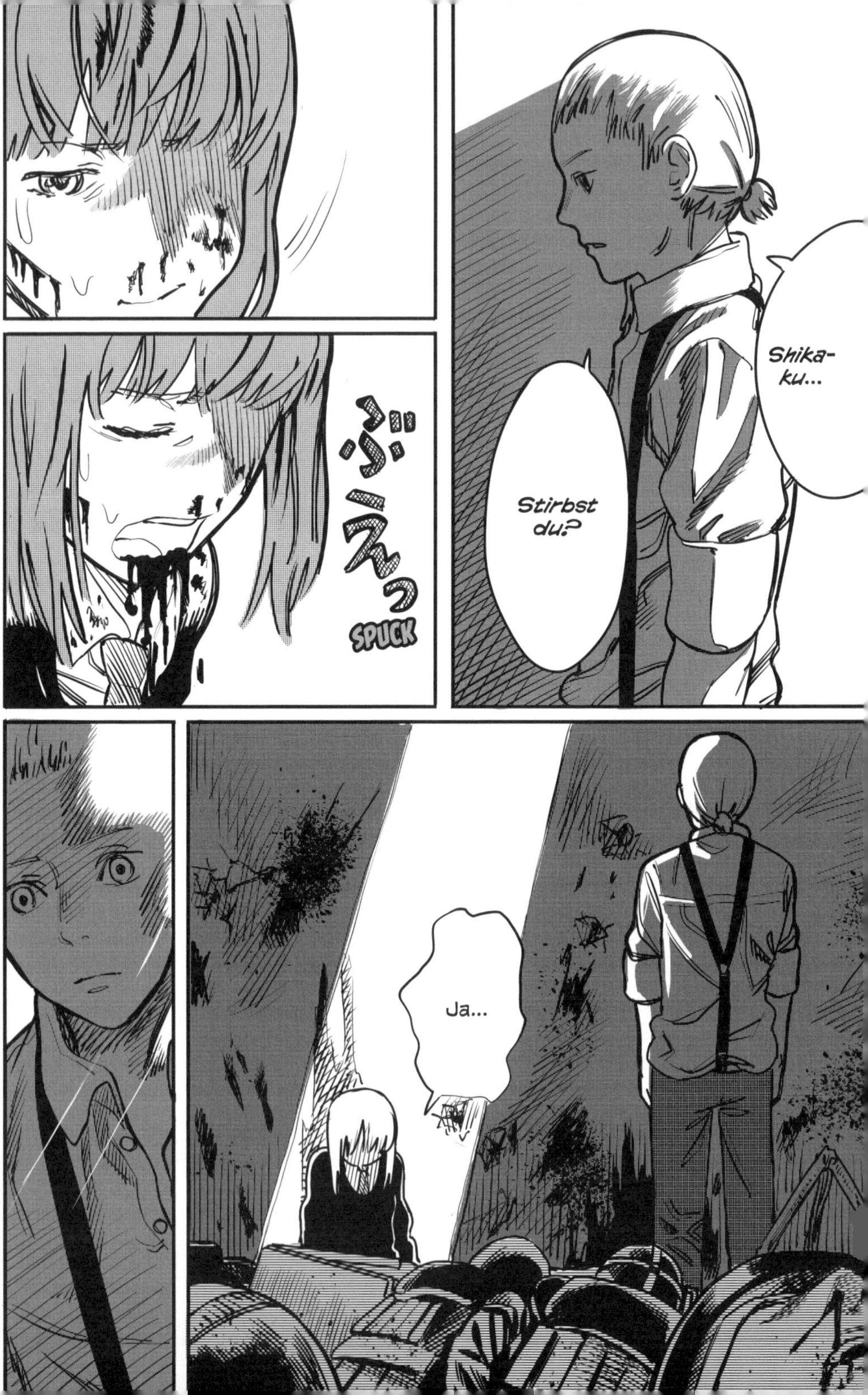
Shika-ku...
Stirbst du?
ぶえっ
SPUCK
Ja...

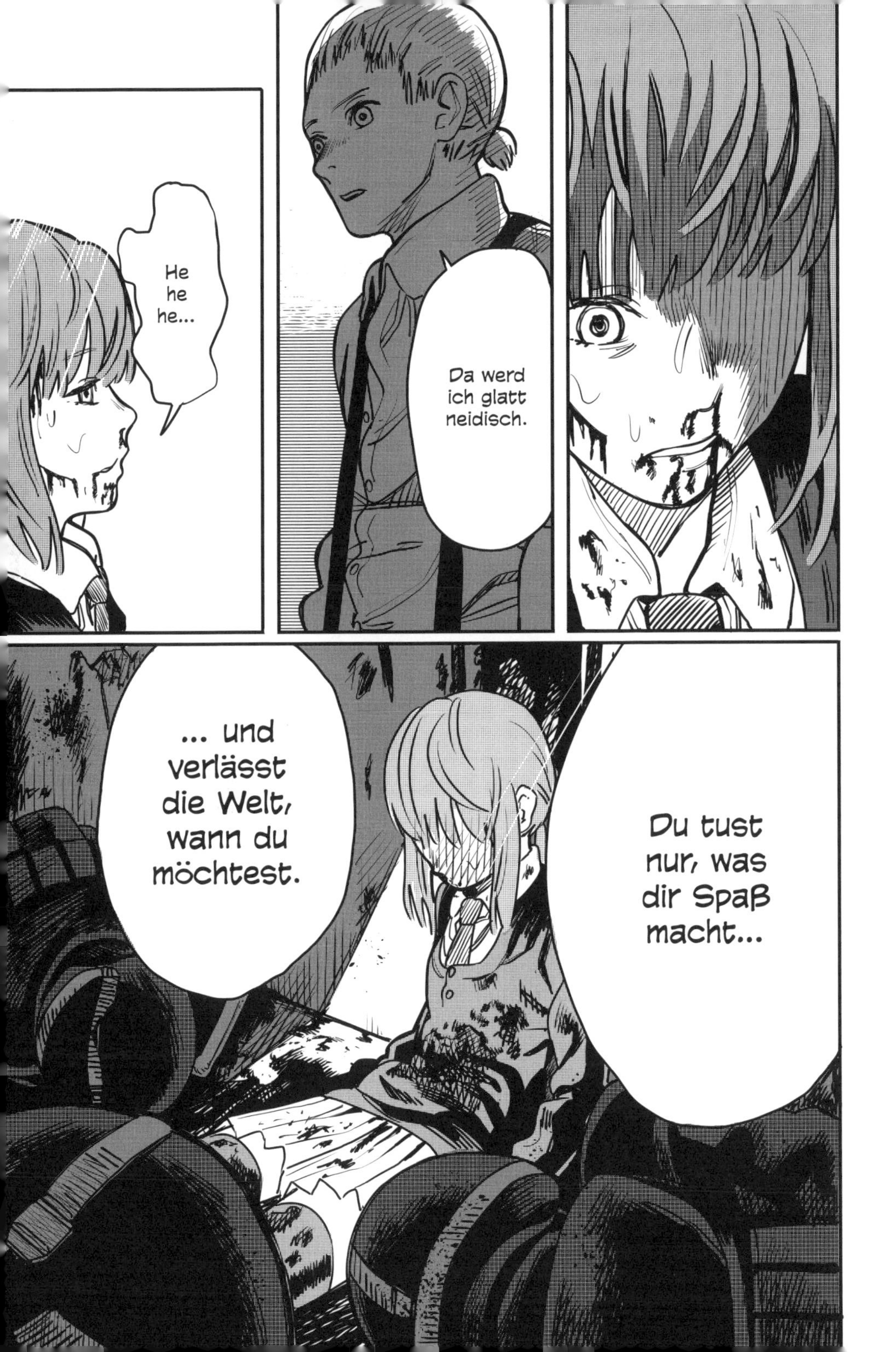
Da werd ich glatt neidisch.
He he he...
Du tust nur, was dir Spaß macht...
... und verlässt die Welt, wann du möchtest.

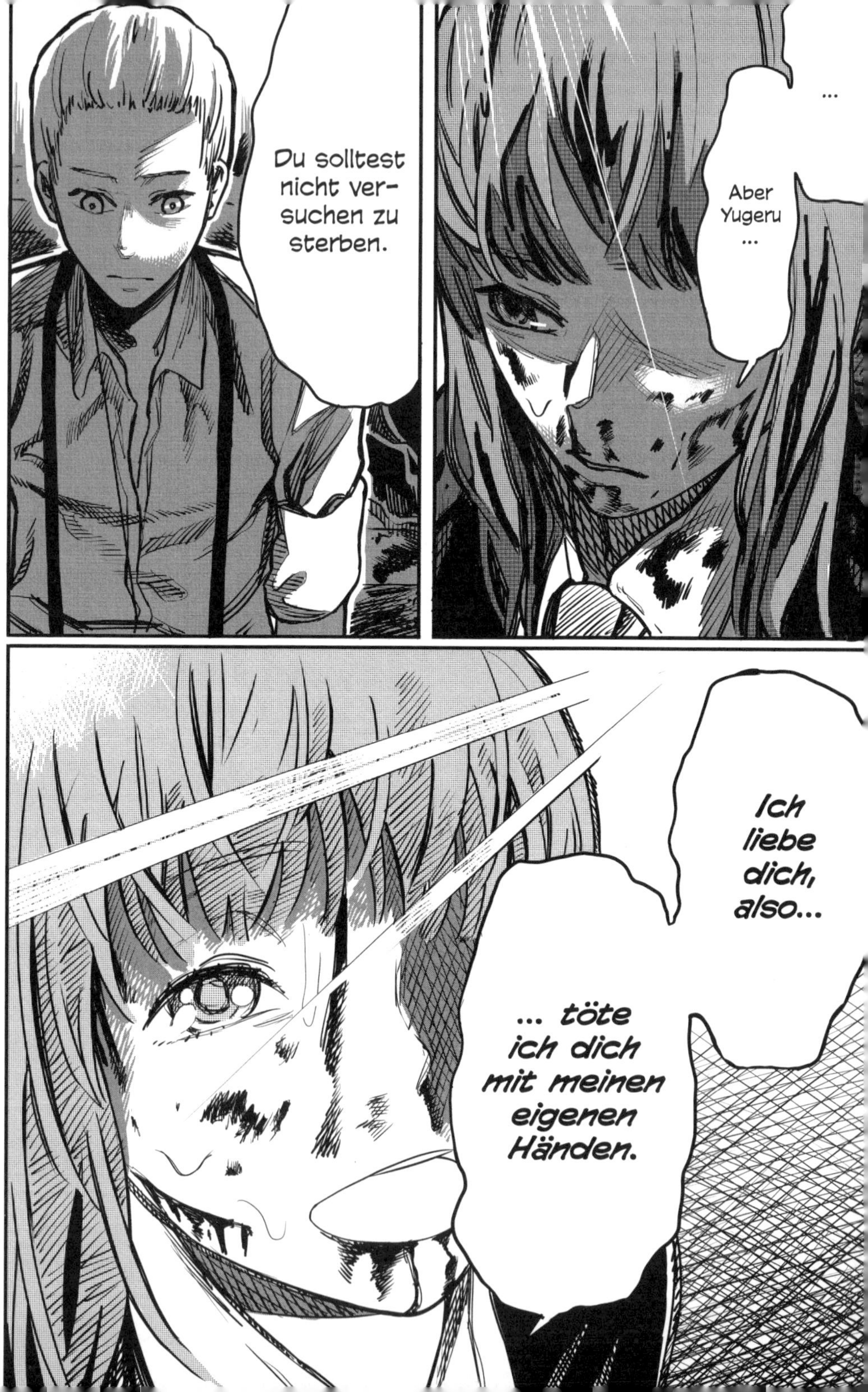
...
Aber Yugeru ...
Du solltest nicht versuchen zu sterben.
Ich liebe dich, also...
... töte ich dich mit meinen eigenen Händen.

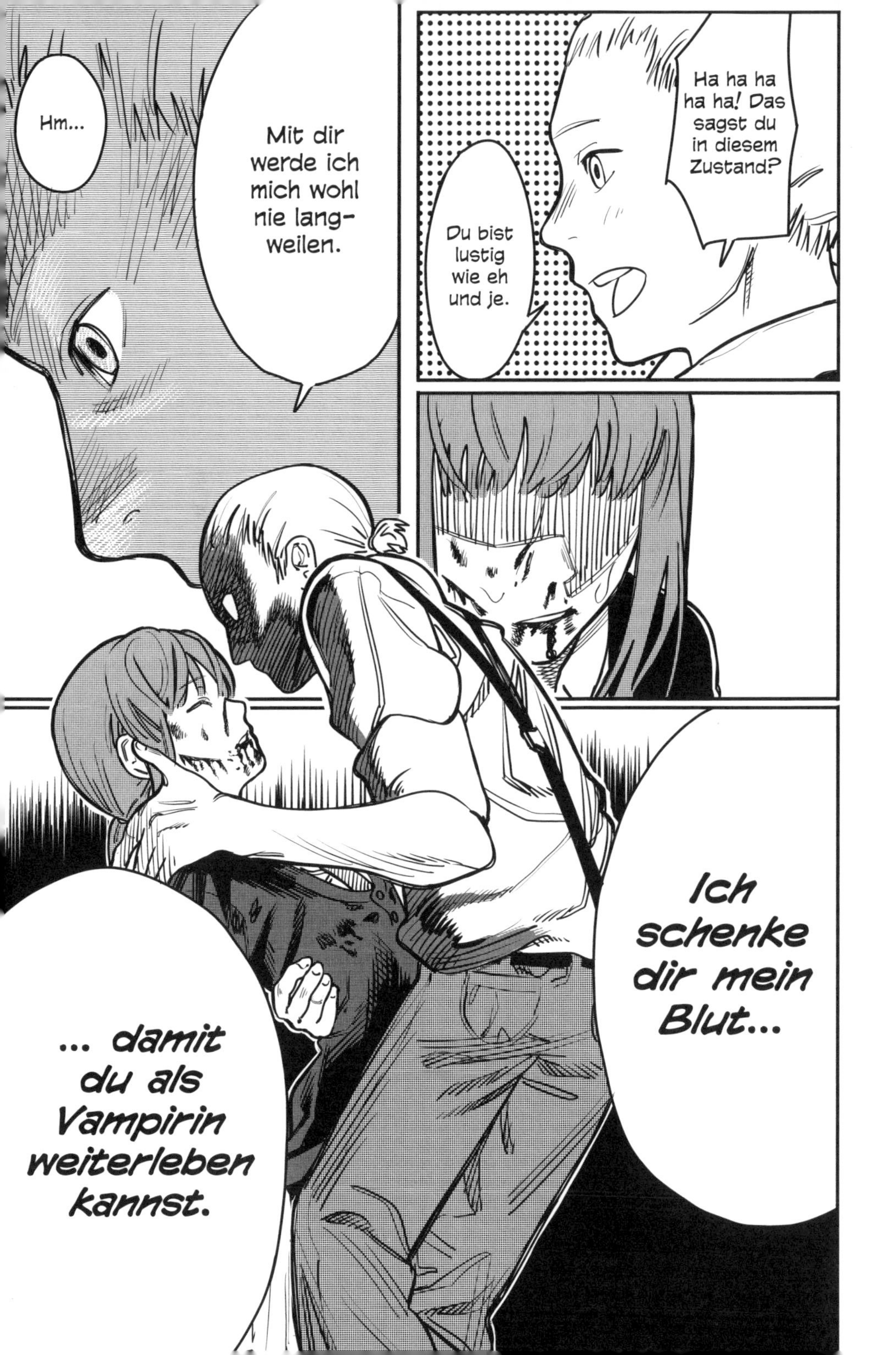
Ha ha ha ha ha! Das sagst du in diesem Zustand?
Du bist lustig wie eh und je.
Mit dir werde ich mich wohl nie lang-weilen.
Hm...
Ich schenke dir mein Blut...
... damit du als Vampirin weiterleben kannst.

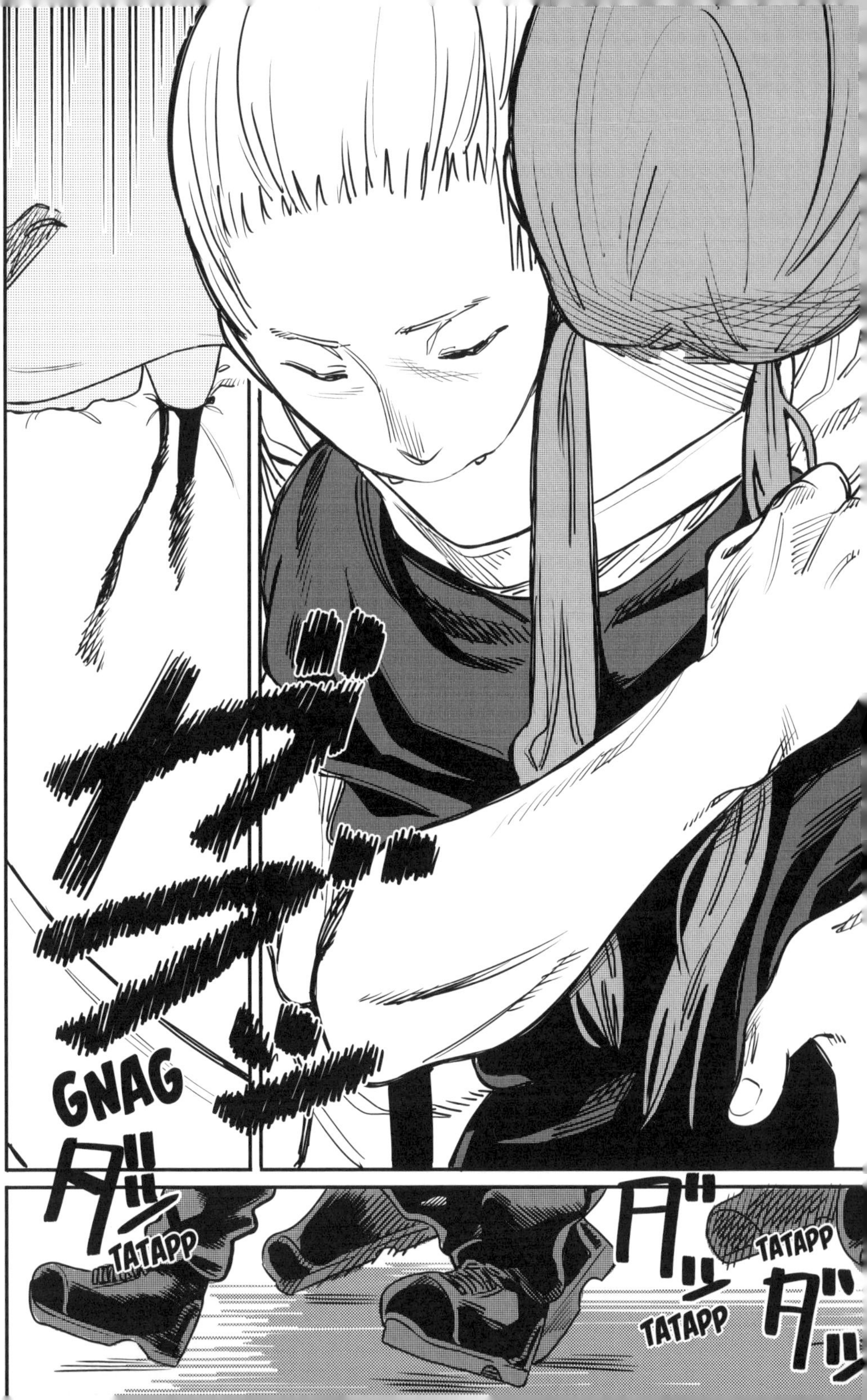
GNAG
ダッ
TATAPP
ダッ
TATAPP
TATAPP
ダッ

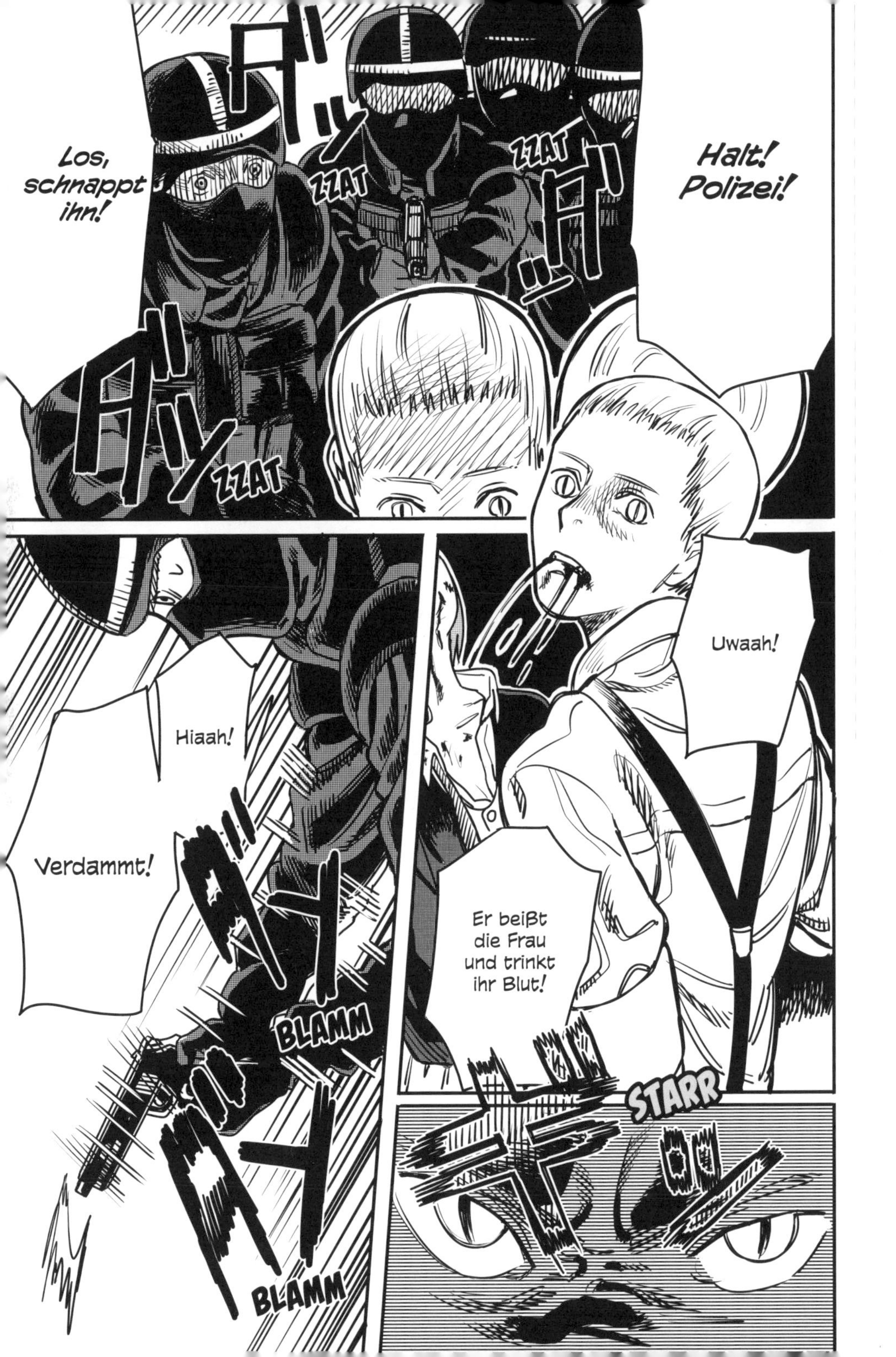
Halt! Polizei!
ZZAT
ZZAT
Los, schnappt ihn!
ZZAT
Uwaah!
Er beißt die Frau und trinkt ihr Blut!
STARR
Hiaah!
Verdammt!
BLAMM
BLAMM

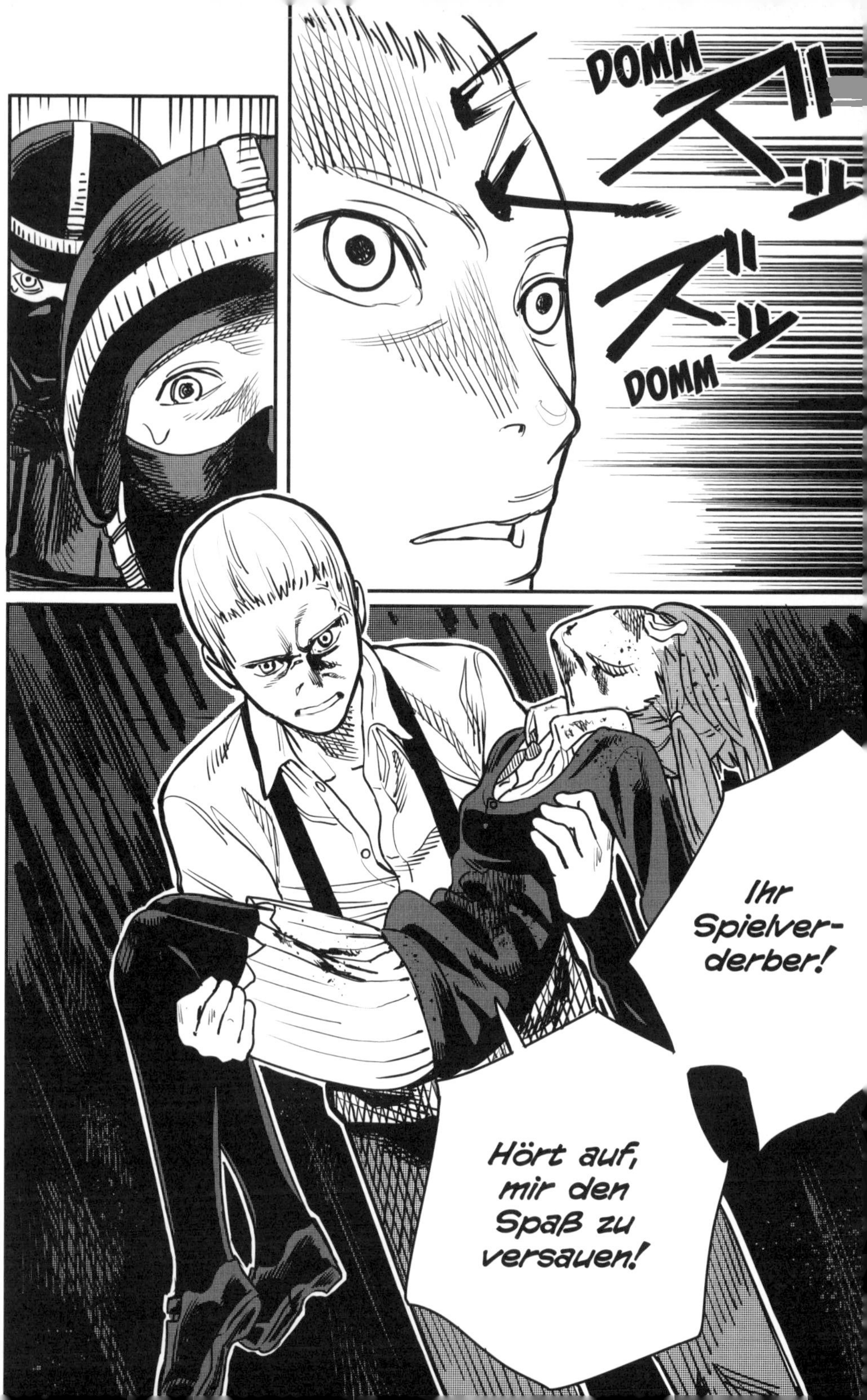
DOMM
DOMM
Ihr Spielver-derber!
Hört auf, mir den Spaß zu versauen!

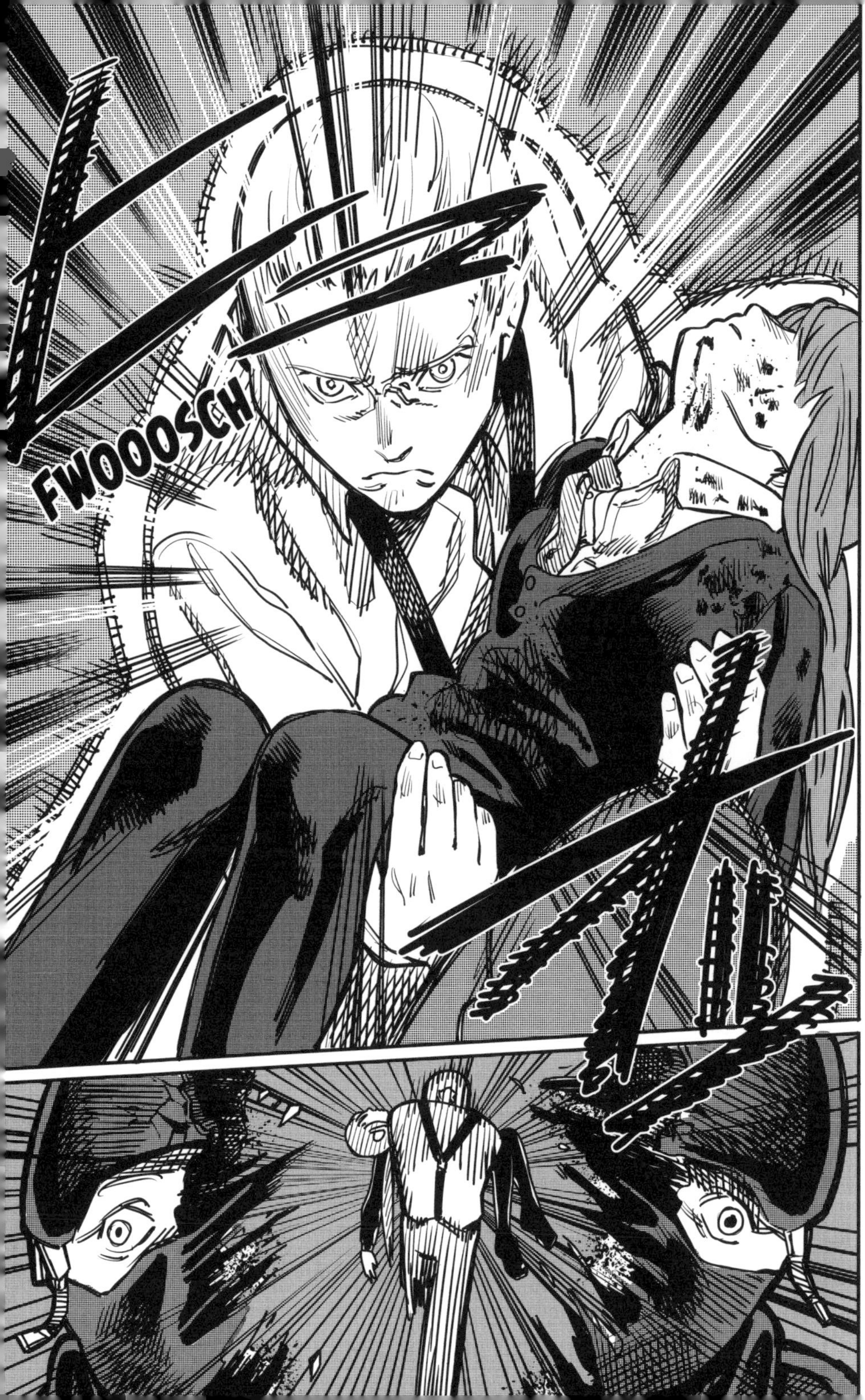

FWOOOSCH

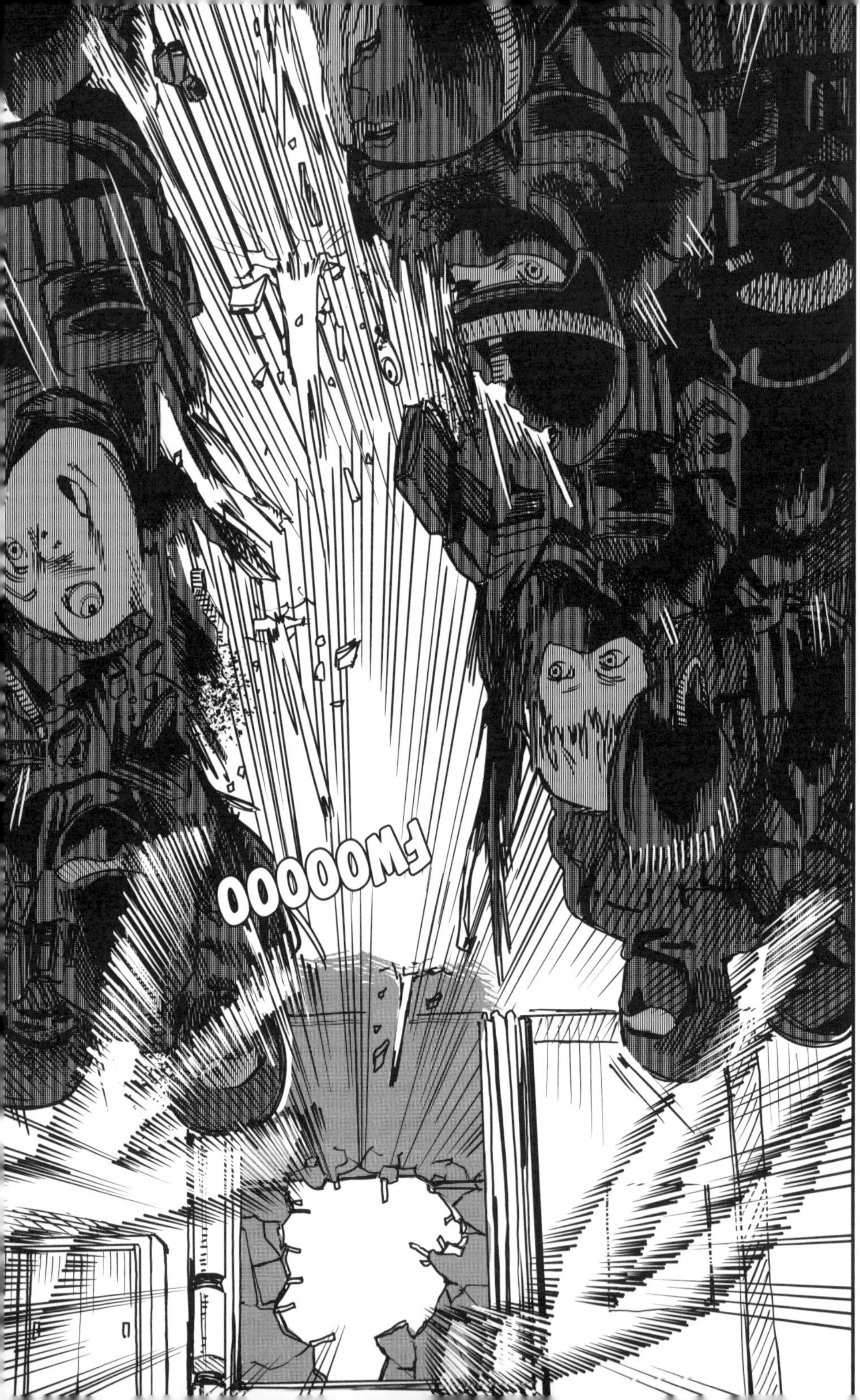
FWOOOOO

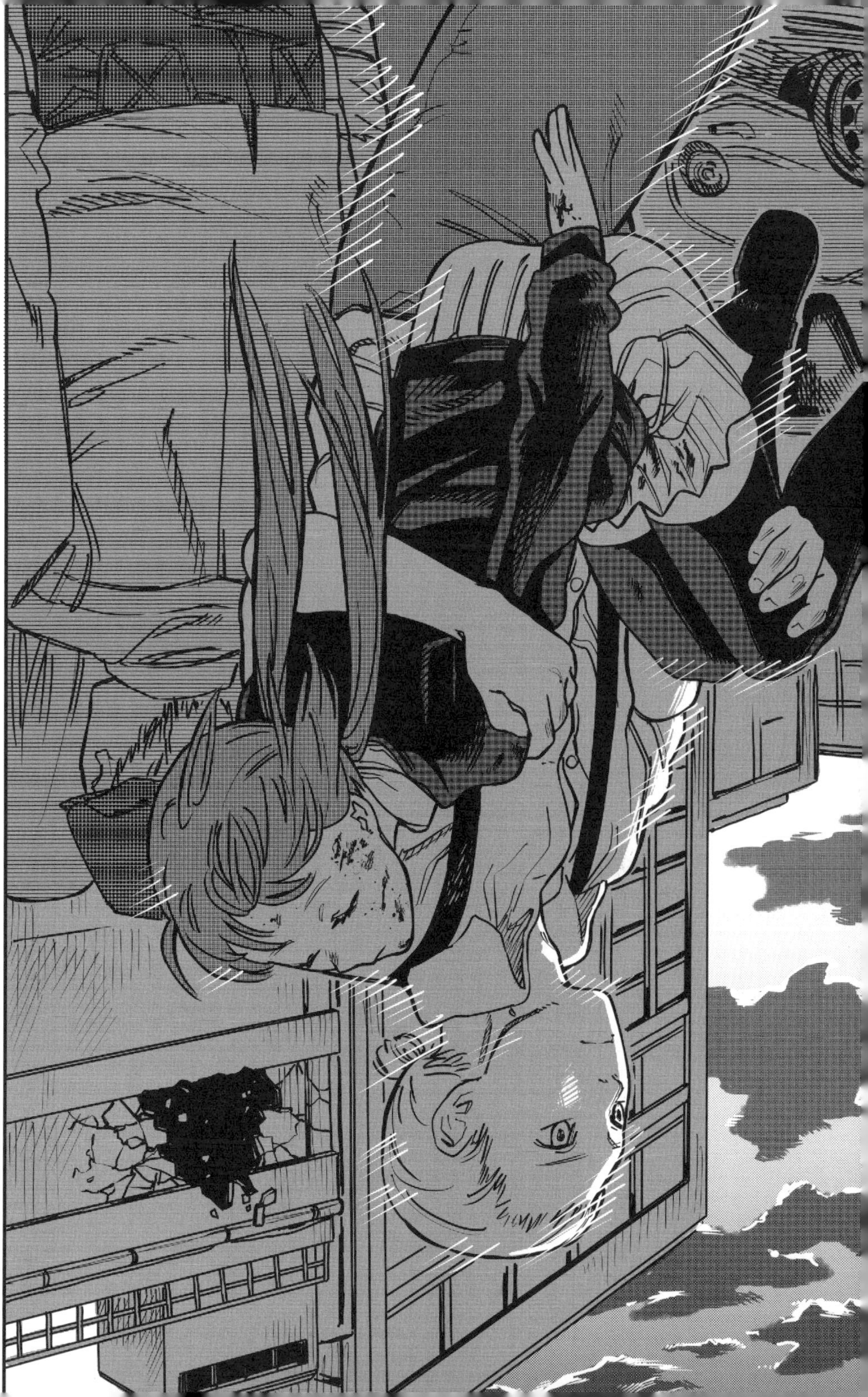

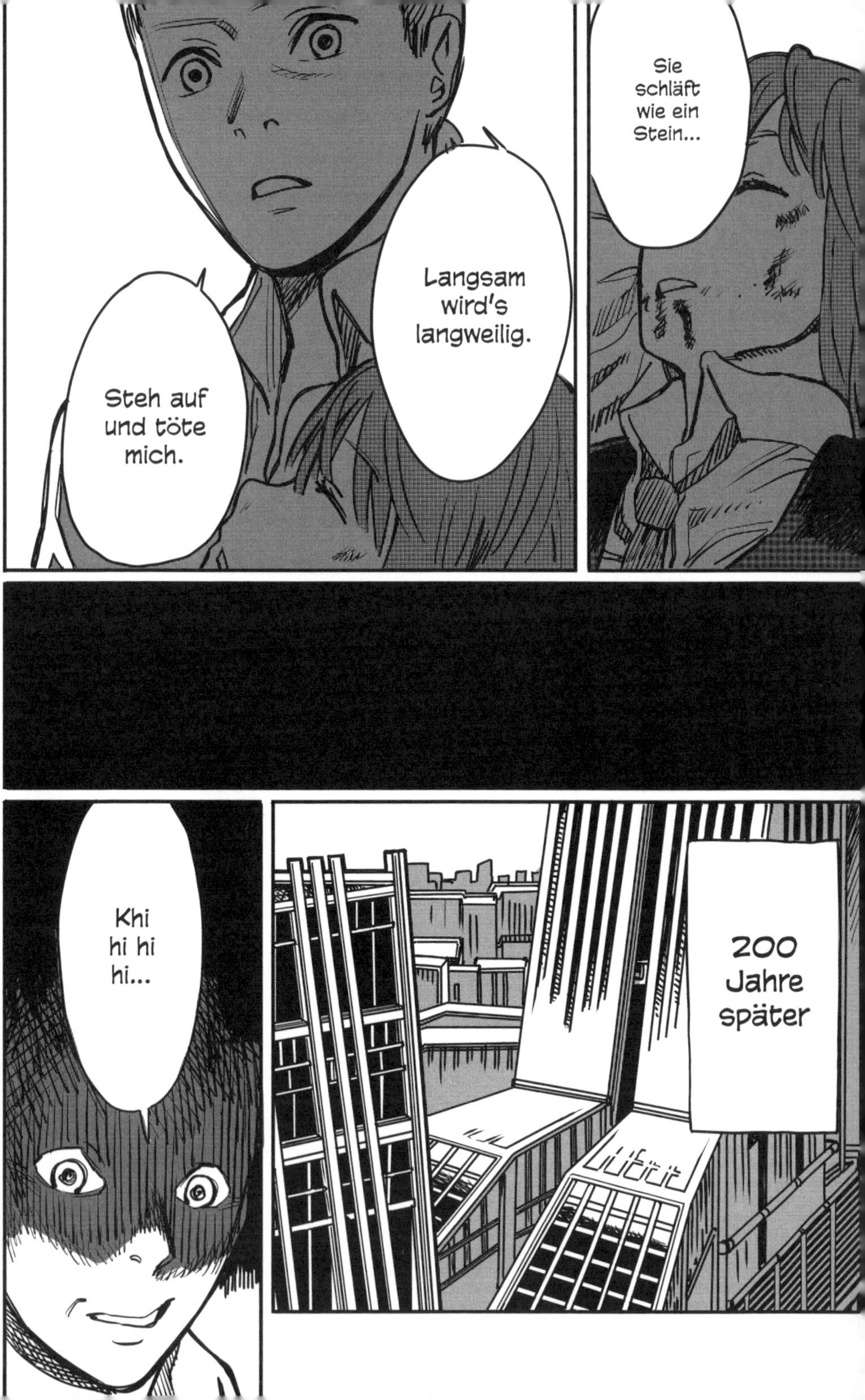
Sie schläft wie ein Stein...
Langsam wird's langweilig.
Steh auf und töte mich.
200 Jahre später
Khi hi hi hi...

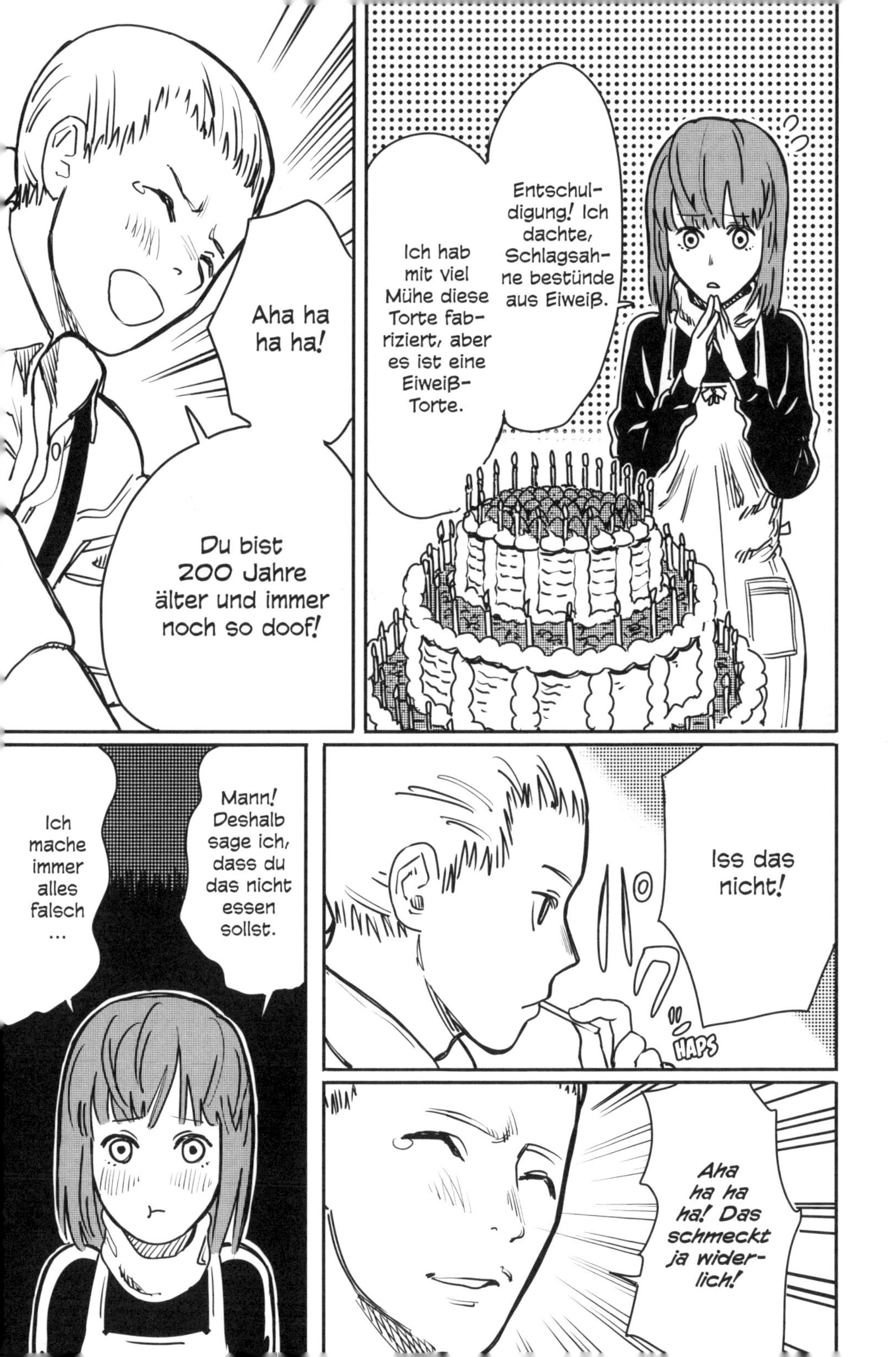
Entschuldigung! Ich dachte, Schlagsahne bestünde aus Eiweiß.
Ich hab mit viel Mühe diese Torte fabriziert, aber es ist eine Eiweiß-Torte.
Aha ha ha ha!
Du bist 200 Jahre älter und immer noch so doof!
Iss das nicht!
HAPS
Mann! Deshalb sage ich, dass du das nicht essen sollst.
Ich mache immer alles falsch ...
Aha ha ha ha! Das schmeckt ja widerlich!

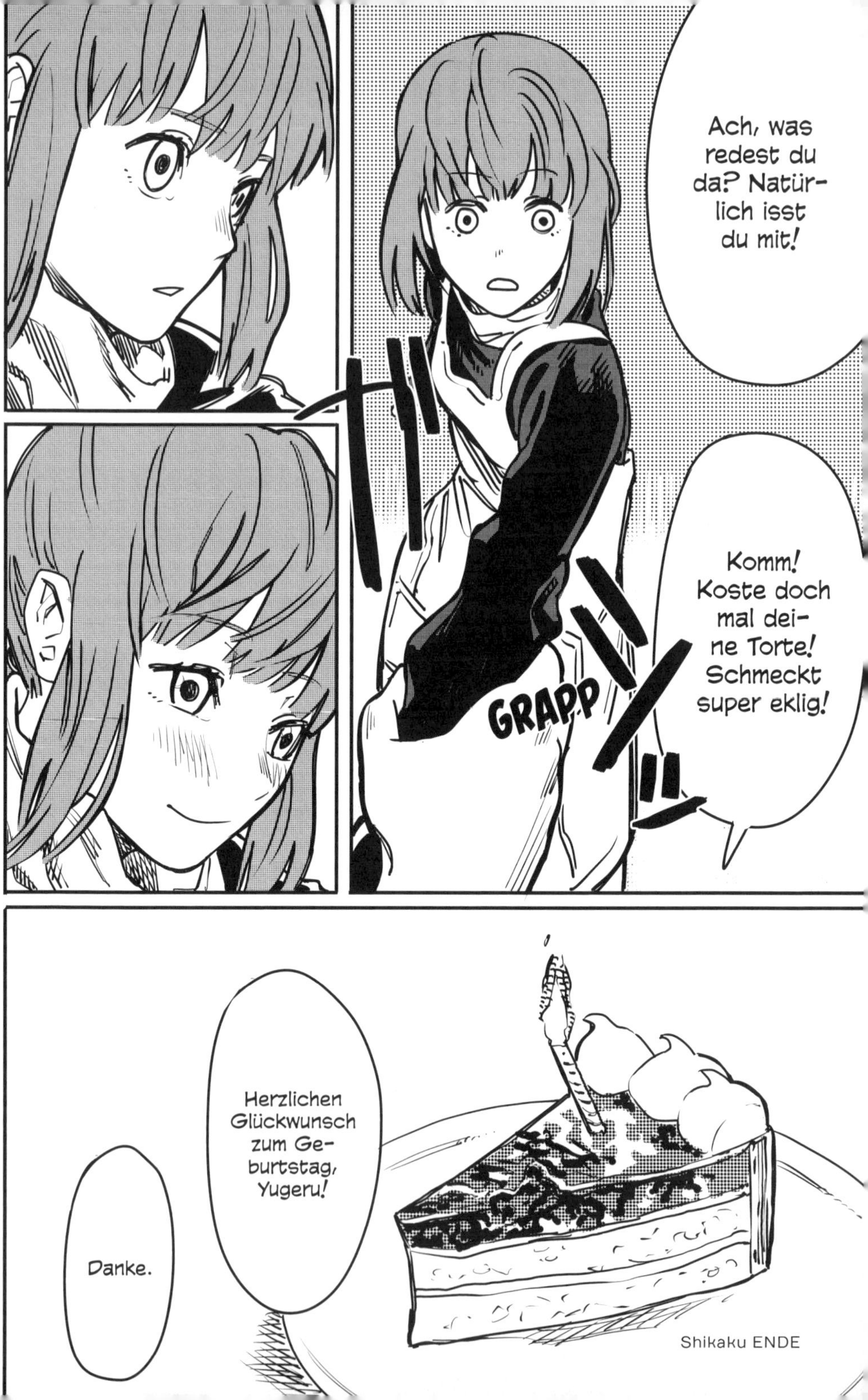
Ach, was redest du da? Natürlich isst du mit!
Komm! Koste doch mal deine Torte! Schmeckt super eklig!
GRAPP
Herzlichen Glückwunsch zum Geburtstag, Yugeru!
Danke.
Shikaku ENDE

[Shikaku]

Die Produktion dieser Geschichte war eine Art Experiment mit folgender Fragestellung: „Was für eine Geschichte wird herauskommen, wenn ich 39 Grad Fieber habe?“

Als ich später an einer Magen-Darm-Infektion litt, wiederholte ich den Versuch, aber die Story war so langweilig, dass sie von meinem Redakteur sofort abgelehnt wurde.

Mit 17 Jahren kam ich an eine Kunsthochschule in Yamagata, kurz nachdem sich das Tohoku-Erdbeben (2011) ereignet hatte. Viele meiner Kommilitonen fragten sich wohl: Ist das der richtige Moment, Kunst zu studieren? Auch ich grübelte über dieser Frage und nahm schließlich als freiwilliger Helfer an einem Wiederaufbauprojekt in Ishinomaki teil. Im Bus nach Ishinomaki traf ich viele Kunst- und Sportstudenten, die sich in einer ähnlichen Lage befanden. Vor Ort bekamen wir die Aufgabe, die Straßengräben eines Wohnviertels vom Dreck zu befreien. Wir haben den ganzen Tag Unrat in Säcke gepackt und auf einen LKW geladen - aber leider nicht alles an einem Tag geschafft. 30 junge Menschen haben den ganzen Tag geschuftet, und trotzdem gab es noch jede Menge zu tun. Wir fühlten uns klein und machtlos, und auf dem Rückweg schwiegen wir. Ein Sportstudent, der mit mir zusammengearbeitet hatte, meinte: „Unsere Mühe war völlig umsonst."

Später habe ich noch ein einziges Mal daran teilgenommen, und das war's dann. Für mein Studium der Ölmalerei brauchte ich Geld, und um welches zu verdienen, musste ich Manga zeichnen. Seit meinem 17. Lebensjahr fühle ich ununterbrochen diese Machtlosigkeit. Und jedes Mal, wenn irgendwo auf der Welt etwas Trauriges geschieht, befällt mich das Gefühl, dass meine Tätigkeit völlig sinnlos ist.

Irgendwann verspürte ich den starken Drang, diesen Frust in einem Manga zu verarbeiten. Auf diese Weise ist „Look Back" entstanden. Und komischerweise fühlte ich mich danach halbwegs erleichtert.

Jetzt, wo ich diese Kurzgeschichtensammlung lese, erinnere ich mich nicht nur an dieses Gefühl der Machtlosigkeit, sondern auch daran, dass ich immer hungrig war oder wie ich mit Freunden zusammen Zeichnen geübt habe. Ich habe viele traurige Erinnerungen, aber es gab auch viel Gutes. Deshalb bin ich heute sehr froh darüber, dass nicht nur „Look Back", sondern auch diese Kurzgeschichtensammlung erschienen ist.

Ich gebe ganz offen zu, dass ich ursprünglich dagegen war, dass dieses Buch publiziert wird. Ich war zu faul, ein Coverbild und ein Nachwort vorzubereiten.

Letzten Endes freue ich mich aber, dass es nun doch erschienen ist.

CHAINSAW MAN © 2021 by Tatsuki Fujimoto/SHUEISHA Inc.

Action

Tatsuki Fujimoto
CHAINSAW MAN

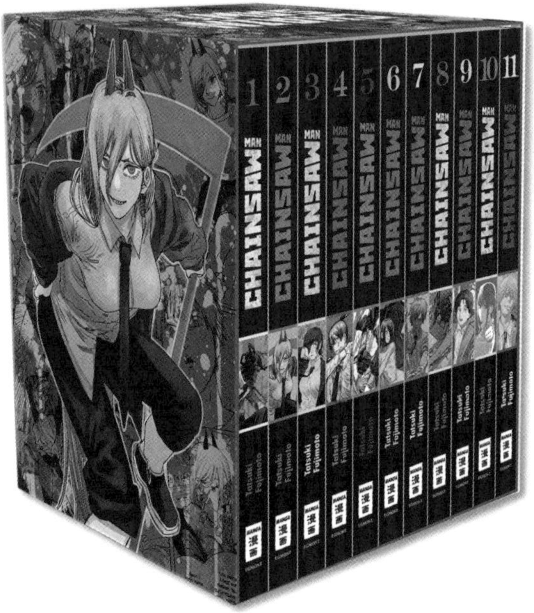

Als Denji dem kleinen Teufel Pochita – ein Hund mit einer Kettensäge auf dem Kopf – das Leben rettet, schenkt dieser ihm die Fähigkeit, sich in den Chainsaw Man zu verwandeln. Es dauert nicht lange, bis die Regierung auf ihn und seine Superkräfte aufmerksam wird: Ab sofort macht Denji beruflich den Dämonen die Hölle heiß!

Chainsaw Man Schuber mit Extras
ISBN 978-3-7704-4318-5
€ 86,00 [D]

MANGA 漫画
EGMONT

www.egmont-manga.de

CHAINSAW MAN © 2018 by Tstsuki Fujimoto/SHUEISHA Inc.

Action

Tatsuki Fujimoto

CHAINSAW MAN

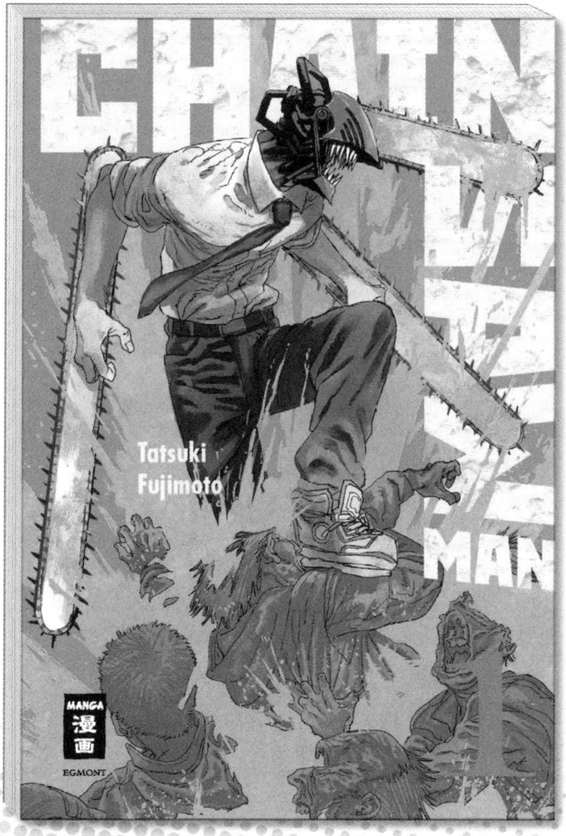

Denjis größter Wunsch ist es, ein ganz normales Leben zu führen. Doch er hat von seinem Vater nichts als Schulden bei der Mafia geerbt. Als Denji dem kleinen Teufel Pochita das Leben rettet, schenkt dieser ihm die Fähigkeit, sich in den Chainsaw Man zu verwandeln. Es dauert nicht lange, bis die Regierung auf den Jungen mit der Kettensäge als Kopf aufmerksam wird...

Chainsaw Man

Band 1 ISBN 978-3-7704-2847-2

€ 7,00 [D]

MANGA 漫画

www.egmont-manga.de

EGMONT

© Akira Kasugai 2019

Action

Akira Kasugai

DAS DUNKELGRAUE CHAMÄLEON

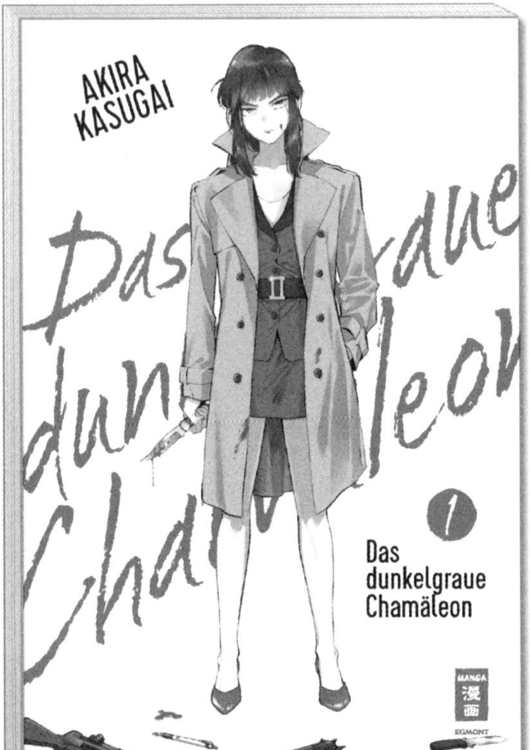

Anfang der Neunzigerjahre befindet sich Japan im Würgegriff einer nie dagewesenen Wirtschaftskrise. Während Profitgier und Skrupellosigkeit das Land regieren, begibt sich eine junge Frau auf einen blutigen Rachefeldzug. Doch die düstere Vergangenheit der hübschen Killerin ist nicht ihr einziges Geheimnis, denn hinter Lippenstift und Minirock verbirgt sich in Wahrheit ein Mann…

Das dunkelgraue Chamäleon 01
ISBN 978-3-7704-4324-6
€ 12,00 [D]

MANGA 漫画

EGMONT

www.egmont-manga.de

© Shinichi Fukuda / SQUARE ENIX CO., LTD.

Romance

Shinichi Fukuda

MORE THAN A DOLL

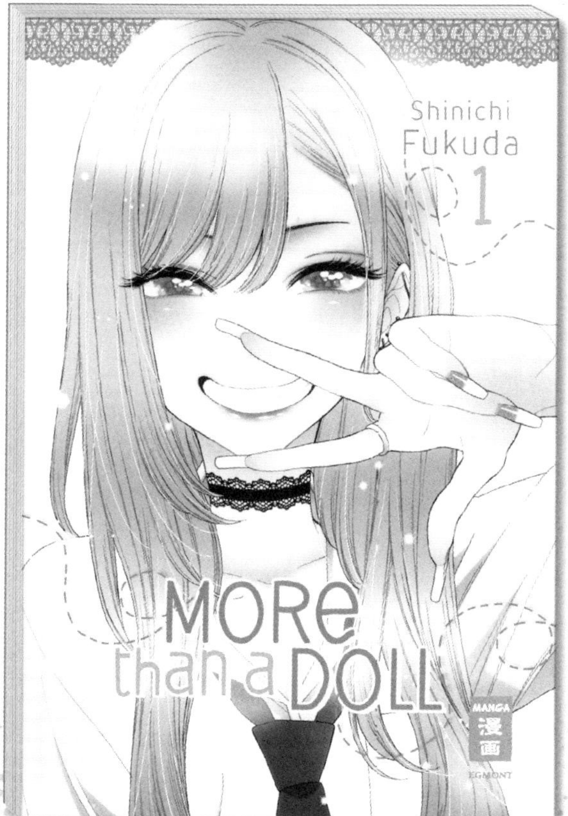

Unterschiedlicher könnten die beiden nicht sein:
Der schüchterne Gojo geht neben der Schule dem Schneidern nach und lebt sehr zurückgezogen. Marin hingegen ist quirlig, steht im Mittelpunkt und ist ein beliebtes Highschool-Girl. Jemand wie sie nimmt von einem Typen wie Gojo eigentlich keine Notiz. Eigentlich. Denn sie hat eine geheime Leidenschaft, für die er genau der Richtige ist.

More than a Doll

Band 1 ISBN 978-3-7704-2862-5

€ 7,50 [D]

MANGA 漫画

www.egmont-manga.de

EGMONT

GUNBURED X SISTERS © 2020 Wataru Mitogawa/SHOGAKUKAN

Action

Wataru Mitogawa
CRIMSON SISTERS

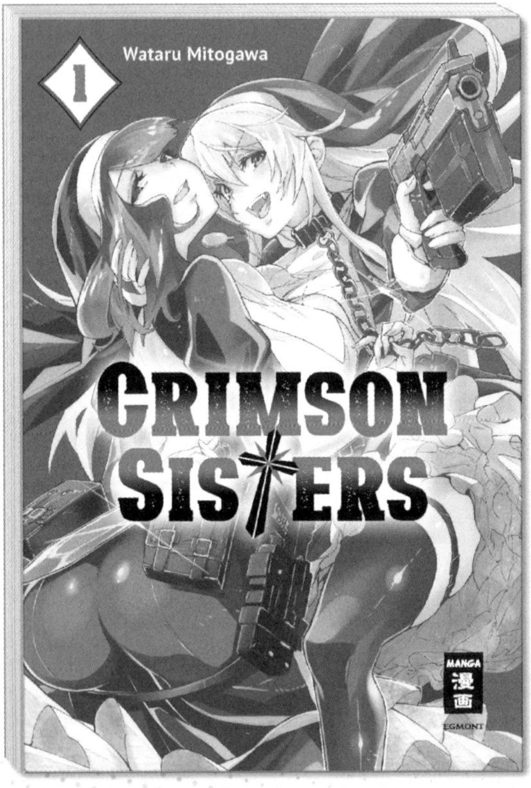

Der Heilige Silberkreuzorden hat es sich zur Aufgabe gemacht, die Menschheit vor der stetig wachsenden Bedrohung durch Vampire zu beschützen.
Doch Schwester Dorothy ist überzeugt, dass es mehr als Gebete und Silberkugeln braucht, um den Blutsaugern Herr zu werden: Sie ist auf der Suche nach einer Waffe, die man längst nur noch aus Legenden kennt…

Crimson Sisters 01
ISBN 978-3-7704-4267-6
€ 7,50 [D]

MANGA 漫画

EGMONT

www.egmont-manga.de

© Kamome Shirahama/Kodansha.Ltd.

Fantasy

Kamome Shirahama

ATELIER OF WITCH HAT

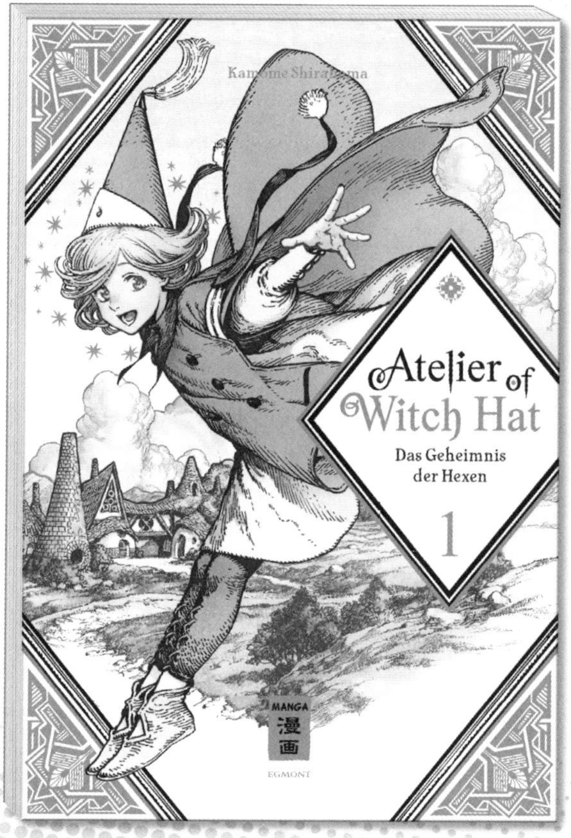

Als Hexe wird man geboren! Coco wurde leider nicht als Hexe geboren, aber sie will trotzdem eine sein. Als eines Tages ein Zauberer in ihrem Dorf auftaucht, kann sie ihr Glück kaum fassen. Sie folgt ihm auf Schritt und Tritt... und begeht dadurch einen schrecklichen Fehler!

Atelier of Witch Hat
Das Geheimnis der Hexen

Band 1 ISBN 978-3-7704-9961-8
€ 7,00 [D]

MANGA 漫画

www.egmont-manga.de

EGMONT

The Voynich Hotel © 2010 Seiman Douman (AKITASHOTEN)

Mystery

Douman Seiman

DAS VOYNICH HOTEL

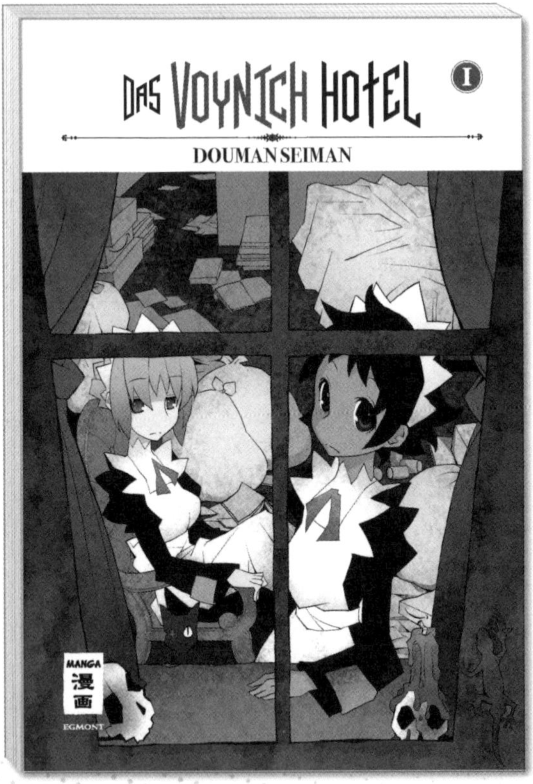

Taizo will endlich seine dunkle Vergangenheit hinter sich lassen – und mal wieder richtig entspannen. Er landet im Voynich Hotel, auf der entlegenen Insel Blefuscu. Doch sein Aufenthalt beginnt mit Fieberträumen und zwei äußerst merkwürdigen Zimmermädchen. Bald stellt er fest: Die ganze Insel ist bevölkert von Auftragsmördern, Drogendealern und allerhand seltsamen Kreaturen! Entspannung? Von wegen...

Das Voynich Hotel 01
ISBN 978-3-7704-2884-7
€ 7,50 [D]

MANGA 漫画

EGMONT

www.egmont-manga.de

„Tatsuki Fujimoto Short Stories – 17-21“ von Tatsuki Fujimoto
Aus dem Japanischen von Yuko Keller
Originaltitel: TATSUKI FUJIMOTO TANPENSHU 17-21

Originalausgabe:
TATSUKI FUJIMOTO TANPENSHU 17-21 © 2021 by Tatsuki Fujimoto
All rights reserved.
First published in Japan in 2021 by SHUEISHA Inc., Tokyo.
German translation rights in Germany, Austria and German-speaking
Switzerland arranged by SHUEISHA Inc.through VME PLB SAS, France.

Deutschsprachige Ausgabe:
© 2022 Egmont Manga
verlegt durch Egmont Verlagsgesellschaften mbH,
Ritterstraße 26, 10969 Berlin

2. Auflage 2023

Verantwortlicher Redakteur: Marco Walz
Gestaltung: Anke Koopmann
Koordination: Angelika Schönhuber
Printed in the EU
ISBN 978-3-7555-0089-6

www.egmont-manga.de
Unsere Bücher findest du im Buch- und Fachhandel und auf

EGMONT Shop
www.egmont-shop.de

Die Egmont Verlagsgesellschaften gehören als Teil der Egmont-Gruppe zur **Egmont Foundation** - einer gemeinnützigen Stiftung, deren Ziel es ist, die sozialen, kulturellen und gesundheitlichen Lebensumstände von Kindern und Jugendlichen zu verbessern. Weitere ausführliche Informationen zur Egmont Foundation unter
www.egmont.com

SUTOPPU!

Koko wa kono manga no owari dayo.
Hantaigawa kara yomihajimete ne!
Dewa omatase shimashita!
Tanoshii hitotoki wo dozo!

Egmont-Manga-Chiimu

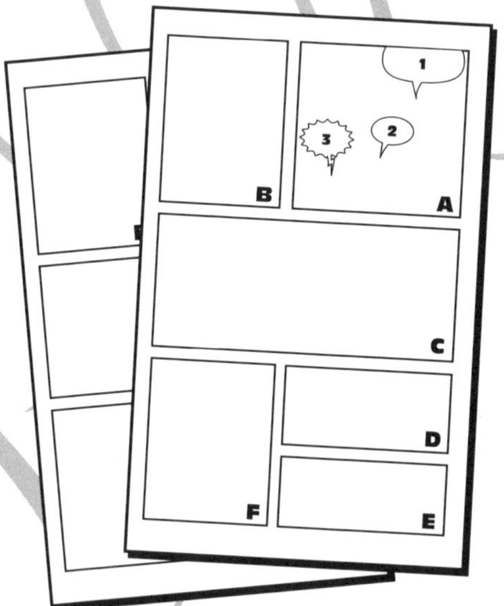

STOPP!

Das ist der Schluss des Mangas.
Fangt bitte am anderen Ende an!
Und nun genug der Vorrede,
viel Spaß beim Lesen!

Euer Egmont-Manga-Team